基金项目：教育部人文社会科学十一五规划项目

中国农村研究书系之三十四

社会化小农：历史背景、演进逻辑及张力限度

刘金海 / 著

中国社会科学出版社

图书在版编目(CIP)数据

社会化小农：历史背景、演进逻辑及张力限度 / 刘金海著.
—北京：中国社会科学出版社，2015.11
ISBN 978-7-5161-7377-0

Ⅰ.①社… Ⅱ.①刘… Ⅲ.①农村—社会主义建设—研究—中国 Ⅳ.①F320.3

中国版本图书馆 CIP 数据核字(2015)第 313153 号

出 版 人	赵剑英
责任编辑	冯春凤
责任校对	张爱华
责任印制	张雪娇

出　　版	中国社会科学出版社
社　　址	北京鼓楼西大街甲 158 号
邮　　编	100720
网　　址	http://www.csspw.cn
发 行 部	010-84083685
门 市 部	010-84029450
经　　销	新华书店及其他书店
印　　刷	北京君升印刷有限公司
装　　订	廊坊市广阳区广增装订厂
版　　次	2015 年 11 月第 1 版
印　　次	2015 年 11 月第 1 次印刷
开　　本	710×1000　1/16
印　　张	16
插　　页	2
字　　数	261 千字
定　　价	58.00 元

凡购买中国社会科学出版社图书，如有质量问题请与本社营销中心联系调换
电话：010-84083683
版权所有　侵权必究

编委会名单

学术顾问 陆学艺　张厚安

主　　编 徐勇

执行主编 邓大才

编　　委（以姓氏笔画排序）

王金红　王敬尧　邓大才　石　挺
刘筱红　刘金海　李德芳　杨海蛟
吴理财　何包钢　陆学艺　陆汉文
项继权　贺东航　高秉雄　唐　鸣
徐　勇　徐增阳　曹　阳　谢庆奎
董江爱　景跃进　詹成付　戴慕珍

出版说明

中国农村正在发生历史性的变迁，也成为学术界最重要的学术对象之一。我们华中师范大学中国农村问题研究中心人员早在20世纪80年代开始从事农村基层政权研究，1990年前后由四川人民出版社出版了农村基层政权研究系列丛书。20世纪90年代，我们的研究重心主要为村民自治和村级治理，并由华中师范大学出版社出版了"村治书系"。到21世纪初，我们的研究领域由村治扩展到乡村治理，并由中国社会科学出版社推出了"乡村治理书系"。现在，我们决定以"中国农村研究书系"作为本中心长期使用的学术品牌。其理由：一是自2000年本中心成为教育部人文社会科学重点研究基地以来，其研究内容大大扩展，不仅以乡村治理为研究重点，而且涉及农村经济、农村社会、农村文化、农村教育、农村历史等。原有的书系名称已无法涵盖现有的研究内容。二是学术研究贵在持之以恒，更在于这是一项以探求学理为唯一使命的事业。中国的学术由于一直伴随着问题而经常非学理化。"三农问题"的研究也是如此。"中国农村研究"作为本中心一个长期使用的学术品牌，将致力于中国农村的实证调查和学理研究，以此标志我们进一步的学术自觉。

编委会
2005年5月

总　序

中国是一个古老的农业文明大国。

中国是一个世界农民最多的大国。

中国是一个正在从农业文明向工业文明急剧转变的发展中大国。

农村和农民问题是世界性难题，也是中国的世纪性难题。20世纪以来，中国在解决这一世界性和世纪性难题中积累了丰富的经验，也有过惨痛的教训。进入21世纪，农村和农民问题还将存在，并会呈现出新的特点。一个古老农业文明大国在迈向现代工业文明的过程中如何解决农村和农民问题，本身就是一件具有重要历史意义的大事，也为我们的学术研究提供了丰富的养料和广阔的空间。

正是基于这一背景，华中师范大学中国农村问题研究中心组织撰写、编辑、出版"中国农村研究"丛书。

早在20世纪80年代初，中心人员就致力于农村和农民问题研究。1990年前后由四川人民出版社出版了"农村基层政权研究系列丛书"，1992年由中国广播电视出版社出版了《非均衡的中国政治：城市与乡村比较》，1995年由武汉出版社出版了《中国农村政治稳定与发展》等专著。20世纪90年代后期，由华中师范大学出版社出版了"村治书系"。21世纪初，由中国社会科学出版社出版了"乡村治理书系"。2005年，我们决定以"中国农村研究书系"作为本中心长期使用的学术品牌。

我们撰写、编辑、出版这套丛书的主要目标有四个：一是观察、记录、研究中国农村的变革历史；二是研究中国农村变革发展中的问题；三是挖掘和培育中国农村实证研究学者，形成自己的学术风格；四是建设中国农村研究学者交流对话的平台，特别是为学者们立足中国本土经验，建构既能够解释中国农村，又能够解释世界农村的分析框架提供交流和对话的平台。

鉴于这个目标，"中国农村研究"丛书具有以下几个特点：

"中国农村研究"丛书以经验研究为主。华中师范大学中国农村问题研究中心以实证研究见长，过去以定性经验研究为主，近几年随着"百村观察"和"中国农村数据库"的建设，计量实证研究也开始起步。"中国农村研究"丛书的经验性成果既包括田野调查成果，也包括在历史的"田野"中调查的成果；既包括定性经验研究，也包括定量经验研究；既包括案例研究，也包括计量研究。

"中国农村研究"丛书以跨学科研究为主。华中师范大学中国农村问题研究中心是教育部综合性的农村研究基地，以研究农村政治问题为主，同时研究农村经济、社会和文化问题。我们期望从不同的学科、从不同的视角解剖中国农村、研究中国农村，形成对中国农村的整体认识。因此，"中国农村研究"丛书也烙上了跨学科的烙印，不仅出版的成果具有多学科的特点，而且大多数成果打破了学科壁垒，跨越了学科界限，运用了多学科的方法研究中国农村问题。

"中国农村研究"丛书是中心成果的展示。华中师范大学中国农村问题研究中心走过20年的历程，形成了独特的研究风格——实际、实证、实验，即"三实"研究风格。中心的研究正处于一个从方法论的自觉阶段转向自为阶段、从理论建构的洞察力阶段转向概念化阶段、从粗放式研究阶段转向精致化研究的阶段。"中国农村研究"丛书将集中展示中心及其学者的转型研究和最新研究成果。

"中国农村研究"丛书具有开放性和发展性。"中国农村研究"丛书是一个开放式的平台，具有发展性和持续性。"中国农村研究"丛书将以华中师范大学中国农村研究中心的学者的著作为主，同时吸纳优秀的中国农村实证研究成果。我们希望，"中国农村研究"丛书能够变成中国农村研究学者、各个学科的学者对话的平台。丛书将在中心"三实"的宗旨指导下，长期撰写、编辑、出版中国农村研究的优秀实证研究成果。

"中国农村研究"丛书与"中国农村调查"丛书是华中师范大学中国农村问题研究中心两类主要的系列丛书。"中国农村调查"丛书包括四个子系列：一是中国农村调查·名村系列；二是中国农村调查·名人系列；三是中国农村调查·调查报告系列；四是中国农村调查·咨询报告系列。"中国农村研究"丛书与"中国农村调查"丛书是中心的两类姊妹丛书，前者以学理为主,后者以应用为主;前者以个案研究和计量研究为主,后者以调查报告和研究报告为主;前者立足实践,但超越实践,后者立足实践,也服务实践。

作为学者,作为教育部综合性的农村研究中心,我们有自己的学术理想和理论抱负,希望通过中国农村研究丛书的撰写、出版,促进中国农村实证研究的发展,促进中国农村实证研究学者的成长,同时在研究发展中形成具有中国气派、中国风格的中国农村实证研究。

徐勇
2010 年 5 月 12 日于华师桂子山

目 录

序 …………………………………………………………………………（1）
第一章 既有小农理论的研讨与社会化小农的提出 ………………（1）
  第一节 小农理论的梳理 …………………………………………（1）
    一 以马克思为代表的经典小农理论 …………………………（2）
    二 舒尔茨：基于改造传统小农的生产要素分析 ……………（6）
    三 恰亚诺夫的家庭分析 ………………………………………（7）
    四 《苏联农业的社会化》和《苏联的社会化农业》 ………（11）
  第二节 对中国小农的研究 ………………………………………（14）
    一 黄宗智的农户——农村分析 ………………………………（14）
    二 施坚雅：小农行为的基层市场体系 ………………………（19）
    三 《边缘地带的小农》："小农行为的总体分析框架" ……（22）
    四 沉石、米有录等：《中国农村家庭的变迁》 ……………（24）
  第三节 社会化小农的提出 ………………………………………（28）
    一 已有研究的检视 ……………………………………………（28）
    二 社会化小农的提出及进一步思考 …………………………（30）
    三 本项研究的内容及分析框架 ………………………………（35）

第二章 小农社会化的历史背景 ……………………………………（38）
  第一节 小农社会化的家庭背景 …………………………………（38）
    一 "分家析产"辨 ……………………………………………（39）
    二 农民的社会主义改造 ………………………………………（40）
    三 财产的平均主义分配 ………………………………………（42）
  第二节 小农社会化的社会背景 …………………………………（44）

一　历史回归中的小农 …………………………………（45）
  二　小农社会化的历史进程 ……………………………（49）
  三　小农社会化的时代背景 ……………………………（54）

第三章　小农社会化的演进逻辑 ……………………………（61）
  第一节　农民个体的社会化 ………………………………（63）
    一　从"家庭人"到"社会人" …………………………（63）
    二　从"道德人"到"经济人" …………………………（66）
    三　从"等级人"到"平等人" …………………………（68）
  第二节　家庭功能的社会化 ………………………………（75）
    一　经济功能的社会化 …………………………………（76）
      1. 经济功能的变化 ……………………………………（77）
      2. 经济功能实现方式的社会化 ………………………（81）
      3. 家庭经济活动的社会化 ……………………………（83）
    二　人口再生产功能的社会化 …………………………（85）
      1. 传统家庭及其人口再生产功能 ……………………（85）
      2. 人口再生产行为的计划化 …………………………（89）
      3. 人口再生产功能的社会化 …………………………（91）
      4. 人口再生产功能社会化的后果 ……………………（97）
    三　教育功能的社会化 …………………………………（100）
      1. 传统家庭的教育功能 ………………………………（101）
      2. 现代农村的教育体系及功能 ………………………（103）
      3. 教育功能社会化的困境 ……………………………（108）
    四　赡养功能的社会化 …………………………………（112）
      1. 赡养功能在家庭功能中的地位与作用 ……………（112）
      2. 传统农村的赡养方式 ………………………………（116）
      3. 新中国成立后的集体养老实践 ……………………（118）
      4. 赡养功能的社会化 …………………………………（120）
    五　娱乐和情感交流功能的社会化 ……………………（124）
      1. 传统农村社会的娱乐活动及情感交流 ……………（125）
      2. 集体化时期的娱乐活动和情感交流 ………………（131）

3. 改革开放以来娱乐和情感交流的社会化 ……………… (136)
　第三节　农村的社会化 …………………………………………… (141)
　　一　农村资源的社会化 …………………………………………… (141)
　　　1. 土地：从基本条件到物质财富 ………………………… (141)
　　　2. 森林：从木材到财产 …………………………………… (144)
　　　3. 田园生活：从穷苦地到旅游资源 ……………………… (146)
　　　4. 农村劳动力：从农民到人力资源 ……………………… (149)
　　二　劳动力的社会化 ……………………………………………… (153)
　　　1. 劳动力的国家化：集体劳动 …………………………… (153)
　　　2. 劳动力的市场化流动：体制与人口双重动因 ………… (158)
　　　3. 劳动力的社会化使用：劳动效益 ……………………… (160)
　　三　交流信息的社会化 …………………………………………… (163)
　　　1. 传统时期的"信息封闭" ……………………………… (163)
　　　2. 集体化时期的信息控制 ………………………………… (165)
　　　3. 改革开放以来信息的社会化 …………………………… (168)
　　四　农民交往的社会化 …………………………………………… (170)
　　　1. 传统时期：村庄即边界 ………………………………… (171)
　　　2. 集体化时期：集体内交往 ……………………………… (172)
　　　3. 改革开放以来农民交往的社会化 ……………………… (175)

第四章　小农社会化的张力与限度 …………………………………… (179)
　第一节　小农个体社会化的张力与限度 ………………………… (180)
　　一　活动范围上的特征与规律 …………………………………… (181)
　　二　行为领域上的扩张与限制 …………………………………… (184)
　　三　社会地位上的提升与制约 …………………………………… (187)
　第二节　家庭功能社会化的张力与限度 ………………………… (192)
　　一　经济功能社会化的程度与约束 ……………………………… (192)
　　二　人口再生产功能的社会化及困境 …………………………… (195)
　　三　教育功能社会化的不足与扩张 ……………………………… (196)
　　四　赡养功能社会化的模式与融合 ……………………………… (199)
　　五　娱乐和情感交流社会化的张力与限度 ……………………… (202)

第三节　农村社会化的张力与限度 …………………………（205）
　　　　一　农村资源社会化的领域与制约 …………………………（205）
　　　　二　劳动力社会化的规律与约束 ……………………………（208）
　　　　三　信息社会化的特征及影响 ………………………………（210）
　　　　四　交往社会化的特征与障碍 ………………………………（212）

第五章　结论部分 ……………………………………………（215）
　　第一节　比较视野中的经验总结 ………………………………（215）
　　　　一　小农社会化的背景比较 …………………………………（216）
　　　　二　小农社会化的逻辑比较 …………………………………（218）
　　　　三　家庭功能的社会化比较 …………………………………（225）
　　　　四　农村的社会化比较 ………………………………………（228）
　　第二节　"社会化小农"的理论阐释 ……………………………（229）
　　　　一　何谓"社会化小农" ………………………………………（229）
　　　　二　社会化小农的特征 ………………………………………（231）
　　　　三　社会化小农的发展趋势 …………………………………（233）

序

　　刘金海撰写的专著《社会化小农：历史背景、演进逻辑及张力限度》是作者对"社会化小农"问题的系统阐述，也是我所在的学术团队近十年来相关研究的组成部分。

　　"小农"一词在中国学界是一个经常提到的名词。特别是在40年前1975年间的全国对"资产阶级法权"的批判中，经常会引述列宁的一句话，即"小生产是经常地、每日每时地、自发地和大批地产生着资本主义和资产阶级的。"作为小生产典型表征的"小农"超越了学术界，为社会广泛知晓。列宁当时认为，俄国是一个小农如汪洋大海般的国度，所以要进行改造。如果与俄国相比，中国的小农无论从历史，还是从规模看，都远甚于俄国。但长期历史以来，在革命话语体系的支配下，"小农"作为被历史所抛弃的对象，没有能够作为一个学术问题进行充分研究。只是到了改革开放以后，因家庭承包制的建立，"小农"开始进入学术视野。但是，在学术研究领域，人们大量引述的是外国学者对小农的研究观点，如"理性小农"、"道德小农"、"内卷化小农"、"市场化小农"等。应该说，这些学说都有相当价值，但是，也有相当限度。这就是对当下中国亿万农民的变化及其性质缺乏足够的解释力。为此，2006年，本人主张研究农村农民问题需要"回到原点，关注变迁"，并发表《"再识家户"：社会化小农的建构》，文章提出："现阶段，中国仍有近2.5亿农户。中国将长期实行以家庭为单位的经营体制。农户不仅是农民的基本生产单位，也是基本的生活、交往单位，以及国家治理的基本政治单元。因此，农户构成中国农村社会的"细胞"，也是认识和分析中国农村社会的基本出发点。当今的小农已不再是过去因生产规模小而被歧视的落后的代名词，而越来越深地进入或被卷入一个开放、流动、分工的社会化体系。生产、生活和交往的社会化过程提升了农户适应现代社会的能力，同时产生了内在矛盾，需要以新的思路应对。"与此同时，邓大才发表了一系列相关论文，对社会化小农进行了系统的阐述。这之后，作为本书作者的刘金海及郝亚光、韩轶春等人也陆续发表多篇论文。随后，我所指导的四篇博士学位论文都是以"社会化小农"为视角，以实地调查为基础撰写而成的。

我们当初提出"社会化小农"的概念，主要是为了"从历史的变迁过程去理解和考察当下的农村和农民。将社会化的视角引入农村研究，更主要的是开发出新的问题域，提供一个新的研究范式。至于这一范式能否成立，还有待进一步论证。"尽管如此，当我们的学术成果发表以后，还是引起了国内外学界的广泛反响。一位英国任教的学者表示，当时的农村问题研究涉及现象极多，"社会化小农"则超越了一般的现象罗列，提出了整合性的概念。"社会化小农"这一概念后来被许多学者在进行农民研究的文献梳理时，作为一家之言所引述。

社会化小农是对当下中国农民特性的概括。但小农并不是单个个体，而是以一家一户的方式出现的，是以家庭为单位的一种生产方式，同时在中国还具有政治、社会涵义。为什么在中国，这种家户单位得以长期延续，即使是中断了数十年，后来又不得不恢复，且付出了沉重的代价，它在中国和世界范围具有什么独特价值？2013 年，本人发表了《中国的家户制传统与农村发展道路——以俄国、印度的村社传统为参照》。认为，中国是有着悠久农业文明传统的东方大国，由此型构了当代中国的一个基本国情——"大国小农"，即由数亿个农户构成的农民大国；并在长期历史进程中形成了特有的中国家户传统。这一传统既不同于以西欧为代表的"西方"庄园制传统，也不同于以俄罗斯和印度为代表的"东方"村社制传统。只有通过深入细致的比较，才能准确把握具有"中国特性"的本体制度，进而从传统中寻求当今中国农村发展道路的历史脉络和未来走向，建立传统与现代的关联性。之后，刘义强从社会联结的角度提出了"村户制"的观点。邓大才为分析产权与治理，对中国的家户制及外国的部落制、庄园制和村社制进行了比较。

中国是世界上农业文明最为发达的国家。可是，我们对自己的根底缺乏科学的研究，甚至持彻底的否定态度，以至于简单从外引进的制度并不适合中国的历史与国情，由此出现了大的曲折。学界普遍承认农业文明时代有三种制度，即部落制度、村社制度和庄园制度。难道有着最为灿烂农业文明的中国，没有自己的制度吗？答案是肯定的，只是我们没有深入研究。本人及其团队成员发表的论文延续社会化小农研究，将家户单位提升到农村社会本体制度的层面进行研究，大大提升了这一研究的层次。但是，这一提法毕竟是学界所没有涉及的。如果能够成立，意味着我们将为世界贡献出第四种农业文明基本制度。显然这是一个宏大抱负，它不只是依靠理论想象，更重要的是实际论证。

自2006年，我们开启"百村观察计划"，包括对300个村5000个农户每年进行定点跟踪观察。2015年，我们在承续过往农村调查基础上，设计了全新的中国农村调查计划，其中包括家户调查。其核心是对中国农村家户制度及其变迁进行深度的历史性调查。这是对社会化小农研究的扩展。如果说，社会化小农主要研究的是小农的外部性问题，那么，家户调查主要是考察家户的内部制度构造及其对外部的反应。这一调查计划从家户的由来，家户的经济、政治、社会、文化等方面进行根部性追踪和全方位扫描。从已进行的调查看，除了掌握大量第一手资料以外，也获得了一些初步的发现。如尽管中国的家户有了很大变化，但家户制度一些基本方面却仍然在发生作用。特别是在家庭姓氏和财产继承等方面的制度仍然延续长期以来的习惯。在家户领域，习惯法的作用远甚于国家法，且各个地方的习惯又有不少差别。

本书是作者的研究成果，也是我们团队研究的部分，反映了我们团队的研究进程。我相信，经过持之以恒的努力，我们的调查和研究会取得更加丰硕的成果，以无愧于世界最为灿烂的农业文明！

徐 勇
2015年8月30日

第一章 既有小农理论的研讨与社会化小农的提出

历史告诉我们，现时代中国小农日趋社会化的状态是从传统小农演变过来的。因此，如要深入认识当代中国小农的变化，就必须立足于两个前提：一是研究的对象，即现时代小农的变化之源，或者说是现在小农变化的起点；二是认识的角度，即理论界对传统社会中小农的研究和探讨。很明显，第二个前提是对已有小农研究的理论反思，是本项研究的理论基础；第一个前提是对中国历史中小农形态的考察，是本项研究的现实基础。由于本项研究旨在对当代的小农型态进行理论探讨，基于思维的逻辑关系，本部分先对小农理论进行梳理，然后再对传统中国小农的状态进行描述和探讨，在此基础上，展开本项研究的理论框架——社会化小农。

第一节 小农理论的梳理

何谓"小农"？对它的理解直接决定着我们如何面对已有的研究成果和如何开展我们将要进行的工作。因此，有必要对小农研究中的"小农"进行针对性的分析。

从已有研究成果来看，理论界对小农理论的研究主要是建立在对小农经济分析的基础上。而对于什么是"小农经济"，理论的研究结论颇多。这里综合考察了一些研究成果，最终借鉴了百度百科的解释：它把"小农经济"与"小农"等同起来，认为它是"以家庭为单位，以生产资料个体所有制为基础，完全或主要依靠劳动者自己的劳动，独立经营小规模农业，以满足自身消费需要为主的经济形式"①。

很明显，这里对"小农经济"特别是对"小农"的理解不能简简单单地归结为"依靠自己的劳动从事小规模农业经营的个体农民"②，而应该是一个基本的社会行动单位。这个基本的社会行动单位有它自身存在的前提要素，基于这些要素的组合，必然要发生相应的社会行为，而这些社会行为之间必然存在着一定的内在逻辑关系；并且，这些社会行为及其内在逻辑关系与基本单位存在及延续之间有着必然的联系，或者说是相互依存的关系。

从这个角度看，对小农理论的检视也应该建立在对小农基本单位、基本要素、社会行为及相互关系相结合的基础上。在这方面，马克思和黄宗智的研究成果最为典型。其中，马克思的研究对象是法国和德国的传统农民，可以视为传统小农的经典，将在本节中重点阐述；黄宗智的研究对象是明清以来直到20世纪初的华北农村，及明清以来直到20世纪80年代的长江三角洲的农村，将在下一节重点阐述。另外，有些研究者只选取某个方面开展小农研究，如：以舒尔茨为代表，立足于如何改造传统农业，主要关注小农的生产条件特别是生产要素，以及如何与现代社会生产过程对接的问题；以恰亚诺夫为代表，从生产组织学的角度，关注家庭农场是如何组织和运作的，以及在家庭组织形式未变情况下的发展趋势及外部影响；以瑞姆·贾斯尼、沃尔伏·拉德钦斯基为代表，主要探讨苏联集体化时期的农业生产社会化，等等。

一 以马克思为代表的经典小农理论

马克思的小农理论建立在小农经济分析的基础上。在马克思看来，小农经济只是历史上小生产的一种方式，即农业领域中的小生产，它是与资本主义的大生产方式相对立的，在历史的发展进程中它必将消亡。也正是基于此，马克思通过与资本主义生产方式的对比，对小农经济生产方式进行了深入分析。我们也是在此基础上展现马克思对"小农"含义的分析及其逻辑，主要表现在依次递进的三个方面。

---

① http://baike.baidu.com/view/787484.htm.
② 《农业大词典》，中国农业出版社1998年版。

一是行为个体意义上的，且是农业生产行为意义上的，主要是指从事农业生产的个体，或者说是小型的农业生产者。

作为农业生产者，或者说能够对农业进行自主劳动行为的生产者，按照劳动生产行为发生的基本条件，必须具有一定的土地资源、劳动条件，即必须有小块土地，只适用于小型工具。当然，仅有这些还不够，还必须保证农民有对这些条件的支配权利，或者说，这些生产条件或者要素为农民所有，不论是以哪种方式获得。因此，在马克思那里，小农不仅是"自己拥有劳动条件的小生产者"①，而且，"生产资料归劳动者所有"②是小农行为的基本前提，所以，"劳动者实际上或名义上是它劳动条件和产品的所有者"③。这是小农经济的主要特征之一。基于此，马克思把小农经济定义为"生产者对劳动条件的所有权或占有权以及与此相适应的个体小生产"④。与之相适应的社会制度是小私有制。马克思说："劳动者对他的生产资料的私有权是小生产的基础。"⑤因此，小农经济是以直接生产者的小私有制为基础的一种经济，它根源于生产资料且主要是土地的零块细碎，包括生产工具的细小、简陋和原始。马克思说："在资本主义生产出现以前，即在中世纪，普遍地存在着以劳动者对他的生产资料的私有为基础的小生产：小农、自由农或依附农的农业和城市的手工业。劳动资料——土地、农具、作坊、手工业工具——都是个人的劳动资料，只供个人使用，因而必然是小的、简陋的、有限的。但是，正因为如此，他们也照例是属于生产者自己的。"⑥因此，在马克思那里，个体意义上的小农不是孤立存在的，而是有前提和归属的，即它必须依赖于一定的社会要素。

二是社会单位意义上的，即小农行为的发生是以家庭为基本单位，或者说，小农是以家庭为单位来进行社会行为的，它把生产和消费统一于家

---

① 《资本论》（第三卷），人民出版社1975年版，第672页。
② 同上书，第198页。
③ 同上书，第672—673页。
④ 同上书，第674页。
⑤ 《资本论》（第一卷），人民出版社1975年版，第830页。
⑥ 《资本论》（第三卷），人民出版社1975年版，第308—309页。恩格斯也说过："中世纪……生产资料是供个人使用的，因而是原始的、笨拙的、小的、效能很低的。"……第三卷第441页。

庭之中。

一般意义上，社会行为主要包括生产、消费和流通三个方面。对小农和小农家庭而言，社会行为主要表现在农业生产和生活消费两个方面。在小农那里，这两个方面是紧密结合在一起的，小农既是从事农业生产的行动者，又是农产品的消耗者。因此，每一个农户差不多都是自给自足的，都是直接生产自己的消费品，且都是直接消费自己生产的农产品。马克思说："在这种生产方式中，耕者不管是一个自由的土地所有者，还是一个隶属农民，总是独立地作为孤立的劳动者，同他的家人一起生产自己的生活资料。"① 在此意义上，他甚至把小农经济称之为"小家庭农业"② 或"自给自足的农民家庭的小生产"③。

三是社会整体意义上的，即基于小农家庭基础的社会关系。

由于小农的生产行为、消费行为与社会单位合而为一，导致了小农生产的孤立、分散和自给自足的性质。这种小生产是"在劳动孤立进行和劳动的社会性不发展的情况下，直接表现为直接生产者对一定土地的产品的占有和生产"④。"这种生产方式是以土地及其他生产资料的分散为前提的。"⑤ 与劳动生产的这种孤立性和分散性相适应，小农经济是一种小而全的经济。"就劳动过程是纯粹个人的劳动过程来说，同一劳动者是把后来彼此分离开来的一切职能结合在一起的。"⑥ 小农不但要独立地完成农业生产的全过程，而且总是"独立地经营他的农业和与农业结合在一起的农村家庭工业"⑦。这是一种"维持生计的农业"⑧，也必然是一种以自给性生产为基础的经济。因此，马克思在论述小农时说：

小农人数众多，他们的生活条件相同，但是彼此间并没有发生多

---

① 《资本论》（第三卷），人民出版社1975年版，第909页。
② 《剩余价值学说史》（第三卷），人民出版社1978年版，第476页。
③ 《资本论》（第三卷）第1207页。
④ 同上书，第715页。
⑤ 《资本论》（第一卷）第830页。
⑥ 同上书，第555—556页。
⑦ 《资本论》（第三卷）第890—891页。
⑧ 同上书，第694页。

种多样的关系。他们的生产方式不是使他们互相交往，而是使他们互相隔离。这种隔离状态由于法国的交通不便和农民的贫困而更为加强了。他们进行生产的地盘，即小块土地，不容许在耕作时进行分工，应用科学，因而也就没有多种多样的发展，没有各种不同的才能，没有丰富的社会关系。每一个农户差不多都是自给自足的，都是直接生产自己的大部分消费品，因而他们取得生活资料多半是靠与自然交换，而不是靠与社会交往。一小块土地，一个农民和一个家庭；旁边是另一小块土地，另一个农民和另一个家庭。一批这样的单位就形成一个村子；一批这样的村子就形成一个省。①

没有交换就没有跨越家庭和地域的社会关系，没有跨越地域的社会关系，就不会有人口集中意义上的社会化组织。因此，与城市相比，"乡村则是相反的情况：隔绝和分散"②。"好像一袋马铃薯是由袋中的一个个马铃薯所集成的那样。"③

马克思对小农理论的探讨沿袭着"农民个体——农民家庭——农村社会"的分析脉络。很明显，这是社会学意义上的"个体——组织——整体"的分析进路。他着眼于社会过程的分析方法，通过对农业生产者——个体的行为特别是经济行为的分析，探讨它之所以能够长期存在并与资本主义生产方式相区别的根源，即主要在于以家庭为基本社会单位的私有财产制度；同时，这种对物的所有权制度与简陋的劳动工具相契合，导致了传统农村社会的小农特征，因此，"小农家庭——小农生产——小农经济——小农社会"的演进逻辑表现无疑。即是说，以家庭为基础的社会单位及其相关条件决定了农业生产的基本形态，而这又反过来约束了农村家庭自身的扩展和发展，在此基础上，形成了传统农村社会对内自我循环、对外孤立封闭、相互之间缺乏有机的社会联系的典型特征。从这个角度来看，以马克思为代表的小农研究是传统小农的经典理论，是小农商品化、市场化的前提和基础，也是我们研究小农社会化进程的基础。

---

① 《马克思恩格斯选集》（第一卷），人民出版社1995年版，第677页。
② 同上书，第104页。
③ 同上书，第677页。

二　舒尔茨：基于改造传统小农的生产要素分析

在舒尔茨看来，农业问题是发展经济学的主要议题之一。① 正是基于这一研究视角，他一反农学研究的传统，而从一般经济学的角度来研究农业问题。在他看来，社会生产即是一种经济均衡状态，在这种状态中，各种生产要素的结合处于一种相对稳定不变的状态。在此经济理论前提下，他不仅把农业生产作为一种经济均衡状态来看待，而且还把对传统小农的研究转化为对传统农业生产的要素研究。在他那里：

> "传统农业应该被作为一种特殊类型的经济均衡状态。"这种均衡状态的特点就在于：1）技术状况长期内大致保持不变；2）如果把生产要素作为收入的来源，那么，获得与持有这种生产要素的动机也是长期不变的，即人们没有增加传统使用的生产要素的动力；3）由于上述原因，传统生产要素的供给和需求也处于长期均衡的状态。从上述分析来看，舒尔茨所说的传统农业实际是一种生产方式长期没有发生变动，基本维持简单再生产的、长期停滞的小农经济。②

这种均衡状态为什么能够长期存在？原因在于，虽然传统状态下农业生产长期停滞不前，但农业生产要素的配置基本上遵循了市场化和最优化原则。"在传统农业中，生产要素配置效率低下的情况是比较少见的。""他们多年的努力，使现有的生产要素的配置达到了最优化，重新配置这些生产要素并不会使生产增长。"③ 因此，这才有了传统小农社会的长期稳定。在这一点上，黄宗智对舒尔茨的研究深度认可，他论述道：要素市场运行得如此之成功，以致"在生产要素的分配上，极少有明显的低效率"。例如在劳动力市场，"所有想要和能够胜任工作的劳动力都得到了就业"。进而，"作为一种规律，在传统农业使用的各种生产要素中，投资的收益率少有明显的不平衡"。简言之，这样的经济中的小农与资本主

---

① ［美］舒尔茨：《改造传统农业》，商务印书馆1999年版，译者前言，第 i 页。
② 同上书，第 iii 页。
③ 同上书，第 iv 页。

义企业主具有同样的"理性",他们根据市场的刺激和机会来追求最大利润,积极地利用各种资源。即是说,一个竞争的市场运行于小农经济中,与资本主义经济并无不同。①

正是在此基础上,舒尔茨提出,不应该通过资本主义方式消灭传统的小农生产方式,而是应该通过引进现代生产要素来改造传统农业,主要方法有三条:其一是建立一套适于传统农业改造的制度;其二是从供给和需求两方面为引进现代生产要素创造条件;其三是对农民进行人力资本投资。② 黄宗智对此仍然表示同意,他说:"不是像社会主义国家那样去削弱小农家庭的生产组织形式和自由市场体系,而是在现存组织和市场中确保合理成本下现代生产要素的供应。"③

很明显,舒尔茨的研究实际上是将家庭的组织功能、社会功能与生产功能区别开来,在维护家庭基本单位和组织功能的基础上,对家庭的生产功能进行市场化分割,通过家庭生产功能实施方式及与外部市场对接方式的改变,达到小农家庭与现代市场经济有机链接之目的。因此,虽然舒尔茨提出了改造传统农业,要对传统农民进行人力资本投资与改造,但是,他并没有提出要改造传统的农业生产单位——家庭。对他而言,只需要实现农业生产要素的市场化和社会化供给就可以实现传统农业的改造。

从这个角度看,舒尔茨对小农变化进程的研究主要立足于农业的生产要素,在生产要素市场化和社会化供给的基础上实现小农家庭的现代性转变。在这一点上,舒尔茨的研究与当代中国农村的市场化进程有着共同之处。

三 恰亚诺夫的家庭分析

A. B. 恰亚诺夫(1888—1939)是俄国著名的农业经济学家,是农民经济理论三大流派之一——"组织生产学派"的创建者。其代表作为《农民经济组织》④。他对小农研究的贡献主要表现在三个

---

① [美]黄宗智:《华北的小农经济与社会变迁》,中华书局 2000 年版,第 2 页;《长江三角洲小农家庭与乡村发展》,中华书局 2000 年版,导论,第 7 页。
② [美]舒尔茨:《改造传统农业》,商务印书馆 1999 年版,译者前者,第 vi 页。
③ [美]黄宗智:《长江三角洲小农家庭与乡村发展》,中华书局 2000 年版,第 7 页。
④ [苏联]恰亚诺夫:《农民经济组织》,中央编译出版社,1996 年。

方面。

一是以家庭为研究单位。

这一点在《农民经济组织》序论中得到了明确反映。"起初我们只是就事论事地对每一个个案作出相互孤立的阐释。然而这使得以往的关于个体经济组织的理论愈加混乱,最终我们发现,与其如此还不如对经验事实进行广泛的归纳,从而建立一种关于家庭劳动农场的独立的理论。"① 而从当时俄国的情况来看,家庭农场成为农村生产的基本单位,"农民家庭是农场经济活动的基础……无论其他因素——市场、土地、自然条件等——多么重要,家庭最终决定劳动的供给与需求"②。正是基于此等考虑,恰亚诺夫才对已有的一些研究成果提出了批评,认为应该回归到农村社会现实,从现实的从事农业生产的组织单位入手,建立起全新的解释框架。

家庭劳动农场作为农业生产的一种组织方式,必须遵循一定的组织原则与运作机制。因此,在坚定了家庭分析作为他的研究出发点之后,他要做的首要工作就是如何从组织角度对家庭农场进行研究。

> 我们仅仅试图从组织角度来认识农民农场:什么是被称为农民劳动农场的生产组织的形态学特征;我们的兴趣在于农民农场各部分的比例关系是如何形成的;农场的组织均衡是如何实现的;私营经济意义上的资本循环与更新机制是什么;决定需求满足程度与获利水平的方法有哪些;以及它以何种方式对我们视为既定条件的外部自然和经济因素的影响作出反应。一言以蔽之,我们的研究兴趣不在农民农场制度及其组织形式的历史发展过程,而仅仅是在于农民农场组织过程的机制。③

从这个角度看,恰亚诺夫是从组织学的角度来看待家庭农场的。这是因为,恰亚诺夫遵循了实体社会学的研究宗旨,研究对象回归到社会现

---

① [苏联]恰亚诺夫:《农民经济组织》,中央编译出版社1996年版,第5页。
② 徐建青:《恰亚诺夫〈农民经济理论〉简介》,《中国经济史研究》1988年第4期。
③ [苏联]恰亚诺夫:《农民经济组织》,中央编译出版社1996年版,第11页。

实。在他看来，家庭农场作为一般的组织存在形式，有它的历史合理性："农民农场作为一种生产组织类型存在于特定的历史时期，从理论上说，它是多种经济制度的组成成分。它可以是自然经济的基础，可以是由农民农场和城市家庭手工业作坊构成的经济制度的一部分，也可以成为封建经济的基础"[①]。也就是说，农民农场作为一般意义上的组织形态，是有可能存在于一切社会形态之中的。

二是以家庭为单位的"劳动——消费均衡"理论。

农民农场不是纯粹意义上的社会组织，而是具有特殊使命和任务的社会组织，主要表现在依次推进的两个方面：其一是从事生产的社会组织，这是它与一般社会组织不同的地方；其二是从事农业生产的社会组织，这是它与从事经济活动的社会组织不同的地方。

作为从事生产活动的社会组织，它既遵循一般意义上的经济理论及分析方法，又能根据组织特点进行独特性的分析。因此，他的研究任务中既包括了"对农民家庭经济活动进行分析"[②]；同时，农户经济本身形成了一个独特的体系，遵循着自身的逻辑和原则。[③] 即农民家庭农场以家庭劳动力为主要劳动力来源，以土地经营（种植）为主要活动，并且，经济活动规模以土地面积为主要衡量指标。在此基础上，他突出了劳动者与消费者比例变化在家庭经济活动中的决定性作用，进而分析了农民家庭目标（劳动——消费均衡）实现的过程。

作为从事农业生产的特殊的社会组织，它遵循特殊的原则。这是基于农业生产单位与消费单位是结合在一起的前提。"与此相应，如果我们希望建立一种不依赖于某个具体的经济制度的农民劳动农场组织理论，那么我们就必须以家庭劳动作为认识农民农场组织的根本性质的基础。"[④] 如何进行呢？他写道：

> 我们的研究将从细致地分析集劳动单位与消费单位为一体的家庭本身的生物学发展规律，和作为生产组织的家庭所具有特殊性质对家

---

① [苏联] 恰亚诺夫：《农民经济组织》，中央编译出版社1996年版，第16页。
② 同上书，第19页。
③ 宋圭武：《农户行为研究若干问题述评》，《农业技术经济》2002年第4期。
④ [苏联] 恰亚诺夫：《农民经济组织》，中央编译出版社1996年版，第9页。

业改造的力量来自于农村之外，在外部力量的作用下，苏联的农业走上了集体化的道路，并对农业生产进行计划和控制；同时，为了提高农业生产特别是体现集体组织的优越性，对农业生产技术进行改造和提升，如提出了农业机械化的发展方向，并以集体农庄为单位建立了拖拉机站，在此基础上，通过技术、组织和计划三种因素对农业进行社会化生产。

这种分析路径在《苏联农业的社会化》中得到了真实地反映。根据著作的内容，《苏联农业的社会化》由上、下两篇文章组成：上篇为《苏联农业的集体化》，沿着"理论研究——农业集体化——农业计划——农业机械化——集体农庄经营"的脉络展开。然而，作者的目的在于揭示"集体农庄的真相"，那么，真相是什么呢？在作者那里，主要表现为集体农庄存在的问题，如生产的迟迟增加，粮食交售计划遇到的挫折，以及农庄管理存在的一些原则上的矛盾。下篇《苏联的国营农场》，基本上也是沿着此脉络展开。

《苏联的社会化农业》则主要关注集体化过程中苏联农业的组织和生产情况。在著作中，作者对此作了限定，"我们的研究主要地谈1928—1940年这一段时期，为了简单起见，有时候称为'三十年代'"。① 那么，在"三十年代"短短的一段时期内，苏联的农业究竟发生了什么变化呢？在作者看来，在于农业的社会化运动。

> 苏联农业的社会化是一种独特的现象。国家幅员之大以及农业社会化经历时间之短，使得对苏联经验的研究特别引人兴趣。……在苏联，差不多一夜之间，就有两千万户左右的小农田地被合并为将近二十万个集体的农场——集体农庄。②

当然，不论在事实上还是在研究者那里，集体农庄都不是独立的生产和经营单位，而要依赖于外部的力量，即庞大的国民经济体系和生产计划；农业生产也不是一项独立的生产行为，而是生产计划下的劳动行为。

---

① [美] 瑙姆·贾斯尼：《苏联的社会化农业——计划和结果》（供内部参考），商务印书馆1965年版，第22页。
② 同上书，第7页。

只有在国家生产计划的支配下,集体农庄才得以运作,进行农业生产的行为才得以实现。在著作中,作者两次对此进行了重申。"这一研究的主要目的,不是讨论社会化农业的优越性那种理论问题,而是分析作为国民经济中一个极重要环节和以空前速度进行工业化的基础的苏联农业的发展。"①"这一研究的主要目的是仔细地分析,作为苏联经济的一个主要的组成部分的苏联农业,特别是要分析社会化运动中以及运动以来的苏联农业的情况。"② 所以,作者把研究的重点放在了农业的社会化组织和社会化生产上,具体到"关于生产以及直接和生产有关的一些因素,例如土地占有制、农场组织、机械化、劳动生产等"。③

通过对苏联农业的社会化研究,作者要得到什么结论呢?这不仅基于意识形态和社会制度的不同,更重要的是,美国学者关注的出发点和研究重点也不相同。从两本书的研究内容来看,研究者都把描述集体农庄的基本情况作为分析的基础,都把组织和生产效率作为研究的重点,因此,基于集体农庄组织和生产要素及过程的分析,两位研究者基本上都得出了相同的结论。沃尔伏·拉德钦斯基的结论是:"共产主义者不只是把集体农庄的建立看做增产的手段,而且把它看做在农村以及全苏建设社会主义的主要手段。这样的成果只有当城乡之间的差别完全消除,从而建立起无阶级的社会时才能实现。"④ 瑙姆·贾斯尼则将它明确地表达了出来:"我们根据苏联经验所能得到的唯一结论是,农业的社会化决不该用苏联所采取的方法来尝试。"⑤

苏联农业的社会化研究不仅在时间上是恰亚诺夫对农村家庭研究的继续,而且还对我们的研究有着直接的借鉴意义。这是因为,我国农村家庭的发展和农业生产与苏联一样经历了一个集体化的时代。而正是这样一个时代的存在,使美国的经济学者发现了农业生产的社会化特征。我国小农

---

① [美] 瑙姆·贾斯尼:《苏联的社会化农业——计划和结果》(供内部参考),商务印书馆1965年版,第8页。
② 同上书,第9页。
③ 同上书,第21—22页。
④ [美] 沃尔伏·拉德钦斯基:《苏联农业的社会化——集体农庄和国营农场的真相》(供内部参考),商务印书馆1965年版,第89页。
⑤ [美] 瑙姆·贾斯尼:《苏联的社会化农业——计划和结果》(供内部参考),商务印书馆1965年版,第8页。

同样经历了这样的一个时代，也正是在这个时代之后，我们认为，中国的小农开始进入到社会化小农时代。

第二节 对中国小农的研究

关注中国小农的研究成果很多，依据本项研究的目标和内容设计，这里主要关注黄宗智的《华北的小农经济与社会变迁》和《长江三角洲的小农家庭与乡村发展》、施坚雅的《中国农村的市场和社会结构》、沈红等的《边缘地带的小农》、沉石等的《中国农村家庭的变迁》。

一 黄宗智的农户——农村分析

毫无疑问，在小农理论研究方面，黄宗智是最具代表性的人物；在研究中国的传统小农方面，黄宗智的研究无疑也最具有代表性；在中国传统小农的变化方面，黄宗智也是最具代表性的人物。

黄宗智是在中西比较的基础上研究中国小农的。在他看来，"西欧的小农经济经历资本主义的发展和改造时，中国的小农经济却在日益内卷化。西欧的小农社会经历阶级分化和全面向资本主义转化时，中国仍停留在小农社会阶段。"[1] 这种小农发展模式上的差异直接引起了黄宗智的关注。在他的代表作《华北的小农经济与社会变迁》的开篇，他就论述说：

> 革命前，中国的小农具有三种不同的面貌。首先，是在一定程度上直接为自家消费而生产的单位，他在生产上所作的抉择，部分地取决于家庭的需要。在这方面，他与生产、消费、工作和居住截然分开的现代都市居民显然不同。其次，他也像一个追求利润的单位，因为在某种程度上他又为市场而生产，必须根据价格、供求和成本与收益来作出生产上的抉择。在这方面小农家庭的"农场"也具备一些类似资本主义的特点。最后，我们可以把小农看作一个阶级社会和政权体系下的成员；其剩余产品被用来供应非农业部门的消费需要。[2]

---

[1] [美]黄宗智:《华北的小农经济与社会变迁》，中华书局2000年版，第301页。
[2] 同上书，第1页。

第一章 既有小农理论的研讨与社会化小农的提出

黄宗智之所以对中国小农作这三个方面的界定，主要基于他对舒尔茨和波普金、恰亚诺夫和波拉尼、斯科特和马克思这三派研究传统的检视[1]，而做出的一个综合性的分析。在中文版序言中他写道："本书在分析概念上，同时得助于农民学和中国历史研究中的三大学术传统。"[2] 并认为，"以上概述的三种分析，对我们了解他们所特别强调的那个方面有所裨益。可是，这些分析引起了长时间的争论。在我看来，继续坚持某一方面的特征，而排斥其他方面，是没有意义的。"[3] 因此，"要了解中国的小农，需进行综合的分析研究，其关键是应把小农的三个方面视为密不可分的统一体，即小农既是一个追求利润者，又是维持生计的生产者，当然更是受剥削的耕作者，三种不同面貌，各自反映了这个统一体的一个侧面。"[4]

也就是说，既要针对小农的某个特定方面进行深入分析；同时，特定的分析并不能成为研究的全部，而是应该最终回归到一个"统一体"。因为"不同面貌"仅仅"各自反映了这个统一体的一个侧面"，因而，单独的分析并不具有最终的解释意义，必须进行某种内在逻辑关联上的结合，这就是黄宗智所言的"统一体"。毫无疑问，这个"统一体"是指小农家庭，而不是单纯的个体性的农业生产者。这一点在他的著作贯彻始终。

在对小农研究作了理论总结和建立综合分析框架之后，黄宗智开始了他的中国小农分析。从分析的逻辑来看，他的研究主要基于两个层面：一是以家庭为单位的小农研究；二是以自然村庄为单位的农村社会变化研究。关于这一点，可以从他的代表性著作——《华北的小农经济与社会变迁》的篇章结构和内容看出来。从内容来看，黄宗智主要关注两个问题：一是对两种农业生产经营方式的分析，以探讨中国特色的小农经济及其变化；二是自然村庄与国家政权的关系，特别是贫农经济与中国革命的关系。这两项内容自然形成了他的著作中的第二、三篇。

以家庭为单位的小农是他关注的重点。主要观点有：与西欧小农经济

---

[1] 《华北的小农经济与社会变迁》第 1—4 页。

[2] 同上书，第 1 页。

[3] 同上书，第 4—5 页。

[4] 同上书，第 5 页。

的发展模式不同，中国的小农经济在高度商品化和社会分化之后其生产力并未发生质性变化，小农生产仍处于温饱水平。原因在于，半无产化了的小农倚仗家庭式农作与佣工或家庭手工业的结合，忍受并依赖两者所赋予的低于维持生活所需的收入，才能在内卷和分化的联合压力下屹立不倒。因此，家庭单位就成为黄宗智认识农业内卷化的核心概念。同时，"我们还需要区别不同阶层的小农。因为这些特性的混合成分和侧重点，随不同阶层的小农而有所区别。"① 在此基础上，他重点关照了贫民经济。他认为，在贫农农场中，内卷和劳力不足同时并存，因此贫农整体的土地生产率与经营式农场并无二致，但二者的劳动生产率却有很大差异，原因在于，与经营式农场主和富农不同，贫农经济的性质仍是为维持生计而不是为追求利润的经济。

那么，在研究中如何处置小农依存的社会组织——以宗族关系为纽带的村庄，或者村庄聚集的宗族特征呢？

关于前者，在他看来，以小农家庭为分析单位优于以村庄为分析单位。因为，"华北平原的村庄，如同它们的小农一样，同时具有形式主义、实体主义和'传统的'马克思主义各自分析中所突出的三种特征。……从这一角度来看，与其说每个村庄是一个紧密内聚的整体，不如说它是一个由个别农户组合的街坊"。②

关于后者，他认为，"华北农村的宗族，一般只有少量族产，而不会跨越村与村或村与市之间的界限。这样的家族结构，加强了村庄的内向性。"③ 而村庄的内向性在某种意义上可以归结于更小的社会单位——家庭的内向性，且正是在家庭内向性的基础上形成了村庄的相对独立性。

也就是说，小农的特性决定了村庄的特性。在小农经济的基础上，"大部分的村庄也在不同程度上形成自给自足的经济单位。它的居民直接消费他们的产品的一部分。村庄不仅划出居住的界限，也在某种程度上划出生产与消费的界限。工作和居住的纽带关系，又常和宗族关系交织而互相强化。从这一角度来看，村庄是一闭塞的、或许也是紧密的共同体"。④

---

① 《华北的小农经济与社会变迁》第5页。
② 同上书，第21页。
③ 同上书，第27页。
④ 同上书，第21页。

第一章　既有小农理论的研讨与社会化小农的提出　　17

同时，在他看来，由于小农家庭可能同时具有三种性质，并且是三种性质的混合物，因此，"村庄多半具有三种特征，但其混合的比例，则随村庄的经济和社会结构而变化，也因村庄所遭受的外来势力的性质不同而变化"。①

然而，一个不容忽视的事实是，20世纪中国开始的现代化进程，致使国家权力开始延伸至农村，同时又在某种程度上破坏着农村传统的自然特征。这"两个过程的交接，导致了村庄与国家之间的新的矛盾。这种矛盾在村级政府……这种村政权的兴起，正是本书所探讨的农业内卷化和伴随商业农业而来的阶级分化，怎样影响自然村及其与国家关系的明显例证"。②因此，"本书在村级资料的基础上，试图描述20世纪自然村与国家政权之间的关系的演变情况"③，也就顺理成章了。

从黄宗智关注的内容来看，这种关系的变化主要受到两种因素的影响。一是依赖于国家政权下沉的官僚化过程。伴随着国家政权渗入其中趋势的变化，士绅的官僚化成了国家政权渗入村庄的主要工具，在新的压力下，村庄内部结构及与国家的关系都发生了变化。二是村庄内部部分家庭的半无产化，"使许多村庄变成半是紧密内聚的共同体，半是松散了的里弄。……另一方面，村中的街坊关系，也伴随着半无产化的过程而日趋松散"。④这一切，恰好和国家政权渗入自然村的过程同时发生。……官僚政权之渗入自然村，对旧日的国家与村庄之间的关系施加了新的压力，在村政府这个关键性的接触点上，尤其紧张。⑤这些便形成了《华北的小农经济与社会变迁》中第三篇的内容。

"在研究过程中，我一直执着从事实到理论而再回到事实的认识程序……力求到最基本的事实中去寻求最重要的概念，再回到事实中去检验"。⑥正是在这种研究理念的支持下，且鉴于中国内部的地区差异，他进一步探讨长江三角洲的小农。

---

① 《华北的小农经济与社会变迁》第21—22页。
② 《华北的小农经济与社会变迁》中文版序，第1页。
③ 《华北的小农经济与社会变迁》第30页。
④ 同上书，第312页。
⑤ 同上书，第313页。
⑥ 《长江三角洲的小农家庭与乡村发展》中文版序，第1页。

在《长江三角洲的小农家庭与乡村发展》中,他把研究的重点集中于小农经济的"内卷化"特征上。基于"内卷化"概念的借鉴与内容阐释,他建立一个评估经济发展的三类分析框架,依次形成了三个核心概念:"密集化"、"过密化"(或"内卷化")和"过密型增长"(或没有发展的增长)。当然,他讨论的重点是农业生产的"过密化",主要探讨机会成本趋小甚至为零的情况下小农在农业生产领域的行为。

是什么支持了这一行为方式呢?除了耕地资源上的约束外,主要是农村生产的家庭化,表现在两个方面:一是相对过剩的农业劳动力的存在导致农业生产的过密化;二是家庭妇女儿童老人等半劳动力、弱劳动力的存在。这些因素的存在使得过密化和商品性不仅表现在农业生产上,同样的逻辑也适用于手工业[①]。伴随着国际资本主义而来的加速商品化也没有带来质的变化,而只是小农经济的进一步过密化[②]。而且,过密化甚至在集体化与农业的部分现代化之下持续[③],主要原因是,集体化组织与家庭生产一样具有容纳过剩劳动力的组织特征:它不会,也不能,像使用雇佣劳动的资本主义企业那样"解雇"剩余劳动力。这个问题又因国家政权限制农业外出就业而加剧[④],使得农民在农业生产、副业生产上均表现出典型的家庭特征。

> 1350年至1850年间长江三角洲的历史……诚然,商品化大为扩展了,但市场经济的伸张远不是削弱小农的家庭生产,而是加强了它。……小型的家庭农场占据了绝对优势;以"男耕女织"为标志的所谓小农家庭的"自然分工"不仅没有瓦解,反而因为商品化和农村生产的家庭化变得更为完备;农业与手工业之间、城乡之间的社会分工不但没有出现,农业与手工业在小农家庭中的结合反而加强了……500年的商品化并未导致资本主义萌芽和近代早期的发展,而是使小农经济和家庭生产更趋完备了。[⑤]

---

① 《长江三角洲的小农家庭与乡村发展》第13页。
② 同上书,第14页。
③ 同上书,第15页。
④ 同上。
⑤ 《长江三角洲的小农家庭与乡村发展》第305页。

在某种意义上,《长江三角洲的小农家庭与乡村发展》一定程度上反映了他进行中国小农研究的最终目的——为了论证与西方小农发展完全不同的中国小农的发展模式——"内卷化":农业生产内部的变化只是导致了内卷化的进一步发展或局部形态的改变,外部力量的干预没有瓦解这一特征,反而使得小农的内卷化特征更加完备。因之,中国的小农经济形态也就更加稳定,改造传统小农的方式也就更加独特,改造的任务也就愈益艰巨,中国农村的社会发展进程也就更加独特。

与马克思的传统小农研究相比,黄宗智的研究在某种意义上直接决定了中国小农研究的模式或路径:既要看到小农在外部力量冲击和影响下的变化,同时又不能脱离小农自身长期存在的历史以及小农家庭的稳定性,只有基于小农作为一个独立的社会行动单位这一前提,才能对当代中国农村的变化作出权威性和前瞻性的分析。

二 施坚雅:小农行为的基层市场体系

施坚雅并不是为了研究小农而研究中国小农的,而是在对中国农村基层的市场结构进行分析过程中涉及小农的。在他看来,市场是传统中国农村农民生活不可或缺的部分,并且,所有小农家庭都可无障碍地进入到市场体系中。对此,施坚雅有精彩的描述:

> 传统时代后期,市场在中国大地上数量激增并分布广泛,以至于实际上每个农村家庭至少可以进入一个市场。市场无论是作为在村社中得不到的必要商品和劳务的来源,还是作为地方产品的出口,都被认为是不可缺少的。[①]

当然,这里的市场不是一般意义上的概念,而是仅指农村的基层市场,它的功能与作用主要在于为农村内部的必需品交易提供场所,为农村非必需品、商品性农产品对外流出提供媒介。

---

① 施坚雅:《中国农村的市场和社会结构》,中国社会科学出版社1998年版,第5页。

> 我用"基层"一词指一种农村市场,它满足了农民家庭所有正常的贸易需求:家庭自产不自用的物品通常在那里出售;家庭需用不自产的物品通常在那里购买。基层市场为这个市场下属区域内生产的商品提供了交易场所,但更重要的是,它是农产品和手工业品向上流动进入市场体系中较高范围的起点,也是供农民消费的输入品向下流动的终点。①

他为什么把目光投向基层市场?主要原因在于当时人类学家一般都把土著人等生活的共同体作为基本的研究单位。这一点在施坚雅看来存在着很大的局限性。对此,他提出了自己的意见:

> 研究中国社会的人类学著作,由于几乎把注意力完全集中于村庄,除了很少的例外,都歪曲了农村社会结构的实际。如果可以说农民是生活在一个自给自足的社会中,那么这个社会不是村庄而是基层市场社区。我要论证的是,农民的实际社会区域的边界不是由他所属住村庄的狭窄范围决定,而是由他的基层市场区域的边界决定。②

在著作之序中,施坚雅开篇立说:

> 在这部著作中,我对中国农村的市场活动作了一些局部的描述和初步的分析。这个被忽视的课题所具有的意义远远超出了严格的经济学的内容。……在这类重要的复杂社会中,市场结构必然会形成地方性的社会组织,并为使大量农民社区结合成单一的社会体系,即完整的社会,提供一种重要模式。③

这种模式的特点在于,不仅应该从农村基层市场的角度来研究中国农村的小农经济,而且,还应该从基层市场体系与社会结构的关联角度来研

---

① 《中国农村的市场和社会结构》第5页。
② 同上书,第40页。
③ 同上书,第1页。

究中国农村：基层市场不仅是小农交易行为的场所，同时也是小农社会行为的活动场所，它不仅提供了小农社会活动的范围，而且还构造了小农社会活动的内在结构。因此，在施坚雅那里，村庄或宗族并不是农民活动的全部，小农行为的范围和空间超出了传统的血缘和家族共同体关系，扩大到了一个基层的市场体系中。黄宗智对此持非常肯定的态度，他认为，施坚雅企图纠正人类学主流派只注重小社团而忽略村庄与外界联系的实体主义的研究方向。① 从这个角度来看，施坚雅对中国农村基层市场进行研究的目的，是要构建一种宽阔的认识传统中国农村的视野。

基层市场构造小农行为和社会结构基于市场的行为逻辑。这是因为，小农与基层市场发生关联不仅仅限制于生产和交易领域，还延伸到了小农的生活和社会交往领域，通过生产交易行为熟悉社区市场，通过社区市场满足其自身无法自给的消费品，同时，通过市场形成的社区社会满足家庭对外交往的各种需求。施坚雅进一步描述道：

> 让我们暂时停下来，注意一下，当一个农民对他的基层市场区域的社会状况有了充分了解，而对基层市场区域之外的社会区域却全无了解时，会引起某些结构上的后果。这意味着他所需要的劳务——无论是接生婆、裁缝，还是雇工——大部分都会在体系内的家庭中找到，由此而建立起一个老主顾与受雇用者结成的关系网，这个关系网全部存在于基层市场社区内，这也意味着，如前一节所提到的，一个迫切需要资金的人会期待在他自己村庄范围之外组成一个互助会。②

对此，黄宗智总结说，在施坚雅那里，基层市场共同体是媒婆、秘密社会、宗教组织、方言等的基层空间范围。一言以蔽之，它是"小农的社会生活的圈子"，是中国社会的最基本单位。③

很明显，施坚雅的研究遵循了"农业生产和交易——农民消费——社会交往"的分析逻辑。首先，通过交易性的生产和销售行为，小农的

---

① 《华北的小农经济与社会变迁》第 22 页。
② 《中国农村的市场和社会结构》第 45 页。
③ 《华北的小农经济与社会变迁》第 23 页。

需求在市场中得到满足，小农经济剩余在市场中得到销售；其次，通过市场满足小农经济无法提供的消费品；最后，小农通过基层市场中满足家庭的基本功能，如婚姻功能、人口再生产功能、交往功能、生理和心理需要功能等。

施坚雅的研究对当代中国农民和农户行为的研究具有直接的借鉴意义。主要表现在三个方面：

一是市场分析是研究小农变化的基础。依据本项研究的逻辑设计，社会化小农的出现与我国的社会主义市场经济体制的建立密切相关，正是在小农市场化行为的基础上才有了小农的社会化改变。因此，小农的市场化就成为小农社会化研究不可避免的一个方面。正是在此意义上，施坚雅的研究才给我们提供了分析的视角。

二是小农的行为活动遵循了一定的逻辑顺序，不同性质的活动依次展开，最终融为一体。在施坚雅的基层市场里，小农的活动首先是生产和交易意义上的，其次是生活消费意义上的，再次是社会交往意义上的，最后就是基于小农需求的自主市场行为。不过，其后的小农行为与活动中就很难进行类型学上的区分，因为通过一段时间的试探和参与，小农已经与基层市场和社区社会融合在一起了。这与当代中国小农的社会化过程有着极为相似的逻辑顺序及结果。

三是小农行为活动有一定的范围及限度。基层市场与社区结构的融合意味着，小农的行为既有张力，同时又有限度。这在某种程度上与当代中国小农的社会化进程及行为张力相一致，同时又对小农的社会化进程及程度作了社会结构及一些因素上的限制。

三　《边缘地带的小农》[①]："小农行为的总体分析框架"

沈红等也不是为了研究小农而研究小农的，他们的研究立足于中国农村贫困的实际情况，探讨如何通过贫困地区的经济开发解决贫困问题。在整体性分析的过程中，他们注意到了一个非常有意思的现象，即贫困具有传递性，特别是在边缘地带和传统农村社会的家庭中表现得尤为明显；而

[①] 沈红、周黎安、陈胜利：《边缘地带的小农——中国贫困化的微观解理》，人民出版社1992年版。

第一章 既有小农理论的研讨与社会化小农的提出

且，贫困户的传递特征还与小农的组织特性和行为特性紧密地结合在了一起。正是基于此等考虑，该书作者把对中国农村贫困化的理解定位于微观层面，即传统的小农家庭及其行为。在绪论部分"我们分析的背景与思路"中，作者直述：

> 分析小农的微观行为与内要贫困机理是本书的宗旨。……把分析的范围限定在仍旧十分贫困落后的边缘地带，即边缘地带的小农，这样可以把分析的焦点集中在传统小农的行为上，而不是其他类型的小农，如生活在迅速变化地区的小农。①

在对小农、农民、小农经济、小农社会、小农文化等概念进行梳理和厘定后，在综合经济学与社会学研究结果的基础上，该书作者认为，小农兼有多重职能，扮演着多重社会经济角色。主要有：三重生产角色（农业生产者、人口再生产者、家庭再生产者）、双重消费角色（生产性消费与生活性消费结合在一起，自给性消费和商品性消费结合在一起）、双重积累角色（以家庭为单位的组织性积累、生产性积累）及社区角色。②

与小农的多重角色相适应，小农行为的目标并不是单一的，而是多重的。为了完成小农的多重复合角色的任务，小农需要在一个复杂的行为系统中行动。这个行为系统必须有一定层次，使得几种生产在不同轨道上运行，互不"撞车"。③ 即是说，小农的行为系统和层次是有一定的内在逻辑的，在著作中作者也作了说明。"我们提出了一个假定，即小农是理性的，他们的行为循着一定的可以理解的轨迹展开。"④ 在此思想指导下，该书作者按照一种典型环境下的小农行为类型，设计了"小农行为框架：三种再生产流程图"。⑤

很明显，他们是从生产和再生产的角度来分析小农的。在他们看来，生产至少具有三种形式或层次：一是资源的利用与消耗意义上的物质再生

---

① 《边缘地带的小农》第1页。
② 同上书，第6—8页。
③ 同上书，第6—8页。
④ 同上书，第1页。
⑤ 同上书，第8—9页。

产，当然，在他们那里是指与贫困农民相联系的农业生产过程；二是劳动力再生产，或者人口再生产，人口通过资源的利用与消耗完成再生产过程；三是小农再生产，主要是指贫困家庭的再生产，家庭仍然通过资源的利用和消耗完成再生产过程。

这三个再生产过程紧密地结合在一起。其中，第一个再生产过程融于后两个再生产过程之中，而后两个再生产过程不仅反向作用和影响第一个再生产过程，且还受制于第一个再生产过程。因此，只有实现了第一个再生产过程的根本性变革，才能实现后两个再生产过程的历史性变化。

《边缘地带的小农》对我们的研究有直接的指导意义。主要表现在两个方面：

一是研究对象上，他们分析的样本是"边缘地带"的小农家庭，在某种意义上等同于中国的传统小农。这将作为研究基础在我们的研究中得以借鉴，因为在社会化小农进程和演进逻辑的研究中，我们把小农社会化的起点假定为传统小农。

二是分析框架上，小农的行为具有层次性，并且，各层次之间存在着内在的逻辑关系。从分析的逻辑来看，他们研究的立足点是社会生产，在此依据下对小农的生产行为进行分类分级，着眼于社会生产行为的不同层次及其相互之间的关系。我们的研究也将建立在一个逻辑分析的基础上，但分析逻辑建立的基础是实实在在的社会过程，以及活跃于社会过程中的行动单位。即小农的社会化过程的原始动因是什么？是从哪一个行为单位开始的？它的行为将带来什么样的变化？

四　沉石、米有录等：《中国农村家庭的变迁》[①]

这是一本相当"厚重"的研究当代中国小农变化的著作。该书作者在组织结构与功能分析的基础上，以中国农村家庭的"变"与"不变"为依据，对发生于当代中国农村的家庭社会变迁进行了深入细致的分析。在该书作者看来，现时代的"变"是立足于中国历史两千多年的"不变"之上的。

> 翻开中国封建社会的史页，两千多年的光阴流失、数百次战乱的

---

① 沉石、米有录等：《中国农村家庭的变迁》，农村读物出版社1989年版。

破坏以及历史的巨大颠簸，也不曾使超稳定的中国农村家庭发生急剧变迁。直到 1949 年解放前夕，农村家庭几乎还犹如活化石一般，人们仍然可以通过其活动的方式，窥见我国古代农村家庭运行的轨迹。以至一些西方的历史学家认为，中国的封建社会是一个停滞的社会，中国的农村家庭是一种静态状的家庭。①

1949 年中华人民共和国成立后，对农村社会结构的颠覆和农民的社会主义改造，导致了农村家庭的频繁变动。"其变化率之高、变化幅度之大，是中国历史上任何一个朝代所无法比拟的。"② 主要表现为：生产功能被剥夺，消费功能、赡养功能等在一段时期内被转移，教育功能被替代。其中，特别是生产功能的剥夺，在他们看来：不论是刀光剑影的农民战争和王朝战乱，还是国泰民安的盛世之治，都未曾撼动过传统家庭的生产功能，而在新中国成立后的短短几年里，它却被合作化和人民公社化给化掉了。③ 问题是，家庭的生产功能被剥夺之后，对家庭本身有什么样的影响和冲击呢？而这将对中国传统农村社会有什么性质和程度的影响呢？这些都是该书作者要回答的问题。著作中接着论述道：

> 那么，我们能否据此断定传统的中国农村家庭已经发生了历史性的大变迁呢？我们的看法是否定的。以土改为中心的第一次冲击，虽然摧毁了传统家庭赖以长期存在的社会经济条件，但并没有以现代生产方式摧毁传统家庭的坚实的生产力基础……接踵而来的第二、第三次冲击（合作化和人民公社化——作者注），也是在手工劳动的基础上进行的，因此也不可能导致传统家庭发生根本性质变，只能机械地放大传统家庭的各种功能和结构，或者使其以扭曲的形态表现出来。④

虽然改革开放前三十年对农村家庭的冲击是剧烈的，但并没有导致农

---

① 《中国农村家庭的变迁》第 1 页。
② 同上书，第 28 页。
③ 同上。
④ 同上。

村家庭的历史性变化。在该书作者看来，其原因也是显而易见的，主要在于农村的生产方式并未发生根本性的变革，所以不可能对积淀两千多年的家庭传统造成很大的冲击。这个结论还可以从另外一个角度进行解读，即改革开放前三十年的农村社会变革是国家规划下的变革，国家的权力在其中起着主导性的作用，权力对农村的干预和作用虽然直接和强烈，但历史表明，它作用的时间并不长久，且执行效力经常消逝于传统家庭持久的稳定性之中，因而不可能带来农村家庭大的变化或影响。也就是说，外在于农村家庭的因素或力量虽然短时期内可能会对农村家庭造成冲击，但不可能根本性地改变农村家庭的基本形态。

所以，在人民公社解体后不久，中国农村就回复到了仍然以家庭为基本单位的农业生产时代。"辛辛苦苦三十年，一夜回到解放前"，虽然不完全正确，但是很形象。

然而，中国农村也在开始着它自主的发展历程，特别是家庭联产承包责任制的实施，解放了生产力，也解放了农民；随后不久的社会主义市场经济体制的建立，则根本性地改变了农村的生产方式和生活方式。因此，与国家权力强制规划下的农村社会变迁不同，自发性的历史变迁对农村家庭产生了巨大的冲击，引致了农村家庭的巨大变化。对此，该书作者描述道：

> 在20世纪80年代的中国历史性变革中，农村家庭却以率先实行联产承包责任制而一度居为中国改革的热点和先驱。……十年改革，已把中国农村导入商品化、产业化的大转折、大过渡之中。农村家庭并没有在摆脱旧体制的过程中向原有的历史形态回归，而是以改革为契机，开始了向现代社会的变迁。①

1979年后，中国农村形成了制度创新、产业更替和基本经济形态转换（自然经济向商品经济的转变）同时运作的大背景。农村家庭在这种大背景的冲击和趋动下，开始了自身的历史性变迁。主要表现在②：

---

① 《中国农村家庭的变迁》第1—2页。
② 同上书，第29—34页。

——家庭劳动人口择业与身份的自由。1979年后的农村改革打破了命令式的封闭型就业体制和严格的身体管束制度，使家庭劳动人口可以根据劳动的机会成本、社会需求和劳动技能选择职业，并取得相应的社会身份。

——生产功能的复归与转移。据统计，1984年全国97%的农户全部或部分地恢复了生产功能。同时，由于农村非农产业的发展，出现了生产功能与家庭分离的趋势。

——家庭结构的简单化和复杂化。由于生产功能与家庭的分离，导致一些家庭结构趋于简单化。然而，作为社会基本单位的家庭，在其生产功能尚未突破家庭的范围之前，它们必然伴随着社会经济结构的复杂化而使自身的结构也日趋复杂化。

——家庭经营规模趋于扩大，人口规模趋于缩小。

——家庭目标开始转移。在保底（首先生产满足家庭生活需要的主要农产品）的前提下，追求非我——为满足他人或社会的需要——生产，以求更多地占有一般等价物——货币。家庭社会组织目标的改变则表现在以个人目标服从家庭目标的家庭主义（或家本位制）出现裂痕，而个人目标高于家庭目标的人本位主义（或人本位制）在裂缝中成长。不少具有文化知识的新一代家庭成员，开始把个人的生存价值和婚姻目标置于家庭目标之上，使家庭目标成为自身行为的参考目标或第二目标。

——婚姻关系的变化。择偶方式由包办型向自主型过渡。

……

在总背景下，我们可以说，农村家庭的一切方面都在发展和剧烈变化着。

《中国农村家庭的变迁》为我们提供了20世纪八、九十年代农村家庭的变化情况，并作了一定程度上的理论分析，是我们认识和研究当代中国小农及其变化的重要参考。而且，该书作者的研究思路也是沿着一定的过程逻辑展开：由于家庭经济职能的分解，导致了家庭行为方式及范围的变化，带来了家庭经济结构的变化，直接影响家庭的劳动力资源配置；劳动力在空间和时间上的差异性分布导致家庭消费方式的改变，消费意识和产品也相应变化；由于家庭生产与消费方式的变化，导致家庭结构呈现出简单化的特征；然而，这并不意味着家庭的社会化关系也相应简单化，而是相反；与之相适应，一些社会性的家庭行为如婚姻、生育等相应改变，与传统家庭相适应的儒家文化传统也正在发生着变化。

第三节 社会化小农的提出

一 已有研究的检视

毫无疑问，有关小农的理论探讨和对中国小农的研究成果将为我们的研究做出贡献。主要表现在两个方面：

从研究对象来看，他们的研究成果将成为我们的研究基础。本项研究着重于探讨现时代变化过程中的小农，研究过程中无法回避的问题是，小农的社会化进程源自何处？始于何时？即是说，小农社会化进程的事实起点在哪里？通观当代中国农村的变化，小农的传统特点无处不在地决定和影响着小农的行为与方式，而且，传统小农的行为方式与社会关系将直接影响当代中国小农社会化的进程。正是因为这一点，对小农社会化的研究不能凭空产生，而应该建立在一个坚实的事实基础上，那就是，现时代的小农变化基于一个传统的小农时代。因而，对传统小农进行前提式或背景式的研究将成为本项研究的逻辑起点。从这个角度来看，马克思的经典小农理论将成为小农社会化研究的理论来源，沈红等对边缘地带小农的研究有助于我们对中国传统小农有一个比较全面的印象，施坚雅的研究展现了中国小农一以贯之的行为模式，黄宗智的研究让我们领略了明清以来华北地区和长江三角洲地区小农的市场行为及经济状况，沉石等对20世纪80年代传统家庭及变化情况的分析有助于我们了解小农刚刚开始市场化行为和社会化变化时的情况。

从研究方法来看，他们的研究视角启发了本项研究的分析逻辑。正如上文所言，对小农及中国传统小农的研究是多角度的：马克思采用的是经济分析法，舒尔茨是从发展经济学的角度来研究小农经济的，恰亚诺夫是从组织角度来看待俄国小农的，两位美国学者对苏联农业社会化的分析则是组织与行为结合意义上的，黄宗智在分析过程中一直对小农的市场理性持肯定态度，施坚雅则在市场与社区结合的格局上对中国小农的传统性进行探索。正是在他们探索的基础上,多角度、综合性地探讨小农及其变化才成为可能,这明显地表现在《边缘地带的小农》和《中国农村家庭的变迁》两部著作中:前者从行为的角度构造了一个融为一体的三层分析框架,后者则是对传统中国农村家庭在20世纪八、九十年代的变化进行综合性的分析。本项研究将在这些研究的基础上,从社会过程的角度提出相应的分析框架和研究逻辑。

然而,由于一些客观的原因,他们的研究无法有效地解释当代中国小农的变化。主要表现在三个方面:

从研究对象及时间来看:马克思、舒尔茨和恰亚诺夫等的研究对象不是中国的小农;黄宗智的中国小农在时间上主要活动于近代;施坚雅对中国小农的关注在时间上跨到当代直到20世纪80年代,但正如他的研究结论所言,小农行为仍然受到基层市场体系和社区结构的制约;《边缘地带的小农》和《中国农村家庭的变迁》在研究对象的时间上止于20世纪80年代末,且前者主要针对边缘地区的贫困家庭而言。因此,这些研究成果,或在研究对象或在研究时间上均不能为当代中国农村家庭的变化提供有效的经验基础。

从当代中国小农变化的轨迹来看,1949年以来,小农的变化历程曲折反复,特别是一个高度组织化和计划化的集体时代对传统家庭造成了很大的冲击。经过三十多年的曲折发展,中国农村在某种程度上又回复到了小农时代,但是,一些制度和条件已经发生了根本性的变化,因此,20世纪80年代的小农已经不是传统时代的小农了。即是说,当代中国的小农虽然在某些方面具有传统小农的典型特征,但当代中国小农的变迁不会沿着一般意义上的小农发展轨迹,而是具有独特的中国特征。

从小农变迁的外部环境来看,西方国家小农变化的外部环境依次经历了一个工业化、市场化、产业化的过程,而中国的小农正在经历的却是一个三重意义上的社会变化过程:工业化、市场化、信息化;并且,这三个转变过程在短短三十年间叠加在一起,对以家庭为组织载体的小农经济和农村社会必然造成多重且综合性的冲击和影响,小农家庭也必将在多方面、多角度、多层次进行相应的回应和反馈。

因此,时代发展的理论需求和传统理论解释能力之不足,使得我们要对传统的小农理论进行梳理,在反思的基础上提出新的解释框架,并把目光瞄准到正在发生前所未有变化的当代中国农村社会。所以，应该对现时代的小农变化进行时代性的研究和分析，应在分析方法上有所创新，在研究内容上有所偏重。

二　社会化小农的提出及进一步思考

正是基于已有小农研究理论的不足和当代中国农村发展的新变化，教育部人文社会科学重点研究基地、华中师范大学中国农村研究院徐勇教授、项继权教授认为，应该对当代中国的小农及其变化进行重新认识。那么，如何认识呢？认识的出发点在哪里呢？在研究者看来，中国三农研究不可回避的一点是，必须将研究重心置于农户家庭，三农研究也应该"回到原点，关注变迁"①。原因在于：

> 三农研究的事实原点是将近 2.5 亿个农户。农户长期是中国农村最基本的生产、生活、交往及政治责任单位。对于中国农村来说，其历史传统既不是以个人为基点，也不是集体式的归宿。即使经历公社化，还得回到农户这一基本起点。但是，我们的三农研究对于农户这一中国农村的微观"细胞"研究却少之又少，其精致程度和逻辑分析更是相当不够。……更为重要的是，当下的中国农村正在发生从未有过的深刻变化，农户这个"细胞"也正在发生迅速的"裂变"。如果我们只是将当下的农户与传统的小农经济等量齐观，得出的结论可能差之甚远。当前对三农问题的看法和主张有着严重的分歧，其根本原因就在于如何看待小农。如果仍然将小户视为传统的、与世隔绝的农民，必然得出的是回归农本传统的结论；只有从现实出发考察小农的变迁，我们才能立足现实，提出具有未来指向的思路。

因此，只有从现时情况出发，才能对当代中国农村变化的轨迹和规律进行有意义的探讨。即应该首先关注当代中国农村的小农变迁。那么，应该从哪一个角度关注呢？或者说，应该运用何种方法或视角来关照当代中

---

① 徐勇、项继权：《主持人语：回到原点，关注变迁》，《华中师范大学学报（人文社科版）》2006 年第 3 期。

国农村的变化呢？徐勇教授给出了答案：正是在大量的实证调查中，我们发现，仍然以传统的"小农经济"概念定义当今农民已远远不够，我们的政策取向也缺乏足够的理论与事实依据，由此开始探索以农户为出发点的分析框架。在此基础上，以徐勇教授为代表，提出了"社会化小农"的观点。① 于是，

> 由徐勇主笔，邓大才参与讨论的论文《"再识农户"与社会化小农的建构》，基于家庭经营体制长期不变的条件，提出"重识农户"，即将农户放在历史变迁的过程中加以考察。认为，尽管当今的农户经营规模小，但他们已越来越深地进入或者卷入到一个开放的、流动的、分工的社会化体系中来，与传统的封闭的小农经济形态渐行渐远，进入到社会化小农的阶段。"小农"的"社会化"，大大提升了农户适应现代社会的能力，但也使农民进入到一个更不确定和风险性更大的社会。②

文章不仅对当代小农的变化进行了比较历史性的分析，而且从外延角度对社会化小农的特征进行了总结：生产社会化、生活社会化和交往社会化；同时，基于这三个特征的分析，还对当前小农面临的新情况和新问题进行了探讨，并指出了"小农"之"小"与外部社会之"大"之间的矛盾和冲突。不过，这种矛盾和冲突并不是消极意义上的，而是积极意义上的，它对当代中国小农的变化起到了一个促进和激发的作用，预示着中国的小农将进入到一种全新的社会形态之中，而且自身也将呈现出一种全新的型态。通观之，这仍然是事实层面的描述和研究，作为一种理论观点或研究方法或关照视角，它还需要进一步的探讨和深入。

在《社会化小农：解释当今农户的一种视角》③一文中，徐勇教授和邓大才教授一起明确提出一个观点，即"社会化小农"是"解释当今农

---

① 徐勇：《"再识农户"与社会化小农的建构》，《华中师范大学学报（人文社科版）》2006年第3期。

② 同上。

③ 徐勇、邓大才：《社会化小农：解释当今农户的一种视角》，《学术月刊》2006年第7期。

户的一种视角"。作为"解释当今农户的一种视角",即一种研究方法,或者一种理论,它就不能仅仅如前文所述,仅仅局限于事实的描述,而应该在两个方面有所突破:

第一,如何评估已有的小农理论。对此,文中在细致分析的基础上,依据时代变化和研究对象的特殊性,认为"传统的经典小农学派已难以充分解释现代农民的动机与行为模式,需要建构新的小农理论范式。当今中国农村和农民处于一个社会化程度高、经营规模相对较小,且将长期存在的'社会化小农'时期,它有别于传统小农、商品小农和理性小农"。

第二,社会化小农理论的内含及外延建构。文中对社会化小农的含义进行了一个词语解构式的分析。

> 社会化小农是一个解释性概念,它包括社会化小农经济、社会化小农生产、社会化小农发展阶段、社会化小农(户)、社会化农民。顾名思义,社会化小农就是社会化程度比较高的小农户,即"社会化+小农",或者说与外部世界交往密切,融入现代市场经济,社会化程度比较高但经营规模较小的农户。

接下来,对社会化的形态进行了分类探讨。主要有:纵向层面的小农社会化形态,分别以地缘、非亲缘、商品交易和系统为载体;横向层面的小农社会化形态,表现为生产(对生产要素——土地、资金、劳动力、信息——配置的社会化也应该归于此类中)、生活和交往三个方面。

在社会化小农概念提出后,如何认识和研究当代中国的农村变化。从研究内容来看,可以分为三类:

第一类:历史性研究。《华中师范大学学报(人文社会科学版)》2007年第4期《主持人语:社会化小农研究:逻辑与历史的起点》对此作了进一步的明晰:

> 自去年我们建立了社会化小农的基本框架之后,为进一步推进研究,今年我们主要寻求社会化小农研究的逻辑与历史起点。通过这一研究,一方面对前人的相关研究进行系统的梳理,在前人研究的基础

上更进一步；另一方面从多个方面将小农置于历史的变迁之中，研究其变化过程。因为，社会化小农从根本上来说是一个历史变迁的概念。运用这一研究范式，可以确立学术研究最基本的历史纵深感，密切关注正在发生变化的事实，并从变化中的事实中发现前人所未发现的问题，形成自己的观点。[1]

同期刊登的文章《社会化小农的历史进程：中国的经验》[2]，从当代中国及农村变化的实际情况出发，描述了社会化小农的历史进程，并以推动当代中国历史性变化的两大因素——国家化、市场化作为分析的坐标，对小农的社会化过程进行了一个历史性、整体性的分析。文章认为，前一个过程打通了国家与农民的纵向阻隔，实现了国家与农民的政治一体化；而市场经济则推动着农民之间的横向联系过程，由此促使小农进入到立体式的社会化网络之中。不过，文章仅仅关注到了当代中国小农的历史进程，对变化的轨迹和演进的路径仍然有待进一步的探讨。

第二类：行为研究。依据研究内容可分为：

行为动机研究。代表性文章《社会化小农：动机与行为》[3] 认为，小农在社会化过程中面临着巨大的货币支出压力，小农一切行为与动机都围绕货币而展开。正是在货币的压力和市场化的双重作用下，农民无处不市，无时不市。[4] 对社会化小农在市场经济中的意识现状及成因分析[5]也可归于此类。

行为方式研究。主要包括：生产行为如就业行为的市场化和社会

---

[1] 徐勇、项继权：《主持人语：社会化小农研究：逻辑与历史的起点》，《华中师范大学学报（人文社科版）》2007年第4期。

[2] 刘金海：《社会化小农的历史进程：中国的经验》，《华中师范大学学报（人文社科版）》2007年第4期。

[3] 邓大才：《社会化小农：动机与行为》，《华中师范大学学报（人文社科版）》2006年第3期。

[4] 卢昌军、邓大才：《从"以业为商"到"以农为市"——社会化小农的市场维度考察》，《华中师范大学学报（人文社科版）》2007年第4期。

[5] 戴欢欢：《社会化小农在市场经济中的意识现状及成因分析》，《安徽农业科学》2009年第37卷第21期。

化①，农业生产过程的社会化②，土地流转的社会化③，小麦收割方式的社会化④，农民家庭副业特别是养鸡的社会化⑤等；生活行为如《社会化小农：货币压力与理性消费》⑥。

行为要素研究，代表性的是《要素继替："社会化小农"概念的延伸探讨》⑦，文章的核心观点是，社会化小农的演变实际上是外部要素进入并替代传统内部要素的过程。这沿续了舒尔茨的研究传统。另外，文章还对"社会化"的含义作了深入的开拓，提出了小农社会化是一个相对性、历史性概念。

行为的条件与范围研究，如行为过程中对信息的依赖⑧，空间范围的扩展与延伸⑨，行动的"圈子"及"圈子"的逻辑研究⑩，等等。

第三类，拓展性研究。即把小农社会化或社会化小农作为一种实然状态，研究它对农业生产及农村社会的影响。如，对精准农业发展模式的影响⑪，对乡村治理空间、权威与话语的影响⑫，对农民生存状态的影响⑬，

---

① 刘金海、杨晓丽：《农民就业：市场化、社会化及其后果——以鄂东北山村为例》，《华中师范大学学报（人文社科版）》2006 年第 3 期。

② 郝亚光：《生产社会化：农户的社会风险与政府服务》，《华中师范大学学报（人文社科版）》2009 年第 1 期。

③ 王银梅：《中国社会化小农与农村土地流转》，《农业经济问题》2010 年第 5 期。

④ 焦红：《小麦收割方式的变化与社会化小农——以河南汝南县王岗乡北胡村为例》，《安徽文学》2007 年第 11 期。

⑤ 李晖：《社会化小农：制度分解与逻辑演绎——基于湖南新村养鸡维度》，《文史博览（理论）》2008 年第 8 期。

⑥ 吴晓燕：《社会化小农：货币压力与理性消费——以府君寺村农民日常生活消费为例》，《华中师范大学学报（人文社科版）》2006 年第 3 期。

⑦ 黄振华：《要素继替："社会化小农"概念的延伸探讨》，《华中师范大学学报（人文社会科学版）》2009 年第 1 期。

⑧ 韩轶春：《信息改变小农：机会与风险》，《华中师范大学学报（人文社科版）》2007 年第 4 期。

⑨ 郝亚光：《社会化小农：空间扩张与行为逻辑》，《华中师范大学学报（人文社科版）》2007 年第 4 期。

⑩ 邓大才：《"圈层理论"与社会化小农——小农社会化的路径与动力研究》，《华中师范大学学报（人文社会科学版）》2009 年第 1 期。

⑪ 赵国杰、侯建平、郭春丽：《社会化小农选择精准农业发展模式初探》，《中国农机化》2011 年第 2 期。

⑫ 邓大才：《社会化小农与乡村治理条件的演变——从空间、权威与话语维度考察》，《社会科学》2011 年第 8 期。

⑬ 郭明：《社会化小农：生存压力与困境破解》，《温州大学学报》2010 年第 2 期。

等等。还有研究者以它为视角,探讨了现时代乡村社会的公共舆论[①]。

这些研究成果不仅丰富了社会化小农的内容,而且在不同程度上从不同角度开始深入社会化小农的内涵。

然而,一个明显的事实是,迄今为止,所有的研究成果都把社会化小农作为研究的分析视角,均视当前的中国小农可以用社会化小农来形容。需要解决的问题是:为什么是"社会化小农"而不是理性小农?或者市场化小农?或者自主化小农?或者其他的类型定义?对此,社会化小农理论提出者徐勇教授的看法是:

> 社会化小农的建构,有利于我们从历史的变迁过程去理解和考察当下的农村和农民。将社会化的视角引入农村研究,更主要的是开发出新的"问题域",提供一个新的研究范式。至于这一范式能否成立,还有待进一步的论证。[②]

它给我们提出的问题是,必须对社会小农概念的含义及来龙去脉进行一个系统的研究,作为理论上的总结观点,社会化小农应该建立在当前中国小农变化过程的认识之上。因此,如何认识当前的小农变化就成为我们必须面对的问题。

三 本项研究的内容及分析框架

当前中国小农的变化是多方面的,既有市场因素导致的,也有行为因素引发的,也有组织因素决定的,还有心理因素、制度因素、社会条件等方面在影响和起作用。因此,单单某个方面的因素并不成为小农变化的主导线索,可以说,当前中国的小农变化是一个综合性、系统性的变化。在这里,我们尝试用一个含义面广的概念"社会化"对它进行概括性地指代,旨在为本项研究提供一个初步的分析视角。

按照《中国大百科全书·社会学》的解释,"社会化就是由自然人到

[①] 纪亚泉、杜豹、曾智:《社会化小农视角下的乡村公共舆论》,《华中师范大学研究生学报》2011年第2期。

[②] 徐勇:《"再识农户"与社会化小农的建构》,《华中师范大学学报(人文社科版)》2006年第3期。

社会人的转变过程"。① 其中,"自然人"是指在自然状态下出生的人,只具有人的自然属性,而不具有人的社会属性。② 而"社会人"则是指具有自然和社会双重属性的完整意义上的人。③ 也就是说,"自然人"的产生是人类发展一种自然而然的结果,而"社会人"的存在则受到非自然因素特别是社会形成及存在因素的影响并起决定性作用的结果。从这个角度来看,"社会化"实际上是具有自然属性的个体转变为具有社会属性的行动者的过程。

我们也正是在此意义上使用这一概念的,同时又要对其中的部分含义进行置换。

从"社会化"的含义来看,它针对的个体,而且是具有自然属性的个体,这里的"个体"在社会化之前只受到自然因素的影响。现在,我们要把它同"小农"进行结构上的对接,因此,社会化概念中的个体应该转换为本项研究中的"小农"。从本项研究的对象来看,传统时代的"小农"具有自然属性,它是在一种自然演进的状态下形成的,在某种程度上正符合了"自然人"的自然属性特征。而在"社会化"的过程中,一种历史上自然形成的家庭则要受到农村外部世界诸多因素和条件的影响,并约束或直接决定着传统家庭的变化及其发展方向。在这一影响和约束过程中,传统的小农向一种新型的形态转变,逐步由一种自然的状态变化为与外部世界融合在一起,即"小农"与外部世界紧密地结合在一起。这个时候,小农的社会化过程才得以完成,这才是真正意义上的社会化小农。

本项研究就是探讨小农在现代社会中是如何变化的,如何逐渐改变和抑制它的自然属性,如何逐步扩展和深化它的社会属性的,即小农是如何社会化的。

根据前文的分析,小农的社会化过程离不开社会行为主体。而在本项研究的分析中,"小农"是一个实体主义的概念,它有实体的指向,不仅包括"个体"意义上的农民或曾经或正在从事农业的生产者,而且包括

---

① 《中国大百科全书·社会学卷》,中国大百科全书出版社 1992 年版,第 303 页。
② http://baike.baidu.com/view/15620.htm。
③ http://baike.baidu.com/view/953986.htm。

"组织"意义上的农村家庭或曾经是农村户口的家庭，还包括以地域为单位的农村社会。其中，个体农民遵循自主的行为逻辑，家庭组织遵循社会结构的功能及受其约束，农村社会则以资源和信息的方式与外部因素进行交换与交流。这样，就形成了本项研究的分析框架和研究内容。

首先，小农社会化的主体因素和社会条件。主体因素主要定位于农户层面，因为迄今为止，家庭仍然是农村社会基本的组织单位和行动单元。社会条件则着重于20世纪80年代以来的社会变化，特别是与农村家庭变化有关联的社会制度、社会条件、社会因素等。

其次，小农的社会化过程。在"农民—农户—农村"的演进逻辑基础上，勾画出当代中国农村特别是农户家庭变化的轨迹。

最后，小农社会化的张力及程度。它的内含是，在当今社会，小农个体和小农家庭具有相当大的时空张力，但是，仍然受到一些因素或条件的制约。

第二章 小农社会化的历史背景

我们把小农的社会化过程置于一个双向互动的系统之中。这个系统由两个部分构成：一个部分是社会化的主体，或者说是社会化的行动单位。虽然小农可能被理解为两个层级的社会单位，但是很显然，小农及小农经济的载体——家庭，无疑居于基础性和主导性的地位。因此，这里着重考察小农社会化的家庭背景。另外一个部分是小农社会化的外部因素以及条件。即小农的社会化进程不仅建立在外部环境和条件的基础上，同时，小农的社会化进程还受制于外部的条件与环境，正是在这两者相统一的基础上，才有了小农的社会化进程。

第一节 小农社会化的家庭背景

我们知道，自古至今，家庭是社会的基本单位，是与人性及生理需求相统一的社会单位，它的核心纽带是婚姻和血缘关系。其中，婚姻关系是家庭之所以为家庭的关键要素；血缘关系是婚姻关系的结果，同时也是人类自身的需求和人类社会需求的结果。如果一个家庭缺少了血缘关系，那么这个家庭就不是一个完整意义上的家庭。这有两重意义：一是它的稳定性不强，容易演化和退化，在现代社会中主要表现形式为"丁克家庭"；二是它不能完成人类社会生存和发展的基本任务，即无法完成人口再生产和家庭再生产的社会责任。缺少这一点的话，人类也就难构成社会了。

婚姻关系和血缘关系决定着家庭的变化趋势。家庭作为社会的基本单位，它有双重意义，一是对内意义上的，二是对外意义上的。婚姻关系决定着家庭存在的合法性和合理性，而血缘关系则决定着家庭的亲和力和内聚力，这两者的结合共同决定了家庭存在的意义及其行动能力。但是，我们不能忽视的一个普遍现象是，很多家庭并不是固定在简单的婚姻关系和血缘关系结构中，而是由多重的婚姻关系和血缘关系所构成。这不仅影响着家庭内聚力和亲和力的发挥，而且不断地分化着家庭的内聚力，从而形成一种家庭分裂的倾向。这一点在中国家庭发展史中的表现就是"分家析产"。

一 "分家析产"辨

"分家"意味着家庭的分化和人口的分散，从一个大家庭分裂为两个或两个以上的小家庭。不过，这只是表层意义上的，表现为家庭规模的变化，或者是家庭数量的增加以及单个家庭人口数量的减少。它还有更深刻的意义，即它意味着家庭结构的根本性变化，由主干家庭或联合家庭向核心家庭或主干家庭演进，由此实现了家庭的再生产，完成了小农家庭再生产的第一个也是基本性的要件。"析产"完成了小农家庭再生产的第二个要件，它意味着家庭财产的均分，在家庭财产与人口数量之间形成相对均衡的匹配关系，在两者合作的意义上就发生了小农家庭的再生产。

当然，"分家析产"现象古已有之，这有政治上的考虑。原因就是，中国社会是建立在传统农业财政的基础上，国家维持和稳定的基础是小农的生产剩余，基于农业赋税的考虑，国家和中央政权也强调这一规律。秦商鞅为了弱化旧的贵族势力，扩大编户齐民力量，第一次变法令就"令民有两男以上，不分异者，倍其赋"，第二次变法令更强调"父子兄弟同室内息者为禁"。[①] 但汉朝以后，由于儒家伦理的尊崇，历代统治者大都实行保护大家庭政策，维系大家庭蔚为风尚。尽管如此，分家析产从未停止过，并成为民众日常生活中的一部分。到了清代，虽然《大清律例》规定："祖父母、父母在者，子孙不许分财异居"，但因事实上不可能，所以同时规定："其父母许令分析者，听。"[②] 国民政府时期，1929年和1930年颁布的《民法》才摒弃了反对分家的禁令，规定"家属已成年或虽未成年而已结婚者，得请求由家分离"。于是，

---

① 《史记·商君列传》。
② 《大清律例》卷八，《户役·别籍异财》。

"系以夫妻子女为核心之小家庭而设想，家长家属关系已远非昔比矣"。① 也就是说，这一法令不仅承认了民间分家析产的事实，也承认了它的合法合理性。于是，在20世纪上半期，分家析产成为非常普遍的现象，它带来的结果就是，小家庭在社会中占绝大多数。根据1928—1933年对全国16个省百处家庭规模的调查，小家庭占全部家庭总数的比例为62.8%，大家庭只占35.1%。②

分家析产除了导致家庭再生产的社会结果之外，还有一个重要的经济结果就是导致家庭缺乏积累，家庭的经济积累要么为地主或国家所获得，要么因为家庭分裂而细化，留给以家庭为单位的小农自身的只能维持简单的社会再生产。这也是几千年来小农家庭演进的基本动力所在，且亦是其基本的变化轨迹。

在"分家"和"析产"这一对孪生姐妹中，析产是前提和基础，分家是建立在财产明确且经济剩余的基础上。没有了可以分配的财产，家庭的分裂也就没有了实质性意义。孔迈隆（M. Cohen）认为，家计的分裂才是最初家庭分裂的主要变量③。因此，抑制了家庭的财产积累和经济剩余，分家的过程也就中断了。新中国成立后，虽然对家庭规模没有规定性的限制，但国家主导下的农业经济政策剥夺了农业的生产剩余，自动地掐断了家庭分裂的基础。

二 农民的社会主义改造

新中国成立初期，为了快速积累经济发展和工业化及国民经济体系建设所需的资金，国家先后实行了三项与农业生产效益紧密相关的政策：一是强制性的农业税；二是与计划经济相配套的农产品统购统销政策；三是非平等交易的工农业产品"剪刀差"。通过这三项政策：（1）家庭的生产功能被转移到了集体组织那里，家庭失去了农业生产组织和产品分配的权利；（2）国家无偿或低价获得了农业生产剩余，农村处于停滞不前的状态。这可以从农民的收入看出来。有资料显示，在1957—1977年长达21

---

① 史尚宽：《亲属法论》，中国政法大学出版社2000年版，第779、795页。
② 《中国经济年鉴》第三编，《人口篇》第3表，商务印书馆1936年版。
③ Cohen, Myron L, House United, House Divided: The Chinese Family in Taiwan, Columbia University Press, New York, 1976.

年时间里，城市居民的生活水平大步提高，而农民人均净收入只增加1元。农业生产所得仅仅能够维持基本的生存和生活，根本谈不上对财产进行明晰化和细分。没有了农业生产剩余，也就没有了分家的基础。传统小农经济和家庭再生产的轨迹由此掐断。进入到集体化的小农时期，小农此时已不能称为完全意义上的小农，它退化为国家农业生产计划上的一个节点而已。

这一时期，由于国家化和农业集体化过程剥夺了家庭的生产功能，同时也就掐断了小农再生产的经济基础，家庭的再生产也被抑制住了。分家在这一时代已经没有经济上的独立意义了，于是，家庭规模渐渐增加，小家庭渐渐地变成了大家庭。

据1953年6月30日第一次人口普查资料显示（不含西藏和昌都地区），当时大陆各省区人口合计580603417人，有家庭133649101户，户均4.34人[1]。另有统计资料显示，从1949—1955年，我国家庭规模已显缩小的趋势，户均人口数由1949年的5.35人逐步下降到4.33人；但从1955年开始出现连续上升趋势，1955年为4.74人；1960年为4.50人；1965人为4.55人；1970年为4.74人；1975年为5.05人；1979年为5.08人。[2] 这说明，从1953—1979年，家庭人口数随着时间的推移增加了，相应地，传统时期盛行的分家行为被国家之手抑制住了。见下表：

年 份	1953	1955	1960	1965	1970	1975	1979
家庭人口规模	4.34	4.74	4.50	4.55	4.74	5.05	5.08

但是，家庭联产承包责任制的实施，特别是土地的平均主义分配政策在某种程度回复或是解放了家庭内部的张力，恢复了自古以来的这一传统，使家庭规模又趋于变小。

---

[1] 杨子慧主编：《中国历代人口统计资料研究》，改革出版社1996年版，第1518页。
[2] 史宝琴：《论家庭变迁与人口的生育行为》，《人口学刊》2003年第2期。

三　财产的平均主义分配

土地的平均主义分配必然导致小农经济的长期存在。在我国，土地的平均主义分配主要源于人口与耕地之间的紧张关系。人多可耕地少，农业生产力低下，一直约束着土地的平均主义分配。它对小农经济的维系作用主要表现在两个方面：

一是宏观层面，表现为"社会大分"，集中于平均分配财产，特别是土地。

中国是一个有着数千年小农经济传统的国家，自古以来就有平等的理想：孔子"不患寡而患不均"，老子的观点则是"损有余而奉不足"，庄子强调"富而使人分之"。历史上，历次农民革命都是由土地分配不均引起的，特别是土地兼并的程度与革命的程度成正比；被统治者用于造反的理论武器也是"均贫富，等贵贱"，要求以土地均分达到社会平等；待农民起义胜利后，首要的政策主张就是平均分配土地，以满足农民参与革命和起义的愿望。近代以降，孙中山先生领导的资产阶级民主革命的口号和最终目标就是"平均地权"。以毛泽东为首领导的新民主主义革命之土地革命运动的主要内容就是"打土豪，分田地"，没收地主的土地并把它平均分配给农民，实行"耕者有其田"。

实行家庭联产承包责任制虽然与传统意义上的平均地权有着本质的区别，但对于小农特质而言，并没有太大的差别。正是在此意义上，温铁军先生说，"农村之所以恢复小农经济是出现了家庭承包制"[1]。虽然是以个体（含自然人和劳动力以及两者结合三种类型）为分配单位，但是以家庭为耕作单位。由于家庭规模没有太大的差别，因此，各个农户经营土地的数量差别也不大。于是，中国农村社会又回复到一个以小农家庭占主导地位的时代。

二是微观层面，表现为家庭小分。

虽然20世纪80年代以来农民分家析产的研究还没有系统的著作，但其结果却可以通过核心家庭数量的变化看出来。下表为1982、1990、

---

[1] 温铁军：《小农经济与中国农村信息化的困顿》，见网页 http://www.bensewang.com/shishi/80055.html。

2000 年三次人口普查中核心家庭所占比例及内部构成表。

普查年份	家庭类型				核心家庭占普查家庭比例
	一对夫妇型	标准型	残缺型	扩大型	
1982①	4.78%	52.89%	14.31%		71.98%
1990②	6.49%	57.81%	9.50%		73.80%
2000③	12.39%	47.25%	6.35%	1.62%	68.15%

当然，导致家庭规模变小的原因还有计划生育政策，它在缩减家庭人口数量方面也起到了相当的作用。如随着计划生育政策的推行，成功地控制了人口出生率，户平均人数自 1980 年起逐年下降。1980 年户均 4.61 人，1985 年户均 4.34 人，1990 年户均 3.97 人，1995 年户均 3.70 人，1997 年户均 3.64 人，1998 年户均 3.63 人，2000 年户均 3.60 人。④ 见下表：

年份	1980	1985	1990	1995	1997	1998	2000	2005
家庭人口规模	4.61	4.34	3.97	3.70	3.64	3.63	3.60	3.27

农村家庭的人口数量也在不断地减少。根据《中国农村住户调查年鉴（2005）》第 21 页数据显示，自 1978 年以来，农村居民家庭常住人口数一直呈下降趋势。1978 年户均 5.7 人，1980 年户均 5.5 人，1985 年户均 5.1 人，1990 年户均 4.8 人，1991—1992 年户均 4.7 人，1993 年户均 4.6 人，1994—1995 年户均 4.5 人，1996—1997 年户均 4.4 人，1998 年户均 4.3 人，1999—2001 年户均 4.2 人，2002—2003 年户均 4.1 人。2004 年，我国农村总人口为 9.42537 亿人（户籍人口），农村家庭为

---

① 资料来源：《1982 年全国人口普查资料》汇总数据；曾毅等：《中国 80 年代以来各类核心家庭户的变动趋势》，《中国人口科学》1993 年第 3 期。

② 曾毅等：《中国家庭结构的现状、区域差异及变动趋势》，《中国人口科学》1992 年第 2 期。

③ 数据来源于第五次全国人口普查数据（N＝336753）。参见王跃生：《当代中国家庭结构变动分析》，《中国社会科学》2006 年第 1 期。

④ 史宝琴：《论家庭变迁与人口的生育行为》，《人口学刊》2003 年第 2 期。

2.49714亿户，农户家庭平均3.8人。见下表：

年份	1978	1980	1985	1990	1991—1992	1993
家庭人口规模	5.7	5.5	5.1	4.8	4.7	4.6
年份	1994—1995	1996—1997	1998	1999—2001	2002—2003	2004
家庭人口规模	4.5	4.4	4.3	4.2	4.1	3.8

从历史来看，家庭规模总体趋势是趋于变小，家庭内部关系趋于简单，家庭类型趋于核心家庭。与此同时，耕地面积日益减少，农村人口人均占有面积不断缩小。2004年，我国总耕地资源面积为130039.2千公顷，农村人口9.42537亿，平均人均占有耕地资源面积2.07亩（实际占有耕地面积2.00亩）。所以，如果从家庭规模和农户耕种的土地规模来看，我国农民仍属于"小农"。①

但是，现在的小农已经不是传统意义上的小农了，不仅时代不同，而且面临的压力和遇到的问题也不同了，他们越来越受到外部世界的影响，并且，越来越被卷入到一个开放性、流动性和信息化的市场社会之中，导致现在的小农已经与传统的小农不仅在外部形态上有很大的区别，而且在内在纽带和行为逻辑上也相差很大，小农不再依赖于传统的因素，而越来越依赖于外在的条件和社会的因素才能保持活力。即是说，小农开始由一个自然的组织体转变为一个受外部因素影响或控制的社会因子了，小农开始进入到一个社会化的过程之中。

当然，小农的社会化过程是与现时代中国的社会和历史背景紧密联系在一起的。这就必须回到当前中国社会的实际。

第二节 小农社会化的社会背景

研究微观形态的社会化小农，离不开宏观形态的中国社会。这是因

---

① 徐勇：《"再识农户"与社会化小农的建构》，《华中师范大学学报（人文社科版）》2006年第3期。

为，小农的变化不是孤立的历史事件，而是社会变迁过程中的一个历史线索；小农的社会化离不开当代中国社会的历史性变化，并且是当代中国社会转型的一个方面或者只是一个结果而已。因此，要深入地考察小农社会化的过程，就必须深刻地分析小农社会化的背景、条件和社会环境。

六十多年的当代中国社会历史可以划为三个时期：一是国家全能主义时期；二是实行改革开放和开始社会转型的过渡时期，在时间概念上主要是指20世纪八九十年代；三是自20世纪90年代以来的社会主义市场经济时期。第一个时期奠定了中国社会的基本发展框架，也是小农回归和迈向社会化小农的起点。第二个时期对小农而言主要表现为小农的回归。而在第三个时期，回归中的小农开始进入一个新的时代，即社会化小农时期。从小农社会化发生的过程来看，其起点在第一个时期，发生的准备期在第二个时期，到第三个时期才开始表露出它自身的特性。

之所以如此总结是因为，六十多年的三个时期依次为小农的社会化过程创造了条件。一是制度上，从控制和统制转向放松和开放，解放了强加在小农身上的外在束缚，把小农从行政权力控制下解脱出来，使得小农获得了独立的行为能力。二是经济形态上，从计划经济体制向社会主义市场经济体制转变。三是社会形态上，从农业社会向工业社会转型。后两个方面为小农的社会化创造了外部条件和内部动力，使得小农们能够冲破传统的束缚和家庭分工的限制，并能获得小农生产力的社会化发展和使用，使得小农开始进入到一个社会化的过程之中。只有在这样一个整体性的社会转型过程中，小农才能完成它的社会化过程，传统小农才能转变为社会化小农。

一 历史回归中的小农

在20世纪50—80年代，国家通过两项政策把农民死死摁在农村范围内和土地上。其一是建立在城乡二元体制基础上的产业分工和职业分工体制；其二是户籍管理制度。

第一项政策导致的结果是，城市不仅是行政官僚机构和政权所在地，更是国家工业体系的所在地，而农村，则是农业生产的所在地，成为了国民经济的一个生产部门，农村的生产活动安排和规模完全依赖于国家经济活动的需求和计划。在国家战略和任务重点转移的情况下，农村也就相应地调整种植结构，农产品的销售规模也相应地增减。这样，小农的生产活动不仅受到劳动时间、自然环境和劳动能力的限制，而且，劳动的对象限制在农村区域，农民的活动限制于农业生产，农民就被限制在农村社会之中。

第二项政策导致的结果是，将农民活动的范围限制在农村领域内。从历史的角度看，尽管户籍制度对当今中国的社会发展做出了巨大的贡献，但这是国家意义上的；对农民个体而言，消极意义显得尤其严重。其一，它限制了农民的行动范围，只在他所处的农村范围内，进入城市或其他区域的行为是受到严格限制的，举家长久性的迁移更是受到严格限制。其二，它限制了农民的行动能力，好像给农民上了一道"紧箍咒"。在农村，以家庭为单位的副业和商业活动都在禁止之列，因此，农民的生产能力就只能"被"作用于农业生产领域，"农民天生就是农民"。实际上，农民首先应该是一个社会人，然后才是一个劳动者，最后才是一个具体的职业人。但在户籍管理制度和城乡二元分工体制下，农民首先是一个农业生产者，其次才是一个劳动者，最后在政治意义上才是一个社会人——公社社员。其三，它阻碍了农民劳动能力的充分发挥。这是由集体劳动和集体所有制决定的，因为农民失去了劳动的决定权，同时也失去了劳动成果分配的决定权，于是，农民就只能保留对自己劳动力的所有权，或者以"弱者的武器"策略来赢得对自身所有权的胜利。

与这两项政策关联在一起的是计划经济体制。它的实施强化了国家对农民的控制和管制。这是因为，计划经济体制时期对农民生产活动而言，有两个非常显著的特点：

第一个特点是从生产者角度看，农民退化为一个纯粹的农业劳动者，成为农业生产计划过程中的一个被动的参与者。

我们知道，小农经济是一个自给自足的经济形态，其中，农民首先得为有地可耕种而积极谋划；而且，农民还得自己考虑一系列的农业生产过程，如种子准备、工具配备、人员安排、生产活动及安排等；待到农作物成熟之后，农民还得为收获时间、方式，特别是农产品的分配而整体规划。即是说，为了保证家庭经济的自足自给，小农必须对整个农业生产活动、生产成本、生产收益及生产总量等进行全盘考虑。

而在计划经济体制时期，农业生产什么？怎么安排生产计划？怎么生产？经营管理、收获以及分配等，这些与小农经济有关的一切生产经营活动及安排都与小农个体无关，而只与他的农业劳动能力有关。农民虽然参与了农业生产过程，但农民是作为一个农业生产要素参加的，农业生产活动及收益与农民个体的利益和个体的特殊性无关。这是因为，经过农业集体化运动和人民公社化运动后，集体成为实践国家意志的一个行动者，一切生产活动和计划都是由中央做出，然后层层分解到基层社会，再分解到农村集体组织，村集体按照生产计划来安排生产活动，进行生产管理和收益分配。而农民，则退化成农业工人，成为农业生产计划任务中的一个纯粹的农业劳动者。

第二个特点是从消费者的角度而言的。

在小农经济时代，农民不仅要考虑到家庭的农业生产活动，而且还要考虑到家庭的消费能力和可能消费供给。在消费能力的基础上有预期地安排农业生产活动，在粮食供给的基础上安排家庭的消费活动，消费什么，何时消费，消费多少等，都由小农自己根据粮食储备总量和家庭消费能力作出年度安排。即是说，为了保证家庭经济的自给自足，小农必须在生产总量基础上，合理安排家庭的消费时机、消费数量及消费质量。同时，在消费总量超出家庭消费能力的时候，合理地安排农业生产剩余产品的商品化交换以及来年家庭生计的整体安排。

而在计划经济时期，对农民个体而言，由于他们被剥夺了耕地所有权，他们同时也被剥夺了收益分配者的权利，农业生产结果的分配权牢牢掌握在集体的手中。而在农业成果的分配过程中，作为直接劳动者的农民则被摆在了国家和集体利益之后，其分配序列是，首先，完成国家下达的计划任务，其后由集体提取属于集体（生产大队或生产队）的部分（公积金、公益金和发展基金），剩余的农业成果才按照劳动计酬原则在农民之间进行分配。因此，农民的消费额度建立在可供分配的基础上，而非农业生产结果的基础上；且从分配数量来看，最后落到农民手中的劳动成果只能维持一个农业劳动力的基本生存状况，并且是作为一个农业劳动力的状态而存在，根本谈不上农民家庭的农业生产剩余及对未来的规划。

以上两点归结起来就是，在计划经济体制时期，农村经营活动是以集体为单位的，不是以家庭为单位的，小农失去赖以存在的制度基础；同时，由于集体以国家的名义剥夺了农业经济的安排、管理及决策权等，小农又失去了赖以生存的经济基础。因此，小农被国家消灭了，小农经济被集体经济取而代之。

同时，计划经济体制与城乡产业分工、职业分工及户籍管理制度这两项政策一起，对小农的行动范围、行动能力及行动成效都做了强制性的规定，于是，小农被"摁"死了。当然，这一切都不是小农自身的原因造成的，而是由于国家的性质及当时所处的发展阶段和面临的任务决定的。

"解铃还须系铃人"。在经历了近30年的计划和管制之后，国家通过农村经济体制改革开始还农民以独立的农业经营自主权，通过一些制度改革开始解下束缚在农民身上的链锁。

农村经济体制改革主要是指实行家庭联产承包责任制，由集体保留对土地的所有权，但独立的经营使用权则归还给农民。这一制度的实施在一定程度上恢复了小农经济形态。对应传统小农经济的特征而言，主要表现在三个方面：

第一，以家庭为基本单位，一家一户拥有相对独立可耕种的土地。不过这一时期，农民都是以承包经营的方式从集体那里获得耕地，不像传统小农时期有些小农还拥有属于自己的耕地。

第二，家庭能够自给自足。虽然当时农业水平还相当低，但基本上可以解决家庭的生活消费问题，除了一些盐铁等生产生活必需品外，家庭基本上也直接生产自己的生活消费品，农民也直接消费自己生产农产品的大部分。

第三，家庭之间具有同构性。这一时期，农业生产仍然回复到以家庭为基本单位，农业生产的过程基本上建立在家庭内部分工的基础上，农户与农户之间很少在生产方面发生联系，再加上耕地是以人或劳动力或两者结合意义上分配的，不仅个体之间相差不大，且经营面积相差也不大。这在当时农村的主要表现为经营结构上的同构性。张家的农作物种植结构和各类种植面积都与李家相似，甚至整个村庄基本上都处于同一经营结构模式中，不仅在家庭结构、家庭规模上差不多，而且在经营结构、经济形态、产品供给和生产剩余等方面都差不多。于是，农村社会又回复到一个相对平等的小农经济时期。

按照美国心理学家马斯洛的需求层次论[1]，农民在满足生存和社会保障的基础上就开始有了新的需求，这就是自我实现的需要。主要是指通过自己的努力，实现自己对生活的期望，从而对生活和工作真正感到很有意义。对20世纪80年代的中国农民而言，他们不再仅仅满足于"一亩三分地"和"老婆孩子热炕头"的小农家庭自足式生活，而是期待于一种自由式的能力发挥，一种生产活动的新境界，一种新式的物质生活。这对他们来说，首要的任务就是赚足货币，于是就有了"十亿农民九亿商"和农民的"走出去"发展战略。从农民自身的角度而言，他们的行动能力得到了释放，行动范围也随之扩大了。

二 小农社会化的历史进程

家庭联产承包责任制实施后，制度和管理层面对农民的束缚已经大大减小了，农民自身的行动能力和范围也大大地拓展了。不过，这种意义上的拓展主要依赖于他们自身的能动性因素，是他们一种发自内心的动机和愿望，促使他们在没有外在约束的情况下自主地发挥着他们的聪明才智和行动能力。

然而，我们知道，任何一件事情的发生既有主观的因素，也有客观的因素——依赖于外部提供的环境和条件。在小农社会化进程中，主要表现在外部影响因素特别是经济方面，从计划经济体制开始向社会主义市场经济体制转变。这一转变过程不仅影响了中国经济格局的重大调整，而且还对小农经济生产方式及过程产生了根本性的影响。

要建立社会主义市场经济，首要的一点就是要建立起可供买者和卖者实现等价交换以及交易所需的市场。而要形成和保持一个市场的正常运作，就必须至少满足三个条件：首先，要有产权明晰的产品；其次，各交易主体对其所售产品有自主的决定权；最后，各个交易主体之间是相互平等的，不存在市场垄断行为。只有在满足这三个条件的基础上，才能保证市场交易是建立在公平、等价的基础上，市场交易行为才会有一个持续性，市场才会正常运转。而只有在市场正常运转的基础上，才能形成以市场为基础性资源配置手段的经济体制。

---

[1] 亚伯拉罕·马斯洛：《动机与人格》，中国人民大学出版社2007年版。

从维持一个正常的市场经济体制所需的条件来看，从计划经济体制解脱出来的小农基本上都能够满足这些要件。首先，家庭联产承包责任制实行的是固定租金契约，在上交利益固定的基础上，农民所得与他们自己的劳动投入成正比。因此，家庭联产承包责任制实行后，农民的生产积极性空前提高，其目的在于增加属于自己那一部分的增量。按照当时的分配原则，剩余的部分和增加的部分都归农民自己，并由他们自行支配。在实行粮食专卖制度时，虽然农民不能选择买家和进行讨价还价，但农民自己可以决定是否出售粮食和出售多少粮食，处置权牢牢掌握在农民自己的手中。在粮食专卖制度取消后，农民自己不仅可以决定是否出售粮食和出售数量，同时还可以自由地选择买家且享有讨价还价的自由权利。农民不仅拥有了对属于自己那部分农产品完整意义上的处置权，而且与买家之间处于平等的地位，是一对一的纯粹的市场交易。

除了农产品销售市场外，农民同样在生产资料市场上享有独立的、平等的市场交易权利。不过，与农产品交易市场不同的是，在生产资料市场上，农民是买者，商品销售者是卖家。这还不是变化的关键之处。更具有根本性的变化表现在，与计划经济时期不同的是，卖方市场是充分的，存在多个竞争者和供给者。这对农民个体而言有着根本性的意义，因为农民的生产资料购买行为可以有多个选择，不像在计划经济时期和改革开放初期，农业生产合作社垄断了一切农业生产资料的销售。于是，不论是产品销售市场还是生产资料市场，都存在着一种自由式的市场，是多头对多头，任何一方都难对市场形成垄断。

这对小农的市场化或社会化行动能力和行动范围的构造作用是积极而明显的。在凸现小农权利主体的基础上，把农民作为一个整体意义上的生产者角色突现出来了。即是说，小农们不仅获得了对农业生产独立的经营自主、决策销售权等，而且，通过市场及交易行为，他们开始明白，他们自己利益的获得及多寡不仅与他们的生产效率和产量直接相关，而且还与他们生存和交换的社会环境以及农产品的消费者之间有着密切的关系。

这样，就把小农的生产行为和销售过程同外部社会紧紧地联系在一起了。农民虽然说同样是在进行生产劳动，但目标和动机已经发生了根本性变化，不再仅仅是为了生产生活资料，而是开始为他人而进行生产活动，为社会进行农业生产，小农的生产活动开始进入到一个商品化和市场化时期。于是，农业生产总量与家庭消费总量之间的均衡关系被打破了，家庭生产总量一般超过了家庭消费总量。而超出部分对小农的社会化而言有着决定性的作用，不仅能够体现小农家庭的经济水平和生活质量，特别重要的是，在基本需求得到满足的情况下，农民追求更高水平和更高质量的生活愿望被调动起来了。而要实现他们这一目标或愿望，就要使超额部分能够得到社会的承认，能够通过市场换得更多的货币。供求关系定律是市场的基本定律，有需求才会有供给，市场需要什么，农民就生产什么，"急市场之所急"，正是在此动机导向之下，小农开始进入到"市场小农"或"商品小农"时期。

接下来，在农业生产活动和实物生产的基础上，小农们开始有了"成本—收益"概念。当然，从社会发展实践和以上分析过程来看，实际上小农们早就有了"成本—收益"概念，只不过，在没有被货币化或价值化之前，农民只能有一个大致的衡量，只是在市场化进程中才将农民的成本收益等明确和精细化了。这是因为，只有在这个时期，一切生产资料和产品都可以用货币来衡量。有了"成本—收益"概念后，小农们考虑起他们的生产成本与收益就简洁多了，一切投入和产出都可以转化为定量的货币等价物。于是，农民不仅仅只是考虑农业生产资料购买和农产品销售的成本与收益，他们也同时在考虑，能够通过怎样的途径来获得最大的超额部分，以期通过市场换回更多的货币。最直接的方法无非两条：一是降低生产成本；二是通过增加产量来达到增加货币收入之目的。实际上，降低生产成本一直是农业生产投入过程中的基本惯例，那么，能够通过什么途径来增加农业产量呢？选取优良品种是其中之一。这也是20世纪80年代末南方水稻种植区大面积地开始采用杂交水稻的原因。选择效率高的肥料也是一种可行的途径，因为相对绿肥和农家肥而言，工业肥料见效快，效率高。正是在这些经营活动的过程中，成本收益意识开始成为农民进行农业生产、管理与决策的主要考虑因素，小农开始用一种更经济的方式进行农业生产投资、管理和收获。

我们知道，以家庭为单位的农业生产经营呈现出同构性的特点，但决策和管理过程则细分到千千万万个小农生产者手中。这不仅是农村人力资源的极大浪费，同时对农业生产而言，效率是极低的。这是因为，农业生产和管理过程具有时间集中、规模效益等特点。时间集中主要表现在，农业生产过程中需要投入的劳动时间受自然环境和气候的限制，对农业生产的过程管理也主要集中在大致相同的时间内。规模效应与当前的小农式经营之间存在着根本的对立（这在平原地区表现得尤其明显），造成的结果是，小农们个个都是一个全能的农业生产者和管理者。实际上，所有的农民们都在从事同一种形式的劳动及过程，都在从事着一系列农业生产过程中的劳动。

农户之间在农业过程中的劳力安排和管理上的差异还使得劳动力和生产需求之间存在着错位现象。一方面，劳动能力剩余，或者是闲着无事；另一方面，是农业生产过程对劳动力的急时需要。这一矛盾基本上在所有家庭都同样存在着，并且所有家庭都意识到了这一对矛盾的必然性和长期性。如果任凭这一矛盾存在并发展下去，其结果是农业生产过程的错位投入或投入不足，最终结果虽然要经过一段时间才显现出来，但绝对是农业产出总量的下滑，而这将直接影响到家庭的经济收益特别是超额部分。实际上，自古以来，农民就有合作的传统，也是基于家庭劳动力资源与耕地资源之间的不对等，在土地革命后，农村自发地出现了农业生产互助合作组织或运动。如今情况略有不同，主要是市场或成本收益因素的纳入，使得农民相互之间在合作上的需要更加强烈和明显，但基本的合作结构并没有发生很大的变化，主要体现在一定时期内农民个体之间互通有无，或延时兑换。一旦农民之间发生此种交换行为的话，就再也不能简单地以市场因素或成本收益概而论之了，因为这是一种非货币化的交易行为，因此，也不能用"市场小农"或"商品小农"来概而论之了，而是开始进入到一个建立在分工与合作基础上的社会化小农时期。当然，对农业生产而言，这里的分工合作既有劳动力意义上的，也有时间意义上的。

并且，农业生产活动并不是农民经济行为的全部，还有消费行为。对农民消费而言，家庭消费总额、消费质量和消费种类就不仅仅由家庭耕种面积、种植种类来决定，市场在促进农民消费质量提高和消费种类增多方面越来越起主导作用，农民的消费开始进入一个社会化时期。我们可以比较一下20世纪80年代以来农民人均主要食品消费量情况。根据《中国农村住户调查年鉴（2005）》第25页的数据显示，自20世纪90年代中后期以来，农村人均消费粮食量、食用油量呈下降趋势；在1993年以前，人均水果消费量最多只有7.5公斤/年，而1993—1996年，人均上升到

13—15公斤，1997年之后，人均消费量没有低于17公斤/年；肉类基本稳定在同一水平上；奶制品、家禽及蛋制品、水产品、酒类均逐年上升①。一方面，该消费结构和消费种类的变化反映了近年来农民生活水平的提高；另一方面也反映出，农村越来越依赖于农村外部为其提供丰富多彩的消费品，农村与农村外部物质的交流量越来越大。从这个角度看，农民的消费也开始进入一个社会化时期。

实际上，市场对小农行为的引导作用不仅仅限于经济领域，而是渗透到了农民行为和农户家庭的方方面面。正如阿瑟·奥肯所说："经济仅仅是社会的一个方面，并且必然被'嵌入'一个成功的社会。"② 因此，小农经济活动的社会化只是小农生产的一个方面而已，通过经济交往活动，内在地构造了小农的行动能力和行为准则，并逐渐向小农行为和过程领域渗透，介入了小农的方方面面。其中，一个非常重要的方面就是，小农就业行为的社会化，导致农村与城市日趋融为一体。

农民行为日趋理性化，由农业生产者向市场经济人转变。现在的农民不再死守"一亩三分地"，也不再奉行"袋中有粮、心中不慌"的农民哲学，他们不仅有自己的思想，而且还有自己的打算，在农业生产比较收益相对低下的情况下，纷纷洗脚上岸，"摇身一变"成为建筑工人、产业工人、私营企业主、流通业主等。这不仅包括2亿以上流出的农民工，更包括分散在乡村角角落落的交通运输业者和商业经营者；并且，农民转化和外流的速度和规模也越来越大。这表明：一方面，现在的农民是非常理性的，他们有对经济利益的正常需求，同样受到经济利益比较优势的吸引；另一方面，现在农民的转化和外流是主动的。他们自觉地融入到建设社会主义市场经济的进程之中，他们自觉地适应城市张力和工业社会对劳动力生产要素的需求，自觉地改变着自身，实现一个农业生产者向城市建设者和工业社会劳动者的转变。另外，他们的生产活动不再仅仅是为了生产而生产，而是为了市场。这一点与传统农业生产活动和农民行为目的有着本质上的区别，也是一个传统农民与现代人之间的根本区别所在。因此，农民开始从一个乡村社会的"伦理人"转变成为"唯利是图"的"经济人"，

---

① 鲜祖德主编：《中国农村住户调查年鉴（2005）》中国统计出版社2005年版，第25页。
② 阿瑟·奥肯：《平等与效率》，华夏出版社1987年版，第10页。

从一个只知道农业生产的劳动者转变为一个市场经济大潮中的"理性人"。

农村日趋与城市社会融为一体。市场化首先将农民的生产生活与城市和工业社会联系在一起,接下来的"农民进城"将国家、城市、工业与农民再次紧密地结合在一起,而加入WTO则更进一层,将中国农民的农业生产与国际市场紧密地联系在一起。城乡统筹发展、社会主义新农村建设等发展战略则将国家的发展、城市的繁荣与农村的发展密切地联系起来。在市场、城市和国家关照农村、农业和农民的同时,中国农村也正在被"发现"。"资本下乡"则直接为农村地区提供了现代生产要素如资金、管理、技术、知识等,与劳动力或土地相结合,直接改造着农村的技术结构和产业结构。① "乡村游"在消除市民与农民心理隔膜的同时,也让农民的钱袋子迅速地鼓了起来,还带动了农村的道路建设和运输业的繁荣,促进了农副产品和手工艺品的生产和销售,促进农村地区的产业结构转换或升级,并为农村富余劳动力创造了就业机会。对生活在乡村的农民来说,通过与城里人交往,他们开阔了眼界,增长了见识,了解了市场信息,有利于促进农村经济发展。可以说,"一国两策,城乡分治"的二元结构正在逝去,农村和城市正在进入一个一体化的过程之中,在地球成为"地球村"的同时,中国农村也正在被全球化。

从以上分析可以看出,体制改革将农民从国家统制下解脱出来,在某种程度上恢复了小农经济形态;社会主义市场经济体制建立及其发展将农民卷入到一个开放的、流动性的社会之中,农村已经不是原来意义上的农村了,农民也不是传统意义上的小农了,当今的小农户更不再是局限于与世隔绝的"桃花源"里,而越来越深地进入或者卷入到一个开放的、流动的、分工的社会化体系中来,与传统的封闭的小农经济形态渐行渐远,进入到社会化小农的阶段。②

三 小农社会化的时代背景

在小农市场化和社会化过程中,市场的作用是决定性的,并且是显而

---

① 徐勇:《现代化视野中的"三农问题"》,《理论月刊》2004年第9期。
② 徐勇:《"再识农户"与社会化小农的建构》,《华中师范大学学报(人文社科版)》2006年第3期。

易见的。然而，市场的作用并不能解释社会化小农行为的全部。正如在中国历史过程中的任何时期，不论是农村基层的市场还是商品集散地市场的辐射作用，都在影响和引导着小农的经济行为和社会行为，但都没有当今农村和农民发生的变化深刻，直可以与19世纪末20世纪初中国社会的变化相媲美。因此，小农的社会化变化过程除了社会主义市场经济的直接引导作用之外，还与中国社会变化的大背景高度相关。这就是，自20世纪80年代以来特别是进入21世纪之交，中国正在由一个传统的农业社会向一个现代的工业社会转变，农业生产在社会生活中的作用越来越小，工业产值所占的份量越来越大，社会化分工与合作、交换与市场交易等工业社会通行的规则正在越来越深刻地影响着社会发展的历史进程。与一般国家的工业社会进程不同的是，中国社会的特殊性决定了它具有其独特的历史进程和特殊属性。当然，这里所说的特殊性都是直接针对小农以及小农社会化过程而言的。

对小农及小农社会化过程而言，从传统农业社会向现代工业社会转型有着革命性的意义。主要表现在四个方面：

首先，它意味着传统小农自给自足经济的解体，小农之间及小农与外部社会之间的分工合作和小农对外部世界的依赖性都大大地增强了。

在传统农业社会中，小农家庭自给自足，各个家庭自成体系，在家庭内部形成完整的生产分工，或者通过延时性的劳动种类分工，独立完成从生产到内部交换再到消费的一整套物质流通和消耗过程。在家庭及经营结构上的同质性和同构性，使得小农与小农之间相互隔膜开来，有时候他们虽然也存在着交往与合作过程，但主要限于社会领域，以情感和宗族关系为主，并在一定的时候延伸至生产与消费领域。但这不是社会化生产与分工意义上的社会交往，故仍然不能超脱传统社会的属性。

历史发展到工业社会，对小农而言情况出现了根本性的变化。我们知道，工业社会的主要标志之一是劳动分工的专业化，这是建立在社会化大生产基础上的。在计划经济体制时期，也出现了一种计划基础上的社会分工，但它是以国家强制力为基础的，是建立在劳动者身份分工的基础上。农村经济体制改革解放了劳动者，社会主义市场经济体制给小农向社会化大生产意义上的劳动者转变提供了机会，而工业社会则直接为他们的彻底转变创造了条件。正是由于中国开始进入工业社会，才给农民劳动者提供了如此多的非农劳动机会，也才使他们由一个农民向颇具中国特色的"农民工"转变，于是，小农开始进入到一个专业化分工的体系中。

这在"农民工"身上表现得比较明显。我们调查发现，年轻农民参与到社会化生产过程中的优势明显强于年龄大的农民，他们开始进入城市或工业领域时一般会多次选择职业，但经过一段时间的积累之后，一般只会选择在同一种行业中就业，专业化的分工在他们身上体现出来了。在他们那里，他们已经超脱了一个小农生产者的身份，开始进入到社会化大生产过程之中，与工业生产结缘，融入工业社会和城市规则之中。而在农村内部，劳动力之间的分工也出现在农业生产过程的产前、产中与产后。同时，劳动力逐渐被机械化动力所替代，并且已经成为一种普遍性的现象；或者说，生产不再仅仅是为了自己的消费，而是为了获得直接的货币收益。正是由于工业社会的比较优势，导致小农们的生产和行为活动都建立在成本收益考虑的基础上，于是，他们"且农则农，宜工则工"，或者是"忙时则农，闲时则工"。传统的自给自足式的小农经济不复存在，他们对外部世界的依赖性大大增强。可以说，如今的农民已经离不开精彩的外部世界了，在他们的生产和生活中，时时刻刻都会发现国家和市场的影子，没有一样产品会是由其最原始的劳动力来独立完成的，任何一种产品都会打上工业社会的烙印。

对农民自身而言，传统社会的因素也在不时地消逝着。在农业生产领域，一些地方农村已经没有耕牛，完全以机器动力替代；自家不再储备来年的作物种子，而是完全到市场上去购买；冬季也不再自制绿肥和农家肥，仅以市场上能够购买的各种肥料代替；用于稻田锄草的秧耙已经挂到屋角去了，而一般性的工具如镰刀、锄头、耙锄等，多数被闲置了起来；家里也不再需要专门的粮食储藏地点，仅以袋装搁在屋角即可。在农民生活领域，传统小农社会典型的纺织工具——纺车，在农村已基本上难见踪影，与之配套的织布机等也随之无影无踪。另外，小农社会特有的一些职业也正在消亡，如裁缝，基本上已经没有任何市场了；剃头匠工作的范围也越来越小，工作对象也仅限于一些年纪大的农民。它带来的结果，一方面是传统的小农形态正在消失；另一方面是小农对外部社会的依赖性大大地增强。

其次，中国社会的转型主要是农村的转型。

这主要是由中国城市与乡村在发展阶段上的强烈反差所致。中国发展的一个奇怪现象就是，现代化的大都市和贫穷落后的农村并存，形成了"一个中国、两个社会"的格局，"城市欧洲，农村非洲"。与贫穷落后的农村相比，以政治、经济、文化为中心的城市里，工厂企业聚集，商业繁荣发达，高楼大厦林立，柏油道路宽敞笔直，一幅生机蓬勃的现代生活图绘。目前，中国城市化发展速度远高于同样水平的世界平均发展水平和发展中国家或地区的平均水平，2000年后中国城市化发展更为迅速，在城市化水平与工业水平基本符合的情况下，如此迅速的发展，说明中国正处于城市化发展的中期。[①]

但对中国农村而言，农业生产方式仍然沿袭几千年来的原始耕作方式，主要使用的还是传统的农业生产工具，通过劳动力直接作用于自然资源；农业基础设施还很薄弱，农业生产技术进步缓慢。简言之，农业生产基本上还是靠天靠地。虽然现代技术特别是杂交技术在其中起过一定的作用，但由于农业生产收益远远低于外出就业收益，在20世纪90年代中晚期，耕地抛荒现象十分严重。跨入21世纪，农业复种系数下降，农业产出已经不是作为农民收入的主要来源而受到重视。虽然国家出台了粮食价格保护政策，但中国的粮食问题仍然是一个亟待解决的问题，并已上升到政治安全的高度。这说明，虽然农村和农民在某些领域已经进入了一个高度市场化和社会化的过程，但农业生产仍然停留在初级阶段。可以这么说，在当今农村社会中，农民就业的高度社会化与农业生产的传统并存，市场因素和技术因素对农业产出的影响程度很小，与发达国家农业的规模化生产和规模效率还有很大的差距。因此，在当前中国，在城市已经比较成功地实现了产业转型和社会转型的同时，农村仍然处于相对初级的发展阶段，中国社会转型的决定性因素仍然在于农村经营的转型。

在当前情况下，如果要彻底实现农村经营的现代转型，还有诸多约束因素，主要表现在两个方面：一是我国农村人多地少，目前只能实行平均主义式的耕地分配政策。这与小农经济形态之间有着天然的内在联系。因此，仅靠农村内部无法实现农业经营的现代转型，而只能实现小农形态的

---

① 冯邦彦：《中国城市化发展水平及省际差异》，《经济经纬》2005年第1期。

现代转型。二是我国人口多,其中农民尤其多,无法全部在农村就业或被城市领域吸纳,同时,由于城市体制改革的滞后,目前无法通过城市社会和工业社会的建设来实现农民的彻底转型。

因此,对于农村经济的现代转型而言,内部基本上不可能,外部在短时期内也无法实现。虽然自给自足式的小农经济形态解体了,但一种新型的小农经济形态出现了,这就是社会化小农。其中,工业产品对农业产品及消费品的替代程度,工业社会吸纳农村剩余劳动力的数量,直接决定着小农社会化的程度。也可以这么说,小农生产过程中依赖自身的劳动力程度越低,而对现代工具、化肥农药等生产要素以及借助外部力量的成份越高,小农的社会化程度就越高;小农生产的产品数量越少,而消费的产品数量及种类越多,小农的社会化程度就越高;小农从农业生产领域获得的收益在总收益中所占比例越小,小农的社会化程度就越高。从另外一个角度而言,小农从农村和农业生产过程获得的经济收益越少,他们的社会化程度也就会越高;实现农户家庭功能借助外部世界的力量和资源的数量越多,小农的社会化程度就越高。

再次,中国社会的转型主要是农民的转型,是中国农业文明的转型。这是因为,中国是一个农业大国,也是一个农民大国,更是一个农业文明古国。社会转型对农民的影响最大,特别是对农民的思想观念、生活方式有着极强的影响。我们知道,在农业文明社会中,道德为行为准则之首,农民立身之本为个人操守,讲究"修身养性";社会交往方面以礼为基,在血缘、族缘和地域关系基础上建立起农民的交往圈子和交往范围。从经济发展历史来看,农业文明社会中,生产工具并没有发生太大的改变,生产技术也没有发生太大的变化,提高粮食的产量主要依赖于单位土地的劳动力投入,因此,劳动力的作用居于主要地位。正如马克思所说,"土地是财富之父,劳动是财富之母"。在这些条件的约束下,农业社会发展进程缓慢,生产效率低下,社会形态长期停滞不前。

而在现代社会中,小农已经发生了根本性的变化。相对于传统农民和农业文明而言,主要表现在:第一,他们的行为准则已经发生了根本性的变化,不再以传统的伦理和道德为基本准则,而是引进了一些市场经济和现代社会的准则,特别是以利益为本,毫不掩饰对钱财之物的追求和羡慕,并以此为出发点,立身处世。在社会交往方面着重于经济利益和平等观念，一改过去的礼治秩序和伦理社会之风，讲求平等待人和分工合作。第二，他们不再仅仅满足于基本的生存和发展，而是追求实现自我的能力或价值，不仅要通过自身的劳动和努力获得相对较高的经济利益，而且还希望通过经济途径获得社会尊重和社会声望。第三，农民生产方式的改变、农业生产过程的社会化、农民生活的社会化以及农民交往的社会化等方面，都说明现在农村已经不是原生态意义上的农村了，而是一个开放的农村、流动的农村、多元化的农村。工业文明正在时时刻刻影响着农民的生产和生活，农村进入一个相对较快的发展过程之中。可以说，当今的农村正在从封闭走向开放，从孤立走向联系。乡村社会以前是一个内敛型的社会，所以才有"经济内卷化"、"政权内卷化"，农村内部长期缺乏发展的资金和动力。而现在的农村则是一个扩张性和包容性都很强的社会，外部资金、信息、制度和技术等迅速地进入农村，改造农村，改造着农民的思维，农村正在进入一个良性的发展轨道之中。

最后，信息化伴随着当代中国的社会转型，使之呈现出一个相对较高的发展阶段。

从狩猎时代到农业社会，从农业社会到工业社会，再到信息社会，不同的社会阶段生产力发展水平不同，生产方式也就各不相同。[1] 在小农经济时代，信息来源于乡土社会，传播途径主要依赖于人的口舌，受时空限制，个体获得的信息基本上不会超过他生活和行动的范围，他们的经济行为限制于农业生产领域和农村范围内，他们的行为对象基本上固定为农业生产资料，他们交往的对象也一般是农民。这才有了小农经济和自给自足的乡村社会。在工业社会里，农民之间的熟人关系发展为工作伙伴关系，血缘、亲缘和地缘等取而代之以业缘，和谐有序的乡村社会规则被科层制和流水线关系所代替；并且，农业经济行为的劳动工具一般都来自于工业生产流水线的产品，工业规则和市场规律开始影响农村生产和生活领域，特别是成本收益等开始直接影响着农民生产生活的方方面面。

在伴随工业革命的信息社会里，农民不再仅仅依赖于工业组织给其带来的生产方式变革，不再完全受制于工业社会提供的机器、技术等可见生产要素的限制，以及科层制组织的束缚，而是通过爆炸性的信息来统帅自

---

[1] 齐爱民：《土地法、动产法到信息法的社会历史变迁》，《河北法学》2005年第2期。

己的行为和动机,哪里有比较优势基础上的工作机会和获利机会,哪里就会有农民的身影。

如果说,小农经济时期,农民是无组织化的"一盘散沙",各自为政,各自实现着自然与人类之间的资源与能量循环,那么,工业经济社会则是强组织化的"科层制"式的经济形态,通过一种固定的社会组织来实现资源与能量在自然与社会之间、社会内部各个利益主体之间的循环流动,而信息社会则是一种以信息为主导的、独立的和全新的自组织经济,其间,农民既不完全受到自然条件的限制,更不会完全受到工业社会的组织限制,而是开始进入到一个迅速的、全球化的、无障碍的资金、信息与要素流动的过程之中,开始真正实现个体的自我独立。

在这一历史进程中,他们不断地实现着人类自身生存方式的革命。由于人的本质"现实性"地体现为"一切社会关系的总和"。因此,社会形态的演变同时也在改变着人们的社会关系。[①] 作为社会进程的一个有机组成部分——小农和农民们,也在不断地改变着自己的生存方式,他们不再仅仅依赖于大自然的赋予,而是开始了他们行为方式和社会关系的根本性变革,从原始的农业生产和人口再生产进入到社会化生产与流通过程之中。并且,他们自身的生存方式受信息的影响和控制越来越明显,越来越超脱时间和空间的限制,在无限制的资源和信息之间自主地交流和交换。

可以这么说,在体制改革与市场经济的双重作用下,小农被置身于一个不断市场化和社会化的过程之中,伴随而来的农业社会形态向工业社会形态的转型特别是信息社会的来临,则直接将小农的社会化程度及发展阶段推到一个全新的高度,这个高度就是个体的自由发展和自我实现,并展示出小农的强大生命力。

---

① 商景龙:《实践:马克思主义生成的境域》,《实事求是》2004年第6期。

第三章 小农社会化的演进逻辑

以上的分析只是考虑到小农社会化的历史背景及社会环境，而没有考虑到小农自身。实际上，小农在面对一定的历史背景和社会环境时，并不总是扮演消极无为的角色，而是审时度势，处于不断地突破和调整过程之中。并且，在小农和社会背景之间应该是一个互动的社会过程。一方面，历史变迁创造的条件为小农的社会化提供了机会，并引诱着小农进入一个市场交换和社会分工与合作的过程之中；另一方面，小农在面对历史变迁的过程中，不断地调整着自己的行为逻辑和行动方式，实现了小农经济形态的根本性改变，实现了小农行为方式的根本性改变，并由此引起了小农社会一系列的变化，特别是对以小农经济为载体的社会基本单位——家庭或农户的一系列变化。

这些变化不是革命的结果，而是社会演变和小农不断社会化的结果，是一个动态的社会演化过程。

谈到过程，就必须考虑到组成过程的行动单位及他们之间的相互关系，以及在此相互关系的基础上，由于外部条件的改变和内部动力的变换导致的各行动主体之间能力和行为的改变，以及进一步的策略等。对小农的社会化过程或者说从小农如何发展到社会化小农阶段而言，也存在着小农自身与农村、社会环境之间的交往和交换关系，更存在着一种历史性的变化关系。小农处在不断地变化过程中，历史也在不断地变化过程中，小农与社会环境之间的关系也在不断地变化过程中。那么，这一过程中，小农究竟是如何被社会化的呢？小农社会化的过程究竟是怎样的呢？在这里，仅以下三个问题统而概之：

（1）是谁被社会化？谁首先被社会化？是一个社会行动者被社会化？或者是有多个社会行动单位参与到这一过程之中？如果有多个行

动单位参与到社会化过程之中，那么，这些行动单位之间的关系如何？

（2）社会化是一个动态的过程，那么，这个动态的过程究竟如何？

（3）参与社会化过程的行动者与行为方式之间的关系究竟如何？

这三个问题都是为我们的研究中心服务的，即在何种环节或何个连续点开始进入社会化小农的分析范畴，或者说，何以称之为"社会化小农"呢？

小农不仅是一种经济形态，也是一种社会形态；并且，小农的演变不是一蹴而就的，而是一个过程，因此，对小农社会化过程中的分析不能建立在以小农为整体的基础上，而应该深入到小农的载体或者说是一种基本的社会行动单位内部。它应该有一个行动的逻辑起点，然后在此基础上，延续着一系列的社会运动和发展过程，在社会发展过程中实现小农的社会化。而要获得社会化小农的逻辑起点，我们就必须首先确定小农社会化的行为主体，或者说是社会小农行为的载体。因此，我们首先应该回归到小农的行为载体。

社会化小农的行动起点应该是具有基本社会行动能力的个体或组织。因此，对小农而言，它首先表现为具有独立的社会行动能力的个体——即农民的行为；其次表现为具有小农整体行为能力的社会基本单位——家庭的社会行为。虽然农民个体是以家庭为基础获得相对独立的地位，但在社会化初期，其相对独立行动单位的获得和行动能力的使用主要针对农业生产领域，只能实现农业生产内部和家庭内部的再循环。而作为社会化进程中的小农，主要表现为小农向外部、向非农行业渗透的过程。我们知道，囿于当代中国的基本情况和社会体制，要突破农业再生产和家庭再生产的局限，家庭整体是很难实现整体性转化的。这时候，小农行动逻辑的重心就自然而然地转移到了嵌于家庭单位之中的农民个体身上，而家庭作为社会行为单位是建立在农民个体行为的基础上。因此，虽然在造就和回归小农阶段，家庭作为整体单位具有划时代的社会意义，但在社会化的进程中，家庭的作用退而求其次，主要表现为一种社会行动单位的载体，而农民个体的作用才是主要的。

第一节 农民个体的社会化

基于小农演化过程的实际考虑，我们认为，虽然社会化小农建立在回归小农的基础上，但小农社会化的逻辑起点为农民个体的独立化，以及农民个体在社会化过程中表现出来的独立性、个人主义等，还包括在社会主义市场经济建立过程中表现出来的平等主义、理性化及"经济人"的特性等。而且，正是在农民个体化和社会化的基础上，才有家庭的社会化和农村的社会化。在这里，我们先从农民个体的社会化出发，获得社会化小农演进的一般逻辑。

一 从"家庭人"到"社会人"

在传统小农经济时代，只有家庭利益而没有个人权利，个人完全淹没于家庭的汪洋大海之中。这不仅与当时的伦理道德秩序和家族传统有关，更主要的是与当时的经济形态高度相关。这是因为，在传统社会中，经济形态以农业经济为主，"士农工商"分工体系和"重农抑商"政策将务农和农业生产突出到显著性和基础性的地位，鼓励农业生产剩余用于消费而非扩大再生产。这不仅限制了农业的扩大再生产，也限制了农民个体的行动范围和行为能力。于是，农民只能继承父业，在日积月累的农业生产过程中，逐步实现农业的再生产与人口再生产和家庭再生产的完美结合。也就是说，传统小农已经被锁定在再循环的框架之中，仅凭农民个体自身的行为能力或仅仅局限于农业再生产过程是无法突破小农的自我再循环机制的。于是，小农被日复一日地复制着，世代相传。

新中国成立后的计划经济时期和全能主义时代，农民个体随家庭一起被组织进集体主义组织和人民公社体制之中，农民个体的独立意义被剥夺了，农民成为国家计划经济链条上的一个普通的农业生产者。农民不仅不能进行完完全全的个人利益计算，不能游离于农业生产领域之外，也不能脱离农村组织而独立存在，而只能依附于农村集体组织——人民公社，进行生产活动和消费活动。因此这一时期，农民个体不仅作为独立的经济单位的意义没有了，作为独立的行动单位的意义也完全没有了。

而且，伴随着农民的社员化和家庭的公社化，家庭的社会基本单位意义和功能也被完全消逝了。家庭不仅不具有社会生产的经济功能，也不具备生活消费的基本功能，而且连传统家庭既有的教育功能、赡养功能等都被公社或生产大队替代，家庭也就难以成其为一个独立的具有独特的社会意义的社会单位，而沦落为一个农民休息的场所了。组成家庭的核心纽带——婚姻关系，也受到了家庭外部力量——国家政权力量的审核和控制，家庭不成为其社会意义上的家庭，家庭作为社会基本单位的社会意义也就不存在了，家庭和农民个体一起都成为集体的附庸。

家庭联产承包责任制的实施实现了家庭作为独立的行动单位的意义。这是建立在以家庭为基本经济单位的基础上。这一时期，不仅家庭的生产功能得到了恢复，家庭的消费功能也随之恢复。家庭开始成为独立的经济单位，独立经营，独立核算，不论是生产活动，还是消费行为，或者是社会交往活动，都建立在以家庭为单位的基础上。当一个组织获得了最基本的生存和发展活力时，它作为一个独立的经济单位的地位便突显出来了。当然，经济活动的独立并不仅仅是一个终结点，而是家庭作为一个社会行动单位的开端。这是因为，经济生活并不是家庭生活的全部，除了基本的生产活动和消费活动之外，家庭还承担了相当多的社会功能。也就是说，家庭不仅具备了独立进行社会生活活动的内在因素和动力，同时也具备进行了独立的社会活动的基本条件；家庭已经作为一个基本的成本核算单位进行独立的生产经营和消费活动，而且，家庭还作为一个独立的社会法人出现在社会关系之中。作为一个完整的责、权、利一致的社会行动单位，家庭自主地处理同外部的能量和物质交换关系。这在家庭联产承包责任制实施后表现得特别明显。经济上，耕地虽然以个人或劳动力为分配单位，但耕地的经营和结构的调整都是建立在以家庭为单位的基础上，上缴国家粮食税和实物等都是以家庭为单位，粮食的支配和销售及家庭的消费能力和消费就更不用说了。在社会交往意义上，家庭作为社会基本单位的诸项功能得到了一定程度的恢复，主要表现在对外交往功能、家庭教育和赡养功能等方面。

伴随着改革开放的进程，在20世纪90年代早期，我国开始建立社会主义市场经济体制，它将农民个人从家庭中解放出来，凸现出个人作为独立的市场或经济主体的地位和意义，农民个体开始成为一个独立的社会行动者。这是因为，市场经济不仅是基于市场配置资源的效率经济，更是货币资本与劳动力资源交换的经济。在这一资源与劳动力交换的过程中，农民作为经济主体在两个方面发挥着不可或缺的作用：第一个方面，农民是市场经济不可或缺的社会劳动力；第二个方面，建立在工业产品和农业产品交换基础上，农民作为农业生产者为可行的富有生机与活力的市场经济提供可供交换的农产品。在这两个方面，农民都发挥着独立的经营主体和交换单位的意义。我们知道，传统农业生产是建立在家庭内部分工的基础上，家庭中的农民个体都是在家长的统一安排下分工，各自负责农业生产的一部分或农业生产过程的某一个或几个环节，农民个体仅仅是家庭内部分工过程中的一个方面或环节，个体不具有独立的经济活动能力，不能进行独立的经营核算和成本收益分析。虽然家庭的经营活动和经济收益是有明确的数量的，但个体的经营收益或贡献只能模糊地反映出来。正是由于经济活动和经济上的不独立性或家庭的整体性，农民个体在社会行动上的独立性也无法体现出来。但是，在第一个方面进行的过程中，农民个体从家庭中脱离出来，异化为社会化大生产的劳动力要素，成为一个纯粹的社会劳动力，以劳动力资源的身份进入到社会化的大生产过程中。这一过程是建立在市场经济的基础上，因为只有通过市场这一中介，才能够实现农业劳动力资源向社会劳动力资源的转换，只有实现了这一转换，农民个体作为社会劳动力资源才能进入到市场经济过程特别是社会化大生产过程中。

在这一过程中，农民个体是作为市场经济中的经济人而存在的，他们之所以能够成为市场经济中的劳动力资源首先在于他们是一个社会劳动者，是一个独立的社会劳动力。当然，这只是表现在经济意义上。在社会意义上，农民个体成为一个独立的公民和劳动者，享有国家和法律规定的一个劳动者应该享有的劳动权利，同时履行相应的义务；作为劳动者对立的经济组织和社会组织，也都把他们作为一个具有独立法人资格的公民平等地对待。我们知道，不论是个体还是社会组织，它们的社会单位意义都是表现在对外层面上，只有在与外部个体和组织的关系及交往过程中，才能凸现出它们作为整体的社会单位的意义。也正是在社会化大生产过程中，农民个体才真正凸现了他们作为一个独立的公民和法人资格的行动单位与社会单位的意义。

当然，市场经济对农民个体的农业经营行为的引导作用也是显而易见的。在农民个体和市场经济之间的交换主要是指农产品和工业产品的交换，在这一过程中，农民个体不仅是作为直接的平等的市场交换主体出现的，因为只有权利明晰的市场主体才能进入市场并进行平等交换；而且，农民个体还可以根据市场的需要和价格显示的需求情况自主地进行经营结构的调整。这当然都是建立在农民个体对自身利益明确的基础上，而且，一旦农民明确了他自己对其自身及对其经营活动的权利观念，他作为一个独立的经济行动者和社会行动者的身份也就相应地凸现出来了。

二 从"道德人"到"经济人"

在传统小农时期，整个社会文化的导向都是家庭主义，崇尚家庭伦理道德，讲究"修身养性"，个体无法特别是耻于谈到个人的自我利益，他们常津津乐道的更多是为家庭做了多少贡献。农业生产也是建立在以家庭为本位的基础上，讲究家庭整体利益，家庭的经营活动也就是农民个体经济活动的全部，家庭的交往范围也就是农民的活动范围。农民个体与家庭融为一体，在家庭中生存，在家庭中发展。农民个体在成为"家庭人"的同时，也成了只讲义务和贡献的"道德人"，道德成为农民行为的一种绝对律令，成为他们一切行为和社会关系的出发点。

在计划经济和人民公社制时期，农民对传统道德的推崇演变成为国家主义的道德观。政治高于一切，讲究个人无私无畏的奉献精神和大公无私精神，"小我"服从"大我"，个人服从国家，甚至斯密的"为了这个大团体的利益，人人应当随时地心甘情愿地牺牲自己的微小利益"[①] 情况也屡见不鲜。在随后的回归小农时期，虽然国家已经合法地赋予了个体以经济利益，农民个体也获得了相对独立的经济地位，但是，由于此一时期经营活动仍然局限于家庭本位的农业经营领域，农民个体的自我利益和自我主义是很难反映出来的。因此在这两个时期，要谈农民个体的自我利益和自我主义是根本不可能的。

从西方社会发展的历程来看，如果没有了个人的自我发展和自我意识，就很难构造一个建立在平等与契约基础上的现代社会。西方文明社会的构建是建立在个人权利和个人意识自我觉醒的基础上。可以毫不夸张地

[①] 亚当·斯密：《道德情操论（二）》，九州出版社2006年版，第333页。

说，近代西方社会的历史就是个人权利得到国家认可并受国家权力保护的历史。毫无疑问，贯穿于其中的哲学思想就是建立在以个人为根本出发点和基础上的个人主义。它是一种道德的、政治的和社会的哲学思想体系，强调个人的权利和个人的重要性，以及"自我独立的美德"、"个人独立"。西方的个人主义反抗权威以及所有试图控制个人的行动——尤其是那些由国家或"社会"施加的强迫力量，而中国的个人主义首先应该是反抗家庭的束缚，开始从个体的角度来思想和行动。在经济上，个人主义主张每个人都应该被允许作出他自己的经济决定，而反对由国家或社会共同体和家庭加以干涉。在家庭集体主义时期，个人是不会拥有这一意识和权利的。从这个角度来看，社会主义市场经济体制的建立不仅对现代中国社会的建构具有决定性的意义，而且对个人的解放和权利的延伸具有决定性的作用。在这里，我们还是回到市场本身，探讨它对农民个体行为及其动机的诱导性作用，特别是对农民的独立化机制进行探讨。

我们知道，市场是市场经济体制的关键，它由商品的卖者、买者及其交换活动所构成。在这三要素中，买者和卖者是不可或缺的要素，只有在它们两者的基础上才会有交换活动的发生，也才会有市场及市场经济机制的形成。那么，如何区分买者和卖者？同是社会个体的农民如何才能成为其中的要素呢？这就与社会分工有着密切的关系了。从亚当·斯密的观点来看，"分工"这一概念包含了所有市场经济和社会发展的秘密。特别是在市场经济中，分工打破了自然经济条件下人的同质性，人的活动、能力、个性等具有了异质性和独立性。

在自然经济的小农生产方式下，人们在各自的土地上分散着生产经营，相互隔绝，个体之间在需要、利益、能力和活动上相似，具有天然的同质性，一个个体高度浓缩了他所在群体的特征，同时也紧紧依附于这个血缘、地域性群体。

市场经济把人从人身依附关系中解放出来，变成了依附于市场的要素。这是因为，市场经济为个体实现自身的价值提供了自由广阔的舞台，并且，市场经济要求一切经济活动均通过市场机制运作来实现。其结果是，人们对直接的使用价值的追求有可能转换为对间接的交换价值的追求。在市场经济中，交换价值由货币充当。货币没有质的规定性，而只有量的规定性。当劳动者用商品换回一定量的货币时，这是对个体劳动的社会承认，但只是量上的确证，而非质上的确证。劳动在质上的差别、个性是无足轻重的，它们通约为一定量的货币。这就是说，人的本质被抽象化了，个性消灭了，结果是，进入市场经济中的任何社会行动者，不论是商人还是农民，都被磨蚀为相同本性的同质的个人，以货币最大化追求为其唯一目的，个人通过追求体现其价值的货币量来进行社会生产活动和社会交易行为。正是市场经济将农民个体的权利和利益转化为可以度量和计算的性质，才导致了在社会主义市场经济过程中，农民行为日趋市场化和利益化，农民日益斤斤计较于个人的利益得失。利益开始成为农民行为的根本动机和判断标准。一句不恰当的评语是，农民也开始"一切向钱看"了。

在现实生活中，农民以个人主义作为行动原则主要表现在三个向度上：一是从家庭本位向个人本位转变；二是从农业生产领域向社会生产领域挺进；三是由农村地域不断向外拓展和延伸。前者的基础依赖于个人意识的自我觉醒和社会场域特别是市场公域为其提供的机会，而后两者则完全依赖于市场经济给其提供的机遇。因此可以说，社会主义市场经济体制的建立不仅将农民个体从传统小农经济形态和家庭中解放出来，而且还将其原子化为纯粹的经济利益人，以个人的利益最大化为其行为的基本动机和目标。一句话，农民在参与社会主义市场经济过程中被个人主义化了。从社会学的角度来看，它的意义是非常丰富的，它预示着，农民的行为不仅有其内在的动机，而且其动机的实现依赖于与他者动机的互动，并且，只有建立在他人合理预期和回应的基础上，农民个体的行为动机才有它的行动意义和社会意义。这就应该关涉到农民个体之间的相互关系了。

三 从"等级人"到"平等人"

应该说，中国这个有着数千年小农经济传统的国家，自古以来就有平等的理想。早在两千多年前，孔子就说，"不患寡而患不均"[①]；老子也明言，"损有余而奉不足"[②]；庄子更进一步，"富而使人分之"[③]。他们都强调要在平等的基础上建立一个大同的社会。不过，这里所说的平等思想主

---

① 《论语·季氏》。
② 《道德经》。
③ 《庄子·内篇》。

要是指平均主义思想,而且,其施用的对象和范围仅限于自然资源领域,仅仅是针对社会人与自然资源之间的对立关系而提出的革命性的口号。并且历史上,这种思想多次被统治者用作造反的理论武器——"均贫富,等贵贱",经常性地成为农民革命的鲜明旗帜,其目的在于土地资源与人口之间的均衡性分配。这种分配平均主义的平等思想也成为近代中国民主革命的理论指南。早在中国资产阶级民主革命时期,孙中山先生就提出要"平均地权",强调的也是农民之间在耕地占有量上的平等。新民主主义革命时期,中国共产党人提出的"打土豪,分田地"和"耕者有其田"的革命口号,追求的也是农民在生存资源——土地面前的一律平等,强调的仍然是一种所有权形式上的平等,一种分配意义上的平等,以及一种结果意义上的平等。其原因在于,社会制度的根本不平等破坏了人与人之间的平等观念。

很明显,这种平等主义思想与现代的平等思想和平等理念是完全不同的。现代平等理念,不是指物质上的"相等"或"平均",而是强调人格上的平等,机会上的平等,法律和政治面前的平等。而这种平等主义思想强调的是人与人之间、农民与农民之间在财富面前的一律平等,而非人格上的平等;注重于物质层面的平均分配,注重于人的关系的物化过程中的平等,而不注重于个体之间的相互关系,不注重农民个体作为独立的社会人之间的相互关系。实际上,后种情况在传统中国社会是根本不可能的。

这是因为,传统中国社会从来都不是一个水平式的社会,而是一个等级式的社会。按照费孝通先生的说法,传统中国农村是一个乡土性的社会,它强调人伦秩序和道德规则,农业生产过程中积累的经验性知识内敛于家庭伦理秩序之中,使乡土中国成为一个建立在传统和伦理基础上的有秩序的等级社会。个人因其生命周期和自然性质镶嵌于家庭之中,家庭又因其血缘和亲缘关系镶嵌于家族之中,家族在与自然村庄同构的基础上镶嵌于地方性社会之中,由此一级一级往上形成一个等级的传统乡村社会。其中,家庭是乡村社会的基本单位,虽然存在着相对的独立性和生产上的同构性,但家庭因其镶嵌于一定的家族体系中而依附于家族的权威体系,统一受到了家族长老的管理。虽然位于同一层面的家庭之间是相互平等的关系,但位于不同辈分级别的家庭之间是不平等的。这两者都受制于人的自然特性。相比较而言,后者是建立在血缘关系和家族权威的基础上,并且具有传递性和延续性，而前者只是部分地建立在血缘关系的基础上，且不具有血缘关系的纵向传递性。因而在传统乡村社会中，虽然也存在着一定范围和程度上的平等关系，但它并非乡村社会秩序的主流，而只是作为人类繁衍和社会传承的一个环节而已。

这一特性也同样适用于传统乡村社会的农民个体之间。一般说来，人是社会的人，"人在本质上是一切社会关系的总和"[①]。这一点对西方社会来说没有异议，但对传统中国而言，人首先是家庭的人，人首先是家庭关系的总和。家庭是个体生存和发展的第一场所，也是个人建立起社会关系的第一单位。个人依赖于家庭而生存，个人只有在家庭中才能发展，脱离家庭的个体如果不是一个革命者，至少也是一个反叛者，得不到家庭的认可，基本上也就难以得到稳定社会的认可。因此，农民个体作为一个"社会人"的首要条件就是，他的一切社会关系都建立在家庭的基础上，他的行动的出发点也是建立在家庭本位的基础上。而家庭又是镶嵌于伦理秩序和家族权威体系之中的，因此，农民个体因其对家庭的天然归宿也被镶嵌于一种秩序化的乡村社会中。其中，虽然农民个体与个体之间有着平等意义上的社会地位和相互关系，但人与人之间关系的主流仍然是建立在伦理道德基础上的伦理秩序，延伸出来就是"三纲五常"中的"父为子纲，夫为妻纲"，"长幼有序，夫妻有别，父子有亲……朋友有信"。人与人之间重视尊卑关系和辈分差异，注重名教观念，通过上定名分来教化天下，以此维护传统乡村社会的伦理秩序和道德观念。这也正如费孝通先生所言的"乡土秩序"，个人以自己为中心，在扩大化的亲缘和血缘关系的基础上，建立起个人行为的基本社会秩序。但对农村社会整体而言，它是有着既定的社会秩序的，个人一生下来就注定了他的社会地位和在整个社会中的差序格局，除非社会性质的根本性改变，否则个体无法也不可能脱离这一传统的伦理秩序。因此，在传统乡村社会中，非常讲究辈分，晚辈见了长辈要有礼貌，要以诚心相待，甚至要执躬身礼或跪拜礼。这既是传统中国乡村社会对人的称呼特别发达而且特别复杂的原因所在，也是鲁迅先生所说的"中国人的膝盖特别发达"的原因。即是说，虽然传统中国社会的平等主义思想非常发达，但这只是中国人的一厢情愿，或者是他们

[①] 马克思：《论费尔巴哈提纲》，《马克思恩格斯选集》（第一卷），人民出版社1992年版。

追求的最高目标。实际情况是,在传统中国乡村社会中,个体不具有自主的独立性,个体之间根本不存在着真正意义上的平等关系,没有了平等的相互关系,也就难以建立一个基于平等和交换关系的现代契约社会,也就没有了农民自身的真正意义上的改变和转型。

新中国成立,特别是土地改革和农村集体化运动之后,农民之间的相互关系发生了根本性的变化。社会主义新中国不同于旧制度和旧社会的地方在于,它不仅要建立一个人人平等、共同富裕的社会主义社会,而且还要培养建设社会主义的新人。当然,这一切都是从变革生产关系开始的。新中国成立后,首要的社会革命就是实行土地改革,实现"耕者有其田"的革命承诺。在这一过程中,农民个体的权利开始得到初步的体现,主要表现在阶级划分和核定耕地分配标准的过程中。在土地改革过程中,虽然阶级划分居于主导地位,基本上确定了农民与农民之间的社会地位关系,但在耕地资源面前,处于同一阶级中的农民是一律平等的。土地改革的政策是,没收地主的土地,把它平均分给没地和少地的农民。农民个体开始成为独立的财产分配主体,获得了相对平等意义上的权利。虽然这一时期的平等仍然延续了传统中国社会的平均主义,但土地改革运动将有产阶级从上层社会地位上拉了下来,建立起了一个基于经济地位(财产)相对平等意义上的平等社会。至少可以这么说,土地改革运动解除了加在农民身上的经济枷锁,使农民个体在经济上一律平等。同时,这一平等地位的获得是相对于历史的不平等而言的,是相对于传统乡村社会秩序而言的。它第一次解脱了与家庭伦理秩序紧密相联的家族和地方秩序,使家庭成为独立的经济单位和社会单位。家庭的主人——农民个体,因此成了具有独立人格的社会人。并且,有了经济上的平等,在政治上,农民与工人阶级一起甚至成为了国家的主人,而且他们还成为了农村社会中的主导阶级,有的还成为农村社会的领导阶级。伴随着经济上的平等,是农民个体在社会中的扬眉吐气,是他们相互之间地位上的平等,在政治上的平等,更主要的是在人格上的独立和平等。

在农村集体化过程中,农民个体之间的关系更趋于平等化。这一平等化过程主要表现在两个方面:一是基于财产剥夺基础上的平等;二是政治上的平等。农村集体化过程实际上就是农业生产资料的国家化过程,农民的社员化过程。由于国家回收了曾经分配给农民的土地,刚刚获得了土地并且基于经济平等上的农民之间的平等关系虽然仍然保留了下来,但它是建立在社会主义公有制基础上的平等关系。不过,农民个体虽然相互之间是平等的,但这对农民个体不具有实质性的社会单位意义,而对国家却不仅有着经济上的意义且还有着政治上的意义。经济上,农民成为社会主义公有制的所有者,他们在集合意义上成为农村集体财产的主人;政治上,社会主义中国实行"人民民主专政",农民与工人阶级一起仍然是国家的主人,特别对农民而言,他们"翻身"做了国家的主人,不仅享有政治上的所有者权利,而且还共同地享有对经济的控制权利。作为集合意义上的人民中的一分子,农民个体之间不仅在经济上一律平等,而且在政治上也一律平等,即是说,他们相互之间一律平等,且在国家面前一律平等。

然而,此时农民的平等权利只是国家意义上的,对农民个体而言,没有任何实质性的意义。这是因为,在这一时期,农民作为能个体的人格独立性没有了,他们依附于集体,成为国家农业生产过程中的产业工人。所以,虽然农民在经济上平等,在政治上平等,但由于农民没有获得个体的独立性,基于平等意义上的社会行动与其自身没有任何关系,他们在农村集体化运动中失去了"自我"。

其后,"四清"(清账目、清工分、清财物、清仓库)运动在农村展开,拉平了农民个体与基层干部之间的社会地位。它将干部的身份改变为人民的公仆,"为人民服务"是其宗旨,接受群众的监督。从平等的角度来看,干部与普通群众一体化,干部与普通群众之间存在着一种平等。也就是说,在国家面前,不仅农民之间普遍平等化,而且,农民个体与基层干部之间也处在平等的地位上。

家庭联产承包责任制的实施对农民平等地位的获得有着根本性的意义。首先,它使得家庭成了独立的经济单位和社会单位,这才有了家庭的独立人格,也才会有家庭主体的独立人格。其次,它将家庭与个体一起从国家直接的控制下解脱出来,赋予农民个体之间实质性的平等关系。最后,家庭联产承包责任制实行个体权利意义上的耕地分配政策,它突出了农民个体作为社会人的基本财产权利。从历史过程来看,家庭具有强大的生命力,主要原因在于,维持家庭纽带的血缘关系和婚姻关系与人的历史相伴始终。在一定程度上恢复了历史的"家庭",也在一定程度上恢复了历史中曾经出现过的农民之间的平等关系。虽然这一时期的平等关系还是建立在平均分配主义的基础上，但是，正是因为家庭成了独立的经济核算单位，农民个体成了独立自主的社会生产者和社会行动者，农民之间的平等关系对其自身而言就具有了实质性的社会意义。不仅表现在经济上的平等，还表现在人格上的平等，更表现在他们于社会单位和社会行动者意义上的平等，农民开始成为一个独立的社会人。

社会主义市场化进程不仅将农民个体从家庭和传统中解脱出来，更是将农民之间的平等关系推进到一个更具现代性的水平上。这是因为，家庭联产承包责任制虽然将农民还原为一个独立的社会人，但其独立性还是有限制的，主要表现在：农民的经济活动主要限制在农业领域，农民的社会性主要表现在农村范围内，农民个体虽然被社会化但仍然是一个"农民"，而非一个真正意义上的社会人。而市场化则给予了农民这个机会，使农民成为真正意义上的社会化生产者，成为一个一般意义上的社会行动者，农民与社会一体化，农民成为真正意义上的社会人。按照社会学的解释，社会人以社会通行的规则为其行为准则，并建立在社会结构模式化的基础上，个人通过其自身的学习和模仿来实现社会化过程。因此，农民的社会化过程首先表现在农民个体自动适应社会发展的过程。我们知道，市场化是以需求为导向的，它通过价格和市场体系自动地引导着社会行动者按照它规定的方向自动配置自己的劳动力，而非像传统计划经济体制下，由国家来配置资源和劳动力。

不过，对农民自身的社会化来说，市场化过程还有着更加特别的意义。正如马克思所言：商品经济是天生的平等派，基于商品经济的市场经济也是天生的平等派。在这一点上，它与农民潜意识中的平等权利不谋而合，可以说是建立在直接的所求与所有的对应基础上，两样一结合，产生的社会交换和社会效率是惊人的。20世纪80年代末90年代初的"十亿农民九亿商"，以及20世纪末至21世纪初大规模的"农民工"流动，生动地描绘出了农村劳动力资源与市场需求之间的大规模契合是多么顺应社会发展的潮流。

另外，社会主义中国追求的最高价值目标也是平等。新中国成立后不久，在毛泽东的领导下发动了农业的社会主义改造运动，其目的是为了建立平等主义基础上的社会主义,实现人人平等的大同社会。随后不久的官僚制导致了行政特权,毛泽东发起的"文化大革命",其目的之一就是为了反对特权,实现国家面前公民的一律平等。但事与愿违,其结果是贫穷的社会主义,是绝对的平均主义导致了贫穷的社会主义,原因在于,它抹杀了基于平等基础上的个性发展,抹杀了农民的生产积极性,追求的是一种结果上的平等。恰恰是建立在商品经济基础上的市场交换使得个体在独立平等的基础上发展个性,它把农民置于一个共同的起点上,而过程和结果就完全依赖于农民个体自身的能力。现代意义上的平等通过市场经济完全显现了出来。对农民而言,市场给他们提供了个性发展的机会,他们在市场面前都有相同的准入机会,且有相同的能够满足市场需要的资源能力。也就是说,在市场这一领域中,他们在起点上处于平等的地位。而之所以有此地位和机会,在于他们首先对自己的身体及伴随着身体的劳动享有所有权,即他们获得了自己的独立身份和地位;其次在于他们的市场行为基本上不受外在的强制性约束;最后在于市场给他们提供了作为一个独立的社会行动者进行社会行动的机会,并且这一机会相对于每一个进入市场中的农民而言都是平等的。正是有了农民在市场这一社会最主要的领域中的起点平等,才会有农民在社会中方方面面的平等。而一旦实现了这一点,就基本上实现了现代平等理论特别是罗尔斯的平等观念。这是因为,在罗尔斯看来,虽然人们之间的不平等是由社会的、自然的和个人努力这三种因素共同导致的,但社会的和自然的因素是个人无法选择和决定的,人们的不平等,只有建立在个人选择和努力的基础上才是正当的。而在现代社会中,机会平等"使得人们的命运被个人的选择而不是被他们的环境所决定。假如我在一个机会平等的社会中追求一些私人的爱好,那么我的成功与失败将被我的成就而不是种族、阶级或性别所决定。在一个没有人因为他们的社会环境而处于有利或不利地位的社会中,人们的成功或失败将是他们自己的选择和努力的结果。因此,我们所取得的任何成功是'获得的',而不仅仅是给予我们的"[①]。从这个角度来看,市场经济真正实现了农民的平等权利。

[①] Kymlicka, Justice in Political Philosophy: An Introduction, Clarendon Press Oxford, 1990, p. 56.

以上三个依次递进的农民社会化过程主要发生在非农领域的场景中。正是由于农民个体的独立化，他们的行为才会基于个人利益自我考虑，且不受他人和传统以及国家因素的制约，他们才会从一个传统的农业生产者转变成为一个社会化大生产过程中的劳动者。而一旦外部环境——特别是市场经济，给他提供了这一条件的话，农民个体就具有了强大的社会行动能力和自我调适能力，于是，他们就主动地融入到社会主义市场经济的建设过程之中。

实际上，这三个过程分别包含了人之为"人"的三项基本权利。与个体的独立化相对应的是人的"自由"，与经济化相对应的是"权利"（经济权利特别是财产权利），与平等化相对应的是"平等"。正是在这三项基本权利得到国家认可的基础上，西方社会才开始进入到一个自由的市场经济时期，才有了社会的繁荣和国家的强盛。以此推测，在不久的将来，中国社会也将进入到一个现代性的社会之中。

虽然小农的社会化过程首先是指小农个体的社会化，但是，小农个体仍然是与小农家庭紧密结合在一起的。从组织结构与功能的角度来看，组织中个体的变化必将导致组织结构和功能的变化，而这又将导致组织的变化。因此，农民个体及其行为的社会化必将带来小农家庭的变化，或者更明确地说是小农家庭的社会化。一旦小农个体开始进入到市场化和社会化的过程之中，小农家庭也定然会发生社会化意义上的变化。正是在此意义上，我们认为小农的社会化至少有两个层面的含义：一是小农家庭的社会化；二是小农个体的社会化。从时间序列来看，小农家庭的社会化建立在小农个体社会化的基础上，或者说，小农个体的社会化进程带动了小农家庭的社会化过程。

第二节　家庭功能的社会化

由于农民个体在社会生产和社会生活过程中的重新定位，不再以家庭为基本单位，而是以市场需求和社会需要为基本导向，导致小农家庭也随之进入到一个社会化的资源与能量的交换过程中。因此，在农民个体被社会化的同时，家庭或农户也进入到一个社会化的过程之中。虽然家庭仍然是社会的基本单位，但家庭不再建立在自给自足的基础上，而是依赖于社会外部资源和社会关系。

不过，与小农个体不同，小农家庭是很难作为一个意志一致的行动单位进入社会化过程。因此，农户或家庭的社会化主要是指家庭功能的社会化，家庭原先承担的一部分功能或某项功能中的一部分再也不由家庭独立承担，而是通过社会化分工与交换，由外部社会或其他组织来承担，于是，家庭也被社会化了。

一般说来，家庭承担五种基本的社会功能：经济功能、人口再生产功能、教育功能、养育子女和赡养老人的功能、娱乐和情感交流功能。其中，经济功能是家庭的核心功能，是家庭自身能够存在的前提，也是家庭成为一个基本社会单位的条件；人口再生产功能既是家庭自身延续的要素，也是家庭再生产过程的必要条件，更是家庭能够延续和存在下去的必要条件；教育功能主要是指教育社会化功能，是家庭适应社会需求并增强自身生存和发展能力的要件，它对家庭和社会具有双重作用；养育赡养功能、娱乐活动和情感交流功能也是家庭作为独立社会单位的重要功能，它们对家庭的存在和维系起着至关重要的作用。小农家庭的社会化主要表现在家庭这五种功能的社会化分工与交换过程中。

一 经济功能的社会化

作为社会的基本单位，家庭是以共同居住、共同生活为特征的人口群体或社会组织形式。对家庭而言，它具有双重特征或者说是两重性，即不仅是一个社会细胞，还是一个经济细胞。作为社会细胞，家庭是社会这个综合系统的一个基本组成单位或子系统；作为经济细胞，家庭是社会的一个基本经济收支单位，家庭通过家庭成员的劳动获取收入，并就家庭成员的生活进行支出。

在传统乡村社会中，家庭的经济细胞身份居于主导地位。家庭的经济功能一般都由家庭的内部分工来完成，并且，这些功能一般都只为家庭所独占。但是，在社会主义市场化进程和中国社会转型的大背景中，家庭的经济功能不再仅仅是为了其自身，而且，有些经济功能开始由家庭之外的组织或社会行动者，特别是社会组织来承担。

家庭经济功能的实现出现了一些新变化。主要表现在：

一是从历史的角度来看，建立在二元社会基础上的市场经济分割了家庭的经济功能。在传统时代，家庭组织单位与生产单位紧密结合在一起。而现在，家庭的生产功能正在部分或全部被转移出家庭，而变成个人的行为。之所以发生这样的状况，原因在于市场经济和城市社会将个体农民的生产行为部分或全部地吸纳到社会化生产过程中。

二是从家庭经济功能实现的要素来看，正在由农村内部向农村外部转移和延伸。由于家庭经济功能的实现以个体农民为基础，如果个体农民的行为场所发生在农村外部的话，家庭经济功能的实现就得依赖于外部要素的提供和组合；如果仍然发生在农村社会场域，而由于农村生产行为仍然依赖于外部要素的输入，因而仍然依赖于外部社会。从农村现实来看，让人无法想象的是，如果缺少外部生产要素的农村社会将会是一种什么状况？

三是从家庭经济功能的作用来看，正在由生存目标向商品化目标转变。传统农业社会中，由于生产水平相对低下，且农民缺少外部就业的机会，因而，传统家庭的经济功能主要限于农业生产和农产品的消费，即"自给自足"。这是一种以生存为基础的行为。而在现时状况下，农民的行为动机已经发生了改变，货币正在成为农民行为的动机和出发点。靠什么获得货币呢？当然是农民的剩余，主要包括农业生产的剩余和劳动能力的剩余。

当然，这些特征贯穿在家庭功能社会化过程的方方面面。这里以家庭为单位，从"动机—主体—行为"的角度，把家庭经济功能的社会化表述如下。

1. 经济功能的变化

目前，农村家庭经营活动的目的除了满足基本的生存需求外，主要是为了换取和储存货币，甚至会因为后者而放弃前者。在这一点上，现代农村家庭与传统小农家庭有着本质的区别。

在传统小农经济时代，家庭经营活动的主要目的是为了获得足够多的物质形态的粮食。虽然也有一定程度上的农产品交易活动，但交易的目的仅仅是为了弥补家庭经营活动之不足。另外，传统中国的农业社会特性和农业财政性质也决定了农业生产的剩余不可能太多，并且交换的对象也不可能丰富，因此，农业生产剩余一般不是为了交易，而是为了货币之外的其他东西。其一是为了上缴皇粮国税；其二是用于储存和急需之备。对一般小农家庭而言，粮食储备是其主要选择，粮食储备越多，家境越殷实，家庭也就越有势力和社会地位；并且，家庭生产粮食越多，就越有可能购买更多的耕地，以期获得更多的地租收入和粮食。这是农业社会的生产—积累过程，其资源和能量的转移与消耗过程一般都局限于农村领域，最终目的是为了获得实物形态的收入，而非财富意义上的货币收入。因此，传统小农家庭的经营活动呈现出内部循环和自我循环的特征，除了特殊用途的产品交易行为外，一般家庭经济活动的功能都只服务于家庭自身，家庭的经济活动对家庭生存的意义大于对国家和社会的财政和稳定意义。另外，在传统小农经济时期，家庭缺乏追求货币的直接动机。这是因为，除了盐和铁器农具等极少数手工制品需要由货币来交换外，家庭的活动一般都不与外界发生关系，因而也就不存在大规模的货币需求了。

而在现代社会中，社会越来越复杂化和专业化，分工体系越来越明确和细微，小农家庭已经很难"独善其身"了。从最原始的工具更新特别是各种各样的大型农具的使用，到农业新技术的进步及采用和扩大化，再到种子和肥料等农业生产资料的日益盛行，使得农业生产呈现出更大范围内的社会分工与合作。而直接的农业生产过程只是整个体系中的一个环节而已，或者说，只是现代技术无法替代而最终只得选择与原始劳动力的合作的过程而已。并且，在农业生产领域中，虽然土地仍然起着决定性和基础性的作用，但劳动特别是体力劳动却已成为一种可替代的选择要素了，它可以通过技术等要素的发挥而被取代。

这是一种什么情况呢？可以想象，在现代社会的农业生产过程中，劳动力已经不是最根本的生产要素了，劳动已经不是"财富之父"了，以前需要人力劳动的地方，现在都可以通过技术和创新等因素代替了。于是，问题就来了。既然人力劳动可以通过技术等因素来替代，而且这种替代方案既能增加总的产出，又能降低或减少成本，那么，小农家庭如何才能得到并实现这种替代劳动能力的生产要素呢？通过国家对资源的直接配置已经证明是效率低下的，那么唯一的选择就是通过交换来得到。而要交换，就必须得有交换的资本。对小农家庭而言，唯一的资本就是货币，或者更直接地说，通过出售他们的劳动或农产品换取一般等价物——货币，再通过货币换购他们需要的生产资料和技术等。因此，以生存为其最终目的和动机的传统小农已经渐行渐远，可以说已经被社会进步和技术革新所抛弃了，取而代之的是追求经济效益的小农。这不仅可以改善小农的生产条件，还可以降低或减少他们的生产成本和增加总量产出，并进而改变他们的生存状况和发展途径，提高他们的生活质量，在一定程度上和一定范围内实现农民个体的自我发展。因此，农民需要货币，"为了货币而生产"已经取代了"为了生活需要而进行生产"。当然，这只是小农追求货币的动机之源，并且，农业生产仅仅是其追求货币最大化的途径之一，其作用不可高估。

小农追求货币的直接结果是个体作为劳动力要素的社会化。相对而言，小农家庭承担了太多的社会功能，是很难完全社会化的，并且有些功能也不能社会化，特别是不能通过社会化的初级形态——市场化来完成。但是，小农家庭中的原子——农民个体，却可以自如地做到这一点。对其而言，仅仅是其自身从一个农业劳动者向社会化生产要素的转变过程而已。从现实的情况来看，这一过程对社会和市场而言是必需的，对农民个体而言也是轻而易举的。这也是社会化小农区别商品化小农的不同之处。社会化小农与商品小农的最大区别在于社会化的内容不一样，商品小农的内容仅仅局限于农产品的市场化，而社会化小农的内容主要是农民自身的社会化，农产品的市场化反而退居次要位置。

相对于农业生产的社会化而言，农民自身的社会化所带来的经济收益要远远高得多。根据《中国农村统计年鉴（2004）》，2003年中国乡村人口数约为9.375亿；根据《中国农村住户调查年鉴（2005）》第6页内容，2004年农民得到的工资性收入人均998元；根据《中国农村住户调查年鉴（2005）》，2004年我国农民工数量约为9353万人，如此相乘和相除下来，2004年平均每个农民工获得的工资性收入大约是10000元（实际纯收益要低于这一数字）。2004年，我们在湖南、湖北和河南三省3个村庄的调查研究表明，农民外出一年的净收益在6000元左右；而到了2011年，农民一年外出务工收入一般都在3万—4万元左右。这些看得见的钞票，相对于传统农民和农业的生产收益而言，显得非常巨大。我们的调查还表明，只要一个家庭一年有一位成员外出务工，基本上在当年就可以改变家庭的经济状况，其后是改变家庭的生存状态。因此，在小农家庭无法和不可能被市场与社会接纳的情况下，农民就选择了自身的市场化和社会化，并且节衣缩食，通过其自身消费的最小化，以期获得货币收入的最大化。

另外，体现财富和社会地位的载体也发生了变化，货币开始成为一种一般性的储藏财富手段，进入到广大人民的日常生活之中。它对改变小农生存和发展状态的作用主要表现在两个方面：其一是作为流通手段，也就是货币充当商品交换的媒介。市场化和社会化的过程导致了小农对货币的大量需求，因此，尽可能地储藏货币以备急需之用已经成为小农的基本要求。其二是货币作为财富储藏手段越来越占据主要地位。在这一点上，中国人自古就有储蓄货币的习惯，但不同时期又各不相同。在钱庄产生以前，虽然也储藏货币，但彼一时期的货币形态是硬通货，储藏量不会过大，储藏的规模也不会过于庞大，特别是由于金属的稀缺性导致货币储藏行为不可能普遍化，更不可能进入寻常百姓家。现在则是以纸币替代硬通货，它的最大特点是便于储存和使用，并且具有通用的特性。因此，居于社会化过程中的小农，在货币最大化需求动机的激励下，尽可能地储藏货币。根据《中国农业统计资料（2003）》，1997年以来，农民人均年储蓄额都在1000元以上，2002年已经接近2000元。这一趋势还在延续，增长幅度还在不断加大①。如此算下来，截至目前，农民人均储蓄额肯定已经超过一万元。发达地区如宁波市农民2005年人均存款超过15000（《宁波供销信息网》）；中部地区如安徽省怀宁县江镇农民2005年人均存款也已过万元②。其中原因主要在于，农民工资性收入的增长及其幅度的逐年增长，且在农村居民总收入中所占的比例也逐年增长。

正是由于农村居民工资性收入的增长，才导致了家庭货币储蓄量的增长。这是因为，对小农家庭而言，收入来源不同，其在家庭经营收入所承担的功能也不相同。农业经营性收入的功能主要是用于存量性的消费和剩余性的货币积累，而工资性收入的功能则主要用于增量性的货币积累。与此相对应的是，农民纯收入大幅度增长的同时，农民通过消费支出的缓慢增长以期储藏更多的货币。根据《中国农村住户调查年鉴（2005）》第

---

① 根据《中国农业统计资料》，1986—2002年农村居民人均储蓄额分别为：94.4元、123.2元、138.7元、169.8元、218.9元、272元、338.1元、419.9元、563元、720.9元、887.4元、1068.3元、1229.6元、1367.5元、1530.3元、1737.2元、1967.5元。

② http://www.jiangzhen.com/bbs/archiver/?tid-964.html。

38页内容,自1997年以来,农村居民生活消费支出比上年名义增长率都低,除2004年以外都在6%以下,1998年和1999年甚至为负值。除了直接的以货币作为财富储藏手段外,还有农民开始开发货币的自我升值功能,开始"以钱养钱"。根据《中国农村住户调查年鉴(2005)》第28页内容,自1993年以来,农民人均财产性收入逐渐增长,由1993年人均7元增长到2004年人均76.6元;农民人均财产性收入在农村居民总收入的比例也逐年增长,由1993年占0.5%增长到2004年的1.9%。还有农民在网上发帖说:"我是农民,现有5000元存款,怎么理财啊?"[①]

2. 经济功能实现方式的社会化

正是由于小农家庭对货币的最大化需求,而这一需求在农村内部无法有效达到,导致了家庭经营方式和分工方式的根本性变革。主要表现在两个方面:一是农民就业方式的社会化,或者说是农民分工的市场化;二是家庭经营活动的社会化。

前者无论是对农民个体还是农户家庭而言,都有着重要的意义。我们知道,农民生产领域和行为的选择既与其自身有关,但与社会给予的条件和环境关系更为密切。在一种自然主义的状态之下,农民职业的选择主要受制于生产形态和社会发展阶段。而在一种非自然主义的状态之中,农民职业的选择就主要受制于外部因素了。中华人民共和国成立后特别是计划经济时期,实行城乡社会二元体制,社会分工主要是在城市与乡村这两大领域之间完成,在各自的领域内仍然延续各自的分工体系和分工逻辑。对农民个体而言,第一层次的分工是国家主导下的二元分工,农民没有选择的余地;对第二个层次的分工——农村内部的分工而言,农民仍然没有选择的余地,因为农民受制于集体组织。

家庭联产承包责任制的实施恢复了小农经济状态,家庭开始重新成为独立的经济和组织细胞。耕地由家庭使用与家庭内部成员的分工重新结合在一起,使得农业生产活动过程都可以通过家庭这一经济细胞来完成。这个时候,农民个体仍然没有自我选择的自由,但家庭作为一个独立组织,已有自我选择和内部调整的自由。因此这一时期,农民个体的职业选择由国家强制性分工回复到家庭内部分工状态。

---

① http://zhidao.baidu.com/question/21945302.html。

社会主义市场化进程赋予了农户和农民个体独立的市场主体和行为主体地位。正是依赖着市场经济这一制度平台和社会场景，农民个体不仅超出第二个层次的分工体系，且还超脱了第一个层次的分工体系，开始进入到一个更广泛和更自由的以个体选择为基础的分工体系中。这个体系从表面上看是市场化分工体系，而从社会学角度来看则是一个社会化的分工体系，农民个体开始从家庭内部的分工体系进入到一个以市场化为主导的社会化分工体系。

正是由于农民个体进入到一个市场化的社会分工体系中，导致了家庭经营活动的社会化分工。这既表现为农村内部的分工上，也表现在农村内部与外部的分工上。我们把家庭经营活动分为生产、消费和流通三个前后相继的过程。在这三个过程中，社会化分工的程度不同，侧重点也不相同。在农业生产过程中，生产资料的准备主要表现为农村内部和外部的分工，劳动工具的准备主要表现为农村内部的分工，而具体的生产过程既表现为农村内部与外部的分工（基于技术和工具因素），也表现为农村内部的互助合作和分工（基于乡村传统）。在农产品交易过程中，首先表现为农村内部各个行业之间的分工，其次表现为农村内部与外部的交易过程。在消费过程中，主要表现为农村内部与外部的分工，表现为相对奢侈的工业产品替代传统农业产品和改变农民消费结构、提升农民消费质量的工业产品消费。从维度上看，家庭经营和消费过程的社会分工以纵向分工为主，表现为前后相继的生产、流通和消费过程中的农村内部与外部的分工，表现为劳动力与机械动力、技术和创新及传统和经验的分工。

由于地域差异，家庭经营的内容和种植结构也各不相同，经营活动的社会化分工程度和侧重点也各不相同。实际上，所处地理特征和区域不同，种植作物的种类和结构各不相同。南方农村温度较高，降水量充足，以水稻种植为主，但由于多山区和丘陵，难以采用大型机械等，虽然生产资料准备过程中的社会化程度高，但直接生产过程中的社会化程度就相对较低，且以零碎化的社会化分工为主，以农村内部的分工为主。北方农村以小麦和玉米种植为主，由于地势平坦，大型拖拉机、播种机、收割机等畅通无阻，农业生产过程中的社会化程度非常高，基本上可以完全实现农业生产过程特别是耕种和收割过程的机械化，只是农业管理过程还依赖于农村内部的合作。农产品交易过程中，南方农村和北方农村的社会化过程与程度差别不大。但在家庭消费方面，南方农村与北方农村的差别却很大。南方农村以水稻种植为主，消费主食也以大米为主，但辅以面类食物，表现出一定程度上的市场交易行为；辅食方面尤其丰富，特别是水果等，表现出程度很高的市场交易行为；肉类方面以家庭饲养供给为主，市场交易行为一般发生在有特殊情况时，相对而言次数和数量都较少。而北方农村以面食为主要食品，基本上不会改变消费产品的主要种类；辅食方面在食粮类上基本依赖于家庭的自我产出，而水果类等则基本依赖于市场交易；由于北方农村家庭并不户户饲养牲畜，因此肉类消费基本以购买为主，依赖于市场和社会外部；另外，北方农村的蔬菜消费也基本依赖于市场。

3. 家庭经济活动的社会化

具体表现在三个方面：即生产的社会化、交易的社会化和消费的社会化。

生产的社会化主要表现在三个方面：一是生产资料的社会化；二是生产过程的社会化；三是农产品的社会化。由于农业技术的发展和工业产品的大量供给，无论是南方农村还是北方农村，农民的种子、肥料、农药、农具等主要生产资料大都从市场购买；同时，由于农业生产资料在功能上的相似性，导致了农民在生产资料准备过程中的规模性的购买行为，导致了产前过程中的农民横向合作。生产过程的社会化在北方主要表现为机械动力的大规模使用，导致了农村中一些大型机械专业户的出现，他们在农忙时节驾驶着播种机或收割机驰骋在广袤的平原大地上，把机械动力卖给一家一户的小农家庭。在南方主要表现为农村内部的分工与合作，今天张家男人帮李家犁田，明天李家女人帮张家插秧；还表现为一定程度上的雇工与付费，王家男人外出务工，农忙时节媳妇一人忙不过来，请来男劳动力，每天付给固定的工资或按面积付给一定的报酬。另外，由于农村内部及内外分工的社会化，农户家庭的经营行为不再仅仅局限于农业领域和当地村落，兼业化趋势日益明显，还出现了大规模的跨行业和跨区域流动。由于农业生产过程由一系列的个人行为变成了一系列的社会行为，由于农村地域消费人口数量的剧减，由于农民的经营活动行为也是为了追求货币收益的最大化，因此，农民生产的产品不再是为了自己消费，而主要是用于交换，农产品也就自然而然成了社会产品。

交易的社会化主要是指，以前由农户家庭自己完成的市场交易过程现在主要不由农民自己来承担。从当前农村实际情况来看，农业生产过程中的交易社会化主要表现为两种形式：一种是"运出去"，由农民自己雇请农村内部的兼业户或专业户，通过他们将农产品推向市场，在这个过程中，农民自己掌握着销售农产品的主动权；另外一种是"上门收购"，指依赖于基层集市的专门的民间组织或个体在收获季节直接到农村完成交易过程，这是市场交易的农村化，是一种直接服务式的市场交易，把销售市场开在了农民家门口。生活消费品购买方式的社会化也主要表现为两种形式：一种是"送货上门"，由"流商"把农民日常所需的小件物品直接送到农民手中（农业生产资料特别是化肥等一般采用此种方式），把农资商店开在了农民家门口；另外一种是农民"自己上街"，购买生活所需的肉类消费品或家用电器、交通工具等。一般说来，改善生活水平的消费品如肉类等有固定的供给场所，农民一般就近消费，此类交易地点一般在村庄和乡镇集市完成；而电器和交通工具等耐用品由于价格相对昂贵，购买则要到相对较大的市场如乡镇集市或县城。这正如施坚雅对中国农村市场体系的分析，农民生活消费品的升级和更新换代推动了农民市场行为的升级。

生活消费的社会化主要表现在三个方面：一是自产农产品在食品消费支出中的份额越来越小，购买消费食品的数量和份量越来越多。这改变了传统时代农民生产什么就消费什么的习惯，而是依据消费需求自主地到市场上选择需要的商品。并且，随着时代的发展和市场的深化，购买商品在农民消费中所占的比例越来越大，如我们经常谈到的肉类食品，原来可能在特别重要的节假日才能消费，现在则成为餐桌上的一道普通菜。二是由于农民自产产品无法满足农民的消费需求，进入农村的消费品种类越来越多。以前农民到市场去的主要目的是为了解决家庭生活消费之必需品，如盐铁产品等；现在，除了基本的生产和生活需要的商品外，一些相对高档和奢侈的消费品开始进入农村，如组合衣柜、高档家电产品，近年来热水器、家用电脑、小汽车等也开始进入农村。三是满足于农民基本生活消费的公共物品也开始进入农村，成为农民家庭的生活必需品，如公共道路、自来水、电等，成为农民日常生活不可或缺的一部分。现在正在进行的社会主义新农村建设，首要的一个要求就是要大力加强农村的基础设施建设,通过这些方面的建设,让农村人享受到应该享受的均等的公共服务。

二 人口再生产功能的社会化

人类社会的延续和发展是新个体不断替代老个体的过程,这种更替过程以人的生育为前提。而自家庭成为社会的基本单位以来,人口的生育都是通过家庭来完成的。因此,在家庭的功能谱系中,人口再生产功能是最重要的功能。它的重要性体现在三个方面:一是生命个体意义上的,它体现了人类社会生命的延续。二是社会基本单位意义上的,只有在它的基础上才能形成社会的基本组织单位,也正是家庭的稳定延续才有了社会的稳定发展。三是功能格局意义上的,在传统家庭的功能体系中,虽然经济功能是基础性的功能,是家庭其他功能能够存在和实现的前提和基础,但它的存在及实现是以家庭为前提的,且以家庭的存在为最终目的,而家庭的存在又是以人口的再生产为基础的。由此知之,人口再生产功能在家庭功能体系中居于核心地位,所以,在传统农村社会,一般都把人口再生产功能视为家庭的生命及个体农民生命的意义所在。

1. 传统家庭及其人口再生产功能

人口再生产功能包括婚姻和生育两个环节。因此,传统家庭的人口再生产功能就从组建家庭已经开始了。从家庭形成过程来看,家庭始于婚姻,而在传统的中国农村社会,婚姻的目的之一就是为了生育下一代,即为了完成家庭的人口再生产功能。然而,人口再生产始于婚姻,而婚姻始于男女的结合,而男女的结合不是一下子完成的,它需要经历诸多复杂的环节。其中,首要的环节就是说媒,虽然"门当户对"是婚姻选择的重要依据,但是否能够生育也是男方选择女方的参考依据;而且,如果女方婚后无法生育,哪怕是因为男性的原因,女性依然面临着"被休"的命运,或在家庭中增加新的人员,婚偶女性的身份和地位也就随之下降。婚姻之后自然就是生育行为了,它是人口再生产功能实现的重要环节,且生育数量及质量直接关系到家庭的规模及未来发展。从这个角度来看,人口再生产功能不仅决定着家庭的命运,而且还决定着婚姻的成功与否,因而是家庭中最重要的功能。

人口再生产功能是实践家庭其他功能的需要。其中,经济功能特别是生产功能的实现依赖于人口特别是劳动力的存在及延续，而劳动力的成长又以婴儿的出生为前提，它建立在人口再生产的基础上；消费功能的目的在某种意义上不仅是为了完成社会物质的再生产，更重要的是为了实现人口的再生产，即是说，经济功能离不开人口再生产功能，必须以人口再生产功能为前提和基础，同时，经济功能实现的最终目的仍然是人口再生产。教育功能实践的对象仍然要以人口的再生产为前提，从现实角度来看，虽然它的目的可能是为了其他功能更好的发挥作用。赡养功能实现的前提是下一代的成长，如果家庭无法实现人口的再生产，赡养功能也就无从谈起；而且，人口再生产功能的优势将在赡养功能中得到体现。情感和娱乐功能的实现在传统社会既依赖于家庭，也依赖于在家庭基础上形成的家族共同体，显而易见，它同样是以个体意义上的生命延续为前提的；同时，只有在个体的意义上才有家庭，家庭在地缘聚集的基础上才有自然村庄，在以家族为主体的自然社会中，个体也就自然而然地具有了安全感和心理满足感。因此，如果家庭没有实现人口再生产功能的话，其他功能的实现就不具有延续性。

生育的意义不在于个体，而在于家庭，因此，生育功能的极大化是传统家庭人口再生产功能的主要内容。我们知道，传统农村社会以扩大家庭为主，是何原因呢？除了家庭传统以外，更重要的是人口数量的绝对增加，导致家庭内部关系超越了基本的婚姻和血缘关系，而进入一个相对复杂的关系网络之中。当然，传统的家庭之"大"之含义，主要表现在后嗣多，即子女多，子女多意味着孙子辈多。且从历史的发展情况看，传统大家庭，一般总是倾向于早婚、早育、多育，积累下来就自然而然成了大家庭了。如根据《中国历代人口统计资料研究》[①]记载：

> 《居延汉简》中一户张姓家庭有妻，生有大女、大男、小男、小女，而且还有辅妻（第247页）。合计7口人。
> 隋唐五代时期家庭每户平均人口多在5—6人左右，个别年份超过8人，如肃宗乾元三年有户1933174、口16990386，每户平均8.79人。也有累代同居的大家庭，大家庭人口也多寡不一，少者10余人，

[①] 杨子慧主编：《中国历代人口统计资料研究》，改革出版社1996年版。

数十人，多者几百人甚至几千人乃至发展为大家族（第633页）。

宋代由于战乱等原因，家庭人口规模下降，在2—3人之间摇摆不定（第715页）。

元代家庭人口规模上升。如元二十八年（1291年），户部清查"江淮、四川一千一百四十三万八百七十八，口五千九百八十四万八千九百六十四"。（第711页）户均5.2人。

明洪武二十六年（1393年）天下户一千六十五万二千八百七十，口六千五十四万五千八百一十二（第914页）。平均每户5.7人。

清朝乾隆皇帝在位期间，分别在乾隆三十年（1765年）、乾隆三十八年（1773年）、乾隆四十七年（1782年）、乾隆五十二年（1787年）进行了四次人口清查，户均人口分别为5.32、5.39、5.94、5.98人（第1208页）。

民国时期，从各省户均人口看，平均7人以上的家庭，只有吉林、宁夏两省。6—7人的家庭，有黑龙江、热河、甘肃、河南4省。这与上述16省调查北部大家庭较多是一致的。6—7人的家庭有17个省①，加上5人以下的，合计占79.3%。表明五口、六口的家庭，在全国占大多数（第1439页）。

从历史来看，家庭人口数量多是传统中国社会及农村家庭的典型特征。当然，家庭人口数量多也并不一定说明家庭内部关系复杂。由于古代的人口统计数据主要用于乡村控制和征税依据，除零星的家庭人口关系记载外，尚未对家庭类型作细致的分析。不过，据金陵大学在1928—1933年对16个省100处37647户农家的家庭调查，结果是小家庭占的比例最大，为62.8%，而同期家庭平均人口都至少在5人以上。②这说明，平均每个家庭至少有3个及以上数量的孩子。究其原因，孩子数量多可能与传统农村社会的生产方式和财富积累机制有关。在生产技术简单的社会里，大家庭便于集合资金，集中人力，有发展生产、从事各种活动的便利，有

---

① 指安徽、江西、湖北、湖南、四川、河北、山东、山西、陕西、青海、福建、广东、广西、云南、贵州、绥远、西藏共17个。
② 杨子慧主编：《中国历代人口统计资料研究》，改革出版社1996年版。

较强的应付自然灾害和其他意外事变（如死亡）的能力。同时，历朝历代也鼓励多生人口，因为人口增多不仅能够发展生产，充实税源，而且还能够充实国防，强大王朝。

生育男性，传宗接代，是实现人口再生产功能的核心内容。在传统农村社会，不仅后嗣要多，而且，后辈男性数量要多。因为只有男性才能延续家庭的生命和历史，只有男性才能完成传宗接代的重大使命，才能保证先人延续的"香火"代代相传。所以，农村家庭实践人口再生产功能方面，不仅数量要大，而且，儿子要多，越多越好，要想方设法生儿子，直到不能生为止。原因主要有三个方面：一是人的生命由前辈而来，且要通过自己延续下去，由此形成对血脉的延续。而在以男性为主的儒家文化看来，"不孝有三，无后为大"，没有男性后代，整个家庭的生命意义也就戛然而止。二是与传统农业社会的小农生产方式有关。传统农业生产主要由男性劳动力来进行，因此，男性后辈数量多，意味着家庭的劳动力数量可能越多，耕种的地亩数量也就越有可能多，家庭财富的积累也就有可能更早一步实现。另外，从生计来考虑，女孩子长大要出嫁，所以很不划算，但是儿子呢，能干活，而且养活大了还能领回来一个，不光有了劳力，养老也不愁了。于是，如果要生孩子的话，还是生男孩子好了，而且越多越好。三是满足家庭其他功能的需要，特别是赡养功能的实现依赖于儿子的继承。中国有句古话，"多子多福"，儿子多是老人晚年幸福的必要条件。而"绝后"则意味着年老无人照顾，死亡无人送终，亡后无人纪念，灵魂不得安宁。所以，生育男性，后继有人，就成为人生最重要的使命。

生育男性，也意味着传统农村社会的延续。这是因为，传统农村社会建立在家庭扩大化的基础上，而家庭扩大化的前提仍然是血脉的延续。从社会传承机制来看，血统意识是传统家族延续的基础，而延续血统意识的生命载体即为男性个体。正是在男性生命延续的基础上，才形成了中国古代农村社会的典型形态——自然式的家族村落。费孝通先生将它称之为"熟人社会"，其实，更准确地说应该是"亲人社会"。这是因为，生活在同一个"熟人社会"中的家庭不仅共同生活和居住在一起，而且他们还都是从一个共同的祖先发展而来的，每个家庭和每个人的身上都打上了祖先的烙印。这种以血缘为基础的"亲人社会"是一个稳定的社会共同体，不仅"骨肉相亲"、"血肉相连",而且利益攸关,是农民生活的全部世界。因此,如果家庭没有了男性,农民的生活世界将不复存在。

历史至今,生育人口和生育男性人口,生育更多的子女和生育更多的儿子,就一直成为农民行为和农村家庭的最终目的。正是在家庭的这一最终目的支配下,传统中国的人口生生不息,传统农村家庭虽久弥新,传统中国的历史源远流长,传统中国的文化绵延不绝。

2. 人口再生产行为的计划化

新中国成立以前,家庭人口再生产功能的张力只受到自然因素和社会灾难的影响,农村人口乃至全国人口的数量规模与人口遭遇到的生育风险和社会动乱成反比。对于前者,它是传统技术特别是医疗条件下不可克服的自然作用;对于后者,则是一种非正常状态下的人口再生产行为,不适用于正常意义上的人口再生产功能。因此,整体来看,对单个的家庭而言,人口再生产功能仍然是自然意义上的,仍然基于家庭女性人口的生育能力,受到外界非自然的干扰很少或者几乎没有。然而,新中国成立后,由于当时面临的特殊国情及后来人口增速太快的考虑,才开始通过国家政策干预家庭的人口再生产行为。

新中国成立初期,国家当时需要庞大的人口去发展经济,因此,"人多力量大"成为人口发展的观念。当时历史表明,我国农村的人口猛增,并且增长过快,拖延了国民经济的增长水平。对应于此,我国政府自20世纪50年代中期开始提倡计划生育,但主要限于节育,只是在1962年才第一次将有计划地控制人口增长提到国家政策的高度。这是因为,当时的实际情况使人们逐渐认识到,社会主义生产是生产资料公有制基础上的社会化生产,需要保持供给与需求以及各生产部门之间的平衡,其中,人口的增长必须同经济发展相适应,因此,人口计划是国民经济发展计划的重要组成部分。正是在这种思想指导下,政府重新尝试开始控制人口过快地增长。为了达到这项目的,我国政府在下达国民经济年度计划时,同时下达人口发展计划,各省、市、自治区根据国家下达的人口计划指标,再下达给地区、市及县,县再下达给各公社、区委及生产队,使全国上下的人口计划构成一个有机整体。正是早期人口计划的执行,扭转了以往人口无计划增长的局面,为国民经济的发展创造了有利条件。

20世纪80年代是我国计划生育政策的形成时期,"晚婚、晚育、少生、优生、优育"等政策观念开始形成，计划生育工作开始在农村大规模地推广，并且成为 20 世纪 90 年代县乡政府和基层组织工作的最重要内容。2001 年 12 月 29 日，第九届全国人民代表大会常务委员会第二十五次会议通过《中华人民共和国计划生育法》，标志着我国的计划生育工作开始进入法制化的轨道；与此对应，各省政府纷纷制定和出台了相应的计划生育条例。它的实质是，通过政策和法律规定，对人口的出生增长实行计划调节和控制，以实现人口与经济、社会的协调发展。① 它有两个方面的意思：一是一个家庭或一对育龄夫妇有计划地安排生育孩子的时间和数目，以适应家庭和社会发展的需要；二是在一定社会范围内，有计划地安排人口出生的数量和确定生育对象，对人口发展进行有计划的调节，使人口发展同经济、社会的发展相协调。

计划生育政策和计划生育法的实施意味着，农村家庭的人口再生产功能开始受到国家政策和法律的制约。因此，家庭的人口再生产功能就再也不是一个自然而然的生理过程，而是开始成为国家和社会的一个重大问题，开始进入一个社会化的管理过程之中。

其社会化意义主要表现在：国家通过政策和法律约束家庭的人口再生产功能。这是显而易见的。从自然而然的生育过程到基本国策，再写入宪法，并通过了专门的法律，旨在通过国家政策和法律的途径实现对农村人口的控制。② 很明显，这一国家政策和法律实施的过程也就是约束家庭人口再生产功能的过程。

家庭人口再生产功能的实现也必须遵守国家的政策和法律规定。主要表现在三个方面：

一是法定婚姻，提倡晚婚晚育。新中国成立后，及时颁布了婚姻法，通过法律确定了婚姻的合法形式及权利，并在证据有效性上高于事实婚

---

① 《中华人民共和国宪法》第 25 条规定，国家推行计划生育，使人口的增长同经济和社会发展计划相适应。《中华人民共和国计划生育法》第 9 条规定，国务院编制人口发展规划，并将其纳入国民经济和社会发展计划。县级以上地方各级人民政府根据全国人口发展规划以及上一级人民政府人口发展规划，结合当地实际情况编制本行政区域的人口发展规划，并将其纳入国民经济和社会发展计划。该法第 11 条规定，人口与计划生育实施方案应当规定控制人口数量。

② 《中华人民共和国计划生育法》第 2 条规定，我国是人口众多的国家，实行计划生育是国家的基本国策。国家采取综合措施，控制人口数量，提高人口素质。该法第 11 条规定，人口与计划生育实施方案应当规定控制人口数量。

姻。这样，就把婚姻合法性的权利从社会转移到了政府。在法定婚姻的同时，确定了法定婚姻年龄。1981年1月1日开始实施的《中华人民共和国婚姻法》第六条规定，结婚年龄，男不得早于22周岁，女不得早于20周岁。并且，提倡晚婚晚育，延迟了家庭人口再生产功能的实践和实现。

二是法定人口计划，以达到家庭少生、人口缓长之目的。《中华人民共和国计划生育法》第十八条规定，提倡一对夫妻生育一个子女。为了确保人口计划能够落到实处，地方政府在制定相应的条例时均设定了一些相应的制度措施，如《湖北省人口与计划生育条例》第二十一条规定，夫妻生育第一个子女的，生育前应当到所在单位或者村（居）民委员会领取《生育服务证》，凭《生育服务证》享受生殖保健服务和免费基本项目的计划生育技术服务。第二十二条规定，经批准生育第二个子女或者再生育一个子女的，领取《生育证》后方可生育。

三是计划生育不仅是家庭的权利，同时也是家庭的义务。《中华人民共和国宪法》第四十九条规定："夫妻双方有实行计划生育的义务。"《婚姻法》也规定，夫妻双方有实行计划生育的义务。《中华人民共和国计划生育法》第十七条规定，公民有生育的权利，也有依法实行计划生育的义务，夫妻双方在实行计划生育中负有共同的责任。很明显，如果不能在享受权利的同时履行相应义务的话，就要受到相应的惩处，如罚款和补缴社会抚养费。

农村计划生育政策的实施，意味着小农家庭人口再生产功能的实践和实现必须受到国家政策和法律的约束，从而实现了家庭人口再生产功能的国家化。同时，国家政策和法律对家庭的人口计划进行控制和规划这一事实表明，农村家庭的人口再生产或生育行为已不再是一个自然而然的生理过程，而是一个受制于社会因素特别是国家制度的过程。相对于自然意义上的人口再生产而言，它更多地受到了外在因素的约束和影响。

3. 人口再生产功能的社会化

除了受到国家计划生育政策的影响外，家庭的人口再生产还受到逐渐发展的经济、社会、文化，以及家庭计划等方面的影响，导致农村家庭在实践人口再生产功能方面出现了一些新的变化。主要表现在：

第一，择偶方面的变化。

主要表现在四个方面：

首先，择偶观念发生了变化，特别是"80后"以及"90后"的青年农民，他们的思想意识、生活方式以及择偶观念已与老一辈的农民截然不同。在择偶观念上，"合眼缘"或者"对眼"成为流行趋势。而且，随着社会的发展，青年农民逐渐由农村向城市转移，他们的择偶观念也开始向市民靠齐。

其次，择偶标准多元化。与老一辈的农民相比，青年农民越来越注重对方的情感、兴趣，双方爱好的投合、性格脾气的互补及魅力等个人因素；淡化家庭背景、政治条件等非个人因素。就性别而言，男方比女方更注重对方的年龄和相貌，女方则更看重男方的人品和能力及性格。值得注意的是，忠厚老实的男性越来越不受欢迎，相反，越是善于言谈和交际的男性越是容易受到女孩的喜欢。可以看出，青年农民的城市体验和流动，使他们开始从多角度、立体的全面的考虑其婚偶对象的标准，不再局限于"能过日子"和"老实"这样简单的线性思维里。

再次，择偶范围不断扩大。传统农村社会，农民的通婚圈十分狭小，仅仅局限在本村、本乡、本县之内，跨省甚至跨市的婚姻都很少见，正所谓"生者不远别，嫁娶先近邻"。有一种说法，传统意义上的"亲戚"是"走"出来的，因为那个时代的交通工具只能是人的脚，而人脚的行动范围是有限的；同时，"亲戚"只能够在"走"的范围内才能形成，这从另外一个侧面证明传统农村社会的行动范围。改革开放以后，农民摆脱了土地的束缚，从农村流向城市，面对着一种新的生活环境和生活方式，青年农民婚姻观念有了全新的变化。这主要与他们交际圈的扩大有关，外出打工导致他们工作场所具有同一性，就业空间具有群体性，相互交往具有互补性，男女彼此之间容易吸引而发生择偶行为。而且，随着现代通信技术和网络的快速发展，这大大加大了青年农民的择偶范围。据我们对当前农村社会的观察，普通话已经开始成为农村通用的交流语言；湖北省东北部一个只有27户的自然村庄里，娶来的非本县的媳妇就有11户。

最后，择偶方式多种多样。在改革开放以前，父母包办是农村青年择偶的主要方式，当事人没有选择的自由和权利，这就是所谓的"父母之命，媒妁之言"。而对于当代青年农民来讲，自由恋爱已经成为最主要的择偶方式，绝大多数父母已经感受到两代人之间的差距，并且受现代价值观的影响，开始接受子女自主选择配偶的方式。同时，青年农民由于受到城市开放性的影响，在自由恋爱方面表现出了更大的自主性，他们大胆追求对方，也学会了城里人的浪漫，懂得送鲜花、看电影、发短信等方式向对方表达情意。与此同时，他们也接受相亲，且也认识到，相亲仅仅为他们的自由恋爱提供了一个初次认识的机会。

第二，婚姻行为的变化。

我们先来看传统时期农村婚姻行为的特征。如下：

婚姻程序自然形成。在历史两千多年的文化积淀中，我国农村形成了一套约定俗成的婚姻程序。这套程序具有了自然的历史合法性，并且因文化的传承而延续到了当代，成为20世纪80年代以前农村特别是一些传统地区农村婚姻形式的约定程序。只要是踏入婚姻殿堂的人都必须要经历这套程序，而且特别重要的是，他们的父母和家庭更加关注和遵守这套程序；并且，必须在完成了上一个程序之后才能开始下一个程序，中间不容有男方的任何错失。在这里，程序正义成了婚姻的合法性基础。

婚姻程序复杂。从一般经验来看，我国传统农村的婚姻程序一般有说媒、看亲、上门、过礼、换帖、择吉、议程等婚前程序，有谢媒、迎亲、拜堂、婚宴、交杯酒、闹洞房、验贞等结婚程序，有回门、回礼等婚后程序。传统农村的婚姻是家庭的联合，既是婚姻双方家长的有意结合，也有纯粹的媒妁之言，但都离不开"媒人"，它为两个家庭的联合起到了搭桥的作用，相当于社会关系中的"第三方"机构，起到沟通平衡的作用；且从农村实际情况来看，不仅男人有媒人，女方也有媒人，男方、女方、男性家长、女性家长的意思均通过媒人之间的沟通交流得到解决。"看亲"是约定俗成的，表示男女双方及其家庭准备开始正式的婚姻交往关系；通常而言，"看亲"这一程序一般是由父母双方完成的，虽不具法律效力，但意义重大，不仅是结婚的前奏，也是让双方的家人有个初步的认识。"上门"则更进一步，意味着女性开始进入男性家庭及其社会关系中，开始认可自己将作为男性家庭的一位成员。一旦这个程序启动并且没有异议的话，男女双方的婚姻关系就基本上确定下来了。"过礼"是通过物质呈送的方式表示男性对婚姻关系的肯定。接下来就依次举办相应的程序。实际上在农村传统婚姻程序中，有时候由于时间关系等原因，一些相近的环节可以集合在一起完成，但这只是时间意义上的，礼物和仪式意义上的表现形式均不可少，必须每一个环节都到位，才能得到女性家庭的认可，也才符合农村社会的习惯和婚姻传统。尽管这一套程序复杂，但从执行的情况来看，男性家庭只要有能力都会尽可能地完成每一个环节，女性家庭也是尽可能地要求男方忠实地"走"完每一个程序。因为这不仅是给他们自己一个肯定，也是为了"给大家一个交待"。

结婚仪式是婚姻程序的核心部分。传统的婚姻仪式是神圣而社会性的，被认为是代表着婚姻关系、夫妻关系确立的合法形式。这一种民间式的习惯法传统仍然在起作用，只有大家都认可的婚姻才是合法的婚姻。那么，农民如何认可一个合法的婚姻关系呢？这不仅表现在前面一系列的程序过程之中，更重要的是，它集中地表现在传统的婚姻仪式中。只有举办了正式结婚仪式的婚姻，才称得上是符合习惯法的婚姻，否则就有可能被人指指点点。婚姻仪式之所以在传统婚姻中居于核心地位，关键还在于传统结婚程序具有仪式性的作用，这源于传统婚姻仪式中的一项重要议程，即举行结婚典礼。在结婚典礼中有一个男女双方共同完成的过程，即拜堂。主要拜什么呢？农村有言，"一拜天地，二拜高堂，三是夫妻对拜"。所有的一切均蕴含于这"三拜"之中，"拜天地"以告神界和人世间，以天地作证，向天地发誓，永结同心，不得反悔；"拜高堂"以感谢父母的养育之恩，永远孝敬老人；"夫妻对拜"是指夫妻之间相互尊重，相互爱护，相敬如宾；并且，这里也有一个先后的顺序问题，万物因天地而生，因此，天地最大；天地生父母，父母生自己，有自己才有配偶，这也是人生的习惯。通过这么一种习惯上形成的仪式，男女双方的婚姻关系就在农村社会中得到了普遍性的认可。

在整个婚姻程序中，家庭和父母居于主导地位，结婚双方居于从属地位。在传统农村婚姻中，虽然结婚最后是男女双方两个人的事情，但婚姻是两个家庭的事情，所以很多时候，结婚是两个家庭的联姻，是家庭与家庭之间的组合。因而，对婚配家庭的选择就成为传统农村家庭一项长久持续的工作。实际上，农村家庭在他们子女出生后一直到成家之时，选择什么样的配对家庭以及家庭储蓄基本上都围绕着以后的成家立业而展开。待儿女即将成年之后，不仅选择对象必须遵循"父母之命、媒妁之言"，而且，所有婚姻行为过程的操办基本上是家长主持，并且要举全家之力，婚姻仪式也是在此逻辑上展开的。那么，在整个婚姻过程中，男女当事人双方能够做什么事情呢？他们唯一能够做的，就是按照父母大人为他们设定的程序走完而已。结婚之后呢？对新婚夫妇而言，最好的结果就是"早生贵子"，因为有下一代诞生才意味着开始完成婚姻的历史使命，当然，最终的结果是必须生育儿子才算最终完成了婚姻的历史使命。

1949年后特别是"破四旧、立四新"过程中，农村传统的婚姻观念、形式、行为等遭到了批判，出现了一些新的变化。如婚姻是革命群众之间的联合，需要组织审查和批准；婚姻程序简化，过礼、换帖等传统程序均被视为资产阶级的东西而被破坏掉；婚姻仪式简单，一般是领导讲话，向毛主席表示忠诚，领导宣布结为革命夫妻即可；婚后夫妻双方马上投入到农村的社会主义生产工作中。当然，这是一个特殊的时代，受到特殊制度和因素的影响。随着家庭联产承包责任制的恢复，这个时代的婚姻程序和仪式就被弃之不用了。

改革开放以来，随着农民个体意识的自我觉醒以及个人权利的获得，农民的婚姻行为也发生了巨大的变化。与历史中的婚姻传统相对应，主要表现在：

首先，婚姻回归个人本位。婚姻不再是家庭的联姻，也不再是两个家庭的事情，婚姻双方不再限定于父母决定的伴侣，更多的是男女双方经历了相识、相知、相恋等过程之后才步入婚姻的殿堂。结婚主要体现为两个年青人因为情感以及其他各种因素的结合，但终归是青年人个体自身的选择，他们是否要组建家庭、什么时候结婚、如何办理结婚程序等，都是他们自己必须面对和考虑的事情。婚姻过程也主要由当事人双方自己操办，父母双方只提供参考性和辅助性的意见。

其次，法定结婚取代婚姻仪式决定着婚姻的合法性。领取结婚证书是现代农村青年结婚必不可少的一个环节，并且是必备环节。不仅由于这一环节表示双方的结合得到了法律的认可，且有了国家法律的保障，更重要的是，它是夫妻双方以后一系列法定权利和义务的前提。比如，如果没有《结婚证》就不能办理《计划生育证》，而没有《计划生育证》，家庭人口计划就值得再行考虑了。与之相对应，婚姻仪式也逐渐失去了神圣的价值，是否有婚姻仪式以及婚姻仪式的繁简与否并不是婚姻双方必须考虑的内容。

再次，结婚过程没有固定的程序。婚姻程序由主办方自己控制，想复杂就复杂，想简单就简单。传统意义上的"父母之命、媒妁之言"及"看亲"等，被自由恋爱、"相亲"（甚至"网上相亲"）和"合眼缘"替代，并且由当事人双方自己说了算，家庭的意见可能会被考虑进来，但绝对不是决定性的因素。媒人可有可无，或者由主办者自己确定，一般只是象征意义上的。订婚仪式变成可以省略的程序，只要当事人双方自己觉得时机成熟了，便可以直接进入结婚程序。婚礼仪式是繁是简由当事人自己决定，可以进一步简单化，两个年青人可能因为一见钟情而迅速建立家庭的情况也常常出现；也有可能进一步地复杂化，随着当事人的经济实力和"来事"能力而由更加出格。

最后，一些现代性的要素出现在婚姻过程中。如婚前，传统的衣服、礼物被"戒指"所替代，传统的"老三件"被"新三件"所替代；婚姻过程中，传统的接亲工具——轿子被自行车、摩托车、小汽车依次替代；拜堂已经虚无化，西方化的礼仪代替了"一拜天地，二拜高堂，三夫妻对拜"，甚至有的地方选择在教堂而不是家里举行婚礼，采用司仪主持宣誓男女双方结成夫妇而不是由媒婆代理；婚礼过后，传统的"回门"也常常被弃之了，而"度蜜月"也成为一大潮流。另外，被传统社会嗤之以鼻的离婚，现在在农村人的观念中已经不是一种罪恶，在必要的情况是应该争取的。

第三，人口再生产行为的变化。

由于个体、社会、经济及国家政策等因素的影响，当前，实现家庭人口再生产功能的生育观念及行为都发生了变化。

计划生育政策成为农民生育行为选择的主要考虑因素。与传统时期生育能力和食物及孕育风险等的影响程度不同，计划生育法制化是硬约束，并直接影响着农民生育观念和行为的选择。主要原因在于，在农村实行计划生育政策不仅是我国的一项基本国策，并且还是一项法律。它意味着，计划生育不仅是每个公民的权利，同时更是每个公民必须履行的义务。虽然不享受法律规定的权利对农民而言没有什么坏的后果，但如果不遵守法律的规定，农民则要受到法律的惩罚，并且惩罚力度是相当大的。并且，为了保障计划生育政策的贯彻执行，我国还通过了一系列与之相适应的制度和措施，特别是社会福利政策和措施等，这些政策措施与计划生育政策一起形成政策束，成为农民生育行为直接且首要的约束力量。

生育男孩不再是唯一选择。一方面，由于国家计划生育政策及相应措施的实施，农民在生育子女数量上有相对严格的控制，传统时代靠子女数量多同时男孩概率就大的可能得不到经验上的支持。另一方面，人口再生产过程也是一个生理过程，有些东西人为因素无法控制，因此，农民在某些时候也就无法选择。因此，虽然多数农民在人口再生产方面依然追求男孩，但事实仍然是不可回避的因素，生育男孩并不是实现家庭人口再生产功能的核心任务。而且，现在国家制定了专门的"双女户"政策、土地分配倾斜政策，以及相应的社会保障政策等，在某种意义上为夫妇双方的老年生活提供了保障。这对农民生育观念的改变也有一定的促进作用。

注重优生、优育。正是由于子女数量上的严格控制，农民的生育观念自然而然地就转到质量——即优生优育上来。近年来的一些变化是，结婚并不意味着马上就会发生生育行为，而是有时间选择、经济基础条件、家庭环境及生理因素、心理因素等方面的考虑，男性因素也成为婚育考虑的重要方面；在孕育过程中不仅注重饮食平衡、营养到位，而且，还特别注意优生优育方法，如进行音乐、对话、抚摸等方面的胎教，而且还定期体检；孕期还要求外部条件达到一定的标准，如保持情绪稳定、豁达开朗、家庭气氛和谐等。统而言之，为孕育新生儿，父母双方都在尽着最大的努力。

生育服务社会化。其实，生育服务的社会化工作从结婚时就已经开始了，如身体检查排除一些不利因素，多吸取一些优生优育方面的知识和经验；孕育期的营养吸收成为考虑的重要因素，为了保证这一点，一些高档消费品特别是奶制品开始进入农村；与传统时代不一样，现在的生育行为基本上都是在医院进行的，并且都得到了计划生育部门提供的生育服务；新生幼儿的养育和孕妇的保养得到了专家的指导。不仅如此，一些现代性的生育服务开始进入农村家庭，如胎教计划、喂养计划及其实施，专门的保姆服务等。虽然提供生育的城市医院和农村医院之间仍然存在着很大的差距，但农村妇女的生育行为能够得到基本的技术支持和服务保障。同时，在条件许可的情况下，他们也都能够获得市场提供的各种服务。从这个角度看，农村的生育服务也开始进入到一个社会化的过程之中。

4. 人口再生产功能社会化的后果

从以上分析可以看出，改革开放以来，农村家庭的人口再生产功能发生了巨大的变化，它的实现越来越受到外部条件特别是社会因素的影响；并且在某种意义上，外部约束直接决定着农村家庭的人口再生产功能。正是在此意义上，我们说人口再生产功能的社会化必将对农村家庭及农村社会带来巨大的影响。主要表现在五个方面：

一是家庭规模越来越小。由于计划生育政策的实施及受到外部经济社会条件的影响，导致家庭的人口再生产功能大大弱化，生育子女数量明显减少。依据我国的统计数据，2000—2001、2002—2006、2007—2008、2009年度，农村住户家庭规模为4.2、4.1、4、3.8人；依据《农村住户统计年鉴》，20世纪80年代及以前，农村家庭人口规模达到5人以上，1990年为4.8人，2000年降为4.2人；依据第五次全国人口普查数据，1—4人户占农村家庭的比例达到了73.1%，占所有家庭的绝大多数。

二是家庭关系越来越简单。与家庭规模趋小相对应的是，农村家庭类型格局也出现了变化，特别是核心家庭、空巢家庭的比例有所上升。在这些类型的家庭中，家庭内部关系相对简单得多。如核心家庭只有婚姻关系和血缘关系，空巢家庭仅剩下婚姻关系。传统时代引起家庭内部纠纷的最主要因素——婆媳关系，被家庭单位分解了，其他可能影响家庭稳定的因素也随之化解。家庭内部关系简单化的结果是，家庭开始回归到组成家庭必需的功能要素，家庭功能开始回归到它的本位——婚姻和人口再生产，相对而言，家庭也就更趋稳定。

三是家庭生命周期变化，代际更替延长。按照人口学的解释，家庭生命周期没有固定的标准，可以根据研究的对象确定不同的划分标准。这里以上面的分析为基础，并以家庭承担的功能为标准，将它划分为形成期、核心期、空巢期和解体期四个阶段。相对于传统时代而言，形成期被推迟，且由于形成期的推延，家庭的代际更替相应地被延长了；由于结婚并不意味着马上生育，因此，形成期与核心期之间的时间被延长；由于生育后代数量的控制和减少，核心期也就相应地缩短了，由于可能相同的原因，核心期也存在着被延长的可能；而空巢期却相对提前了，当然，也有可能与核心期同方向变动；解体期的来临主要是受到医疗技术、营养结构等的影响。

四是家庭的功能结构受到了影响。由于家庭规模越来越小，家庭关系越来越简单，传统时代的家庭功能就不可能得到完整且有序地实施。

这里以一个典型的农村家庭演变历程为例：

首先，是两位异性的结合，组成了一个新婚家庭。在新婚家庭中，摆在首要位置的是经济功能，主要是巩固家庭的经济基础，而生育计划则被延后；没有孩子也就不存在所谓针对孩子的教育功能；赡养功能在这一阶段体现的也不明显，或者是赡养工作做得并不到位，有的仅是体现在经济上的赡养；情感和娱乐功能在这时则显得微不足道，只是体现在两个人之间的情感交流。

接着，在两人生育一个后代之后，组成一个核心家庭。这个时候，经济功能就退居次要位置，但只是弱化；生育功能上升到主要位置，得以完成家庭的人口再生产。随着孩子的降生，教育功能的地位逐步提升，且现在农村家庭对于孩子教育问题也空前重视，因为这是一种人口代际流动的稳定途径。赡养功能也在逐步地提到日程上来，随着两人的年龄增大，他们双方的父母也在慢慢变老，越来越需要子女的照顾和关怀，此时年轻夫妇的压力最大，上有老（赡养功能），下有小（教育功能），并且这两项功能的实现都要有坚实的经济基础。此时夫妇对于家庭已经有了较为强烈的归属感，但是情感和心理功能仍然处在边缘化的位置。

接下来，就是核心家庭中的后代自立门户，这个家庭又演变成了空巢家庭。这个时候，情感和心理安全功能被提到了前所未有的高度，年老夫妇需要的是在家中体会到被关怀，需要子女的关爱；而至于生育功能和教育功能则没有了，唯一延续下来的就是经济功能。但此时，老年夫妇的劳动能力可能大不如从前，主要的生活来源很可能是原来生活的积蓄或子女在经济上的帮助。但无论怎样，可以肯定的是，此时的老年夫妇在经济上的要求并不高，只是在情感和心理安全方面具有一种饥渴的心理，渴望与子女的情感交流和慰藉。

五是家庭功能都有不同程度的影响，导致家庭高度依赖于外部社会。传统中国的家庭，作为社会的中心，承担了大部分的社会功能。然而，近半个世纪以来，特别是改革开放以后，经济改革和社会发展带来了家庭功能的重大变化。如随着社会主义市场经济的建立及家庭单位的回归，家庭的经济功能在不断地强化,然而,强化的途径则主要是依赖于外部社会的供给,导致诸多农村家庭如经商家庭、外出务工家庭高度依赖于外部社会。同时,由于自然风险和农业生产、生活社会化程度的提高,仍然务农的家庭在生产、消费等方面,均离不开市场化和社会化的供给与服务网络,他们已经紧紧地与市场和社会结合在一起。虽然传统家庭的生育功能相对弱化,然而仍然离不开市场和国家。并且,家庭规模小型化使得独生子女逐渐普遍化,造成了家庭重心的下移,教育功能也就相应地突出,这又离不开学校等教育机构。家庭规模趋小,导致了"传统共居"模式的改变,这在一定程度上削弱了家庭的赡养功能,传统意义上的养老将瓦解或分化,养老越来越具有社会意义,养老功能在家庭和社会之间的转移、互补将是一种必然趋势。随着家庭的小型化和农民工进城等新现象,老年人往往缺乏安全感和亲情满足机会,需要社区和社会的共同维护支持;"留守儿童"得不到父母的爱护和关怀,"留守妇女"也常有失落感和人生何似的感慨,这些都需要社区和社会提供相应的支持服务。对那些外出务工的农民个体而言,他们"人在城市,心在农村",城市更应该为他们的劳动和生活提供服务,并为他们的生理、心理和娱乐交流等提供相应的社会化服务。

可以说,由于农村家庭的趋小化及家庭周期的不同,导致了家庭功能的非均衡化和差异化格局,它给农村家庭带来了诸多社会问题,而这些问题在目前情况下都很难通过农村家庭自身得到解决,因此,也就需要国家和社会相应地提供社会化的服务和网络,以确保家庭的功能得到社会化的实现。从这个角度来看,家庭人口再生产功能的弱化对促进农村家庭与社会的统一、促进农村社会与城市社会的融合有着重要的意义。

三 教育功能的社会化

我们的生命都是从家庭开始,没有家庭,就没有我们自己。在家庭的生命过程中,形成了我们对人的看法、对世界的看法。我们怎样说话、怎样思考,如何与他人交往,最初都是在家庭中学习的。因此,家庭能够深刻而直接地浇铸个体的性格、价值观和世界观。长大成人之后,我们以为家庭的影响消失了,但实际上家庭对我们的影响仍然存在于我们身上,我们一辈子都载着家的烙印。用心理学的话说就是,"成长中的家庭经验形成我们心理的整个深层结构"。所以,家庭从来都是一个"教育机构",

或者说,教育是家庭的本然功能,是家庭的内在构成性因素。①

1. 传统家庭的教育功能

人一来到这个世界,最先接触的就是家庭。家庭不仅是儿童的成长场所,也是儿童最早、最直接的社会化场所。因此,家庭自主承担起儿童社会化的教育功能。而儿童的社会化是指,"儿童在一定的社会条件下逐渐习得各种社会规范,正确处理人际关系,妥善自治,从而取得社会生活适应性的过程"。② 这个过程是一个极其漫长的过程,目的就是为了培养一个具有良好人格、合乎社会规范的社会成员。家庭的教育功能在儿童社会化过程中起到非常重要的作用。这是由两个方面的原因决定的:

一是家庭作为儿童社会化的首要场所,肩负着儿童社会化的重任。我国著名教育家陈鹤琴指出:"幼稚期(自出生至升学)是人生最重要的一个时期,什么习惯、语言、技能、思想、情绪,都要在此时期打下一个基础,若基础打得不稳固,那健全的人格就不容易建造了。"因此,家庭作为人降生后第一个归属的社会群体,如何在这一时期发挥家庭教育在幼儿社会化中的作用,帮助幼儿习得基本的生活技能,发展幼儿的社会化情感、培养幼儿与他人交往的能力及遵守社会所认可的行为规范显得尤为重要。③

二是儿童社会化的早期基本上都是在家庭中度过的。正如周国平在《宝贝,宝贝》一书中所言:"二至五岁正是幼儿期,心智的各个要素,包括感觉、认知、语言、想象,如同刚破土的嫩苗,开始蓬勃生长。一方面,这些要素尚未分化,浑然一体,相得益彰;另一方面,又尚未被成人世界的概念思维和功利计算所同化,清新如初。"因此,如何在未开垦的幼儿思想上播下社会的影子成了家庭教育最重要的任务。不仅如此,在人的一生中,接受教育时间最长的是家庭教育,虽然始于孩提时代,但贯穿于人的生命始终。因此,传统社会家庭基本上承担了幼儿教育和儿童社会化的全部功能。

在传统社会,家庭也能够按照社会通行的规则来对儿童进行社会化的

---

① 高德胜:《危机四伏的家庭及其教育功能的萎缩》,《全球教育展望》2008年第10期。
② 王勇:《浅论家庭教育与儿童社会化》,《家庭与社区教育》,2005年第12期。
③ 焦阳:《浅论家庭教育与幼儿社会化问题——解读〈宝贝,宝贝〉中爱的教育》,《学理论·上》2010年第8期。

教育。这主要表现在：

　　从内容来看，传统家庭教育的核心是如何做"人"和做"事"。如何做"人"？首先应该是一个"好人"。什么是"好人"呢？应该是一个有道德、懂礼貌的人。即这个人应该服从权威、尊敬长辈、孝敬父母、爱护朋友、待人诚恳，即传统的"五常"，"仁、义、礼、智、信"。即是说，人从小时候起就要接受社会已经形成的定规，长大了才能成为一个合格的人；只有接受了传统的"五常"教育，才能在日后的社会行为和交往过程中得到大家的公认，并与社会融为一体。如何做"事"呢？当然，这里的"事"除了与做"人"有关的"人事"之外，主要是指"农事"。从中国历史来看，"农事"主要通过长辈的经验传授给下一代。这虽然不是儿童社会化的主要内容，但早在幼儿时期，儿童就被要求要"懂事"，看到长辈辛苦劳动应当主动分担其忧，如做一些边边角角的小事也被视为儿童长大了能够干大事。因此，在"做人"和"做事"之中，如何做"人"甚于做"事"，一方面是因为儿童还小，但主要是中国传统的家庭教育在于育人，即塑造一个合格的"伦理人"或"道德人"。

　　从形式来看，传统时期家庭的教育功能基本上都是通过自然而然的方式习得。"做人"即为人处世的人生哲学，是通过家庭的潜移默化慢慢积淀下来的，通过日常生活和行为习惯不断地注入儿童的性格模式中。实际上，儿童在日常生活和交往过程中也在被不断地要求按照社会的基本规则行事，如超越了社会约定的礼俗秩序时，家长或现代意义上的监护人就会指出儿童的缺点及改正的方向。不仅如此，由于传统农村是一个礼治社会，社会关系遵循同心圆结构，所有年长或辈分为长的同村人都自觉或不自觉地担当起了教育下一代的责任，在儿童不适当行为的时候，他们也会自然而然地教育儿童要怎么样而不应该怎么样。对所有施以教育和建议的人来说，这是一种自然而然的行为过程，不仅他们把这些种教育方式视为理所当然的事情，而且他们自己也是在这种理所当然的教育氛围中成长起来的，即"习惯成自然"，通过习惯完成了现代社会意义上的身体训诫。而对所谓"做事"的教育，则是通过日常的生产行为不断地影响下一代，一年四季春播夏耕秋收冬藏，按照二十四节气来管理农事，并与传统文化结合在一起，不仅在时间上保持了前后继替，而且在影响力及人格形成过程中也是潜移默化的。

当然，除了自然式的家庭教育方法外，传统农村社会还有专门的教育机构，这就是"私塾"。它是我国古代社会一种开设于家族、宗族或乡村内部的民间幼儿教育机构。与以"做人"为核心内容的家庭教育不同，它的核心是家族伦理基础上的儒家思想。因此，所有私塾一般都立有孔老夫子牌位或圣像，所有入学儿童均需向其牌位鞠躬或者在其前恭立，向孔老夫子和先生各磕一个头或作一个揖。从教育内容来看，主要是我国古代通行的蒙养教本"三、百、千、千"，即《三字经》《百家姓》《千家诗》《千字文》，以及《女儿经》《教儿经》《童蒙须知》等。如果教育的目的不仅仅是为了学得一些简单的文化，而是为了仕途，则要进一步学习四书五经、《古文观止》等。从教育方法来看，私塾十分注重蒙童的教养教育，强调蒙童养成良好的道德品质和生活习惯，如行为礼节等，像着衣、叉手、作揖、行路、视听等，都有严格的具体规定。在教学方式上，基本上完全采取注入式的方式。讲课时，先生正襟危坐，学生依次把书放在先生的桌上，然后侍立一旁，恭听先生圈点口哼；讲毕，命学生复述；其后，学生回到自己座位上去朗读。凡先生规定朗读之书，学生须一律背诵。正是通过这样一套严格的"尊师重教"仪式，树立起师道尊严，树立起传统儒家文化在农村礼治秩序中的核心地位。

从历史来看，以家庭为主的教育形式一直居于主导地位，建立于家庭基础之上以家族区域为范围的私塾教育在本质上仍然为传统的儒家文化教育，只不过它与以家庭为单位的教育方式之间有一定的分工，更有一定层次上的提高。

2. 现代农村的教育体系及功能

由于时代的发展特别是国门的开放，产生于西方的初等教育理念传入中国，教育遂开始成为国家制度的一个重要组成部分。特别是"小学教育"及"小学"的出现，开始了中国农村家庭教育功能向外转移的过程。

据记载，中国最早的初等教育始于清朝末期，当时主要分为初等小学堂和高等小学堂。1915年，改初等小学堂为国民学校，"以授以国民道德之基础及国民生活所必需之普通知识技能为本旨"。要求儿童六岁入学，修业四年，毕业后视具体情况可升入高等小学校（修业三年）。1922年，国民学校仍改为初等小学校，取消预备学校。1940年，国民政府实行所谓"管、教、养、卫一体"，规定各乡设中心国民学校（相当于中心小学），由乡长兼任校长（并同时兼任乡壮丁队长），各保设国民学校（相当于村小），校长由保长兼任。中华人民共和国成立后，在乡镇（人民公社）一级设置一所中心小学，在各村（生产大队）设村小学。

正是村小学的设立以及后来短期的幼儿园建设导致了传统家庭的教育功能开始进入一个社会化时期。很显然，家庭教育功能的社会化过程既与教育作为一项国家制度的前提有关，更重要的是，它与当代中国的现代化进程有关，与教育功能针对的内容及实现形式有关。

随着中国现代化的进程特别是农村被卷入到现代化和国家建设过程中，通过传统家庭教育方式给儿童提供的知识和技能既不能满足国家建设的需要，也不能适应农村发展的形势，更不能满足儿童个体成长的需要。在这些因素的作用下，传统的家庭教育面临着越来越多的疑惑，也愈亦被转移，不仅知识传授的功能被学校教育替代，而且，自然习惯的教育方式也被制度化的教育方式所替代。在这个过程中，教育功能的社会化过程主要表现在两个方面：

一是知识的现代化。

正本清源，教育至少有两项基本的功能：其一为知识传授功能；其二为社会化功能。在传统农村社会，家庭即社会，家庭教育即社会教育，家庭的教育功能与社会的教育功能融为一体，只要能够在家庭及自然村庄中有序生活，其在社会中就基本上能够有序生活和行为。即是说，在传统农村社会，教育的两项功能合而为一。

随着中国的现代化进程，中国人特别是传统的中国农民与外界越来越显得格格不入，特别是知识文化上的缺陷使他们在进入外部世界时往往无所适从。另外更重要的原因是，农民的教育不再仅仅是农民自己的事情，而是国家的事情，农民接受教育是国家法律规定的权利，同时也是国家法律规定的义务。在这一方针政策指导下，新中国成立后，开始在农村地区建立小学校，以替代传统的家庭教育，并对农民输入知识，让农民成长成为一个合格的公民。在教育内容上，现代性的知识传授必不可少，如基本的文化知识、规则常识，以及相应的逻辑思维表达方式，甚至还包括对自然世界的探索和了解。这就是新中国成立以来所有小学教育都包含着的内容，在体系上形成了《语文》《数学》《自然》以及体育等课程。通过这些内容的教学，让学生掌握基本的知识和技能，让他们具有成长为合格社会人的前提和条件。

二是教育内容和方式的政治化。

教育的第二项基本功能是社会化功能。很显然，这与教育的背景及国情有着密切的关系。我国是社会主义国家，因此，教育的社会化功能就主要体现在如何教育农民成为一个具有社会主义观的公民。那么，什么是社会主义观呢？依据人的生理和心理发展的阶段性特点，肯定不可能也没有办法对小学生进行社会主义的理论教育，而只能通过一些特殊方式和内容的展示，来达到社会主义教育的目的。从当时小学教育的内容来看，主要体现在对资本主义的批判和对社会主义的赞扬上，表现为一些体现和反映我国教育观念和社会主义导向的内容，如《思想品德》《法律常识》等课程。

对学生进行爱国主义教育和社会主义教育贯穿到了小学教育的整个体系之中。除了上文提到的《思想品德》等教材外，《语文》教材在传授知识和文化的同时，带有明显的价值导向。如对社会制度特别是资本主义制度的描写，都与剥削、贪婪、贫困、落后等联系在一起；对正面人物特别是英雄人物的描写无疑成了《语文》教材中的主要部分，如雷锋、刘胡兰、董存瑞、张思德、黄继光、罗盛教、邱少云等；与他们相对应，反面人物也不少，如周扒皮、地主婆、黄世仁等。其中，"文化大革命"期间的《语文》课文都是以歌颂毛主席、歌颂中国共产党、社会主义为主，宣扬集体主义精神，诵记毛主席语录，强调阶级斗争等。特别是1966年"文化大革命"爆发时编写的一年级《语文》教材，基本上通篇都是政治内容，并且，当时作文的撰写带有明显的"文化大革命"特征。[①]

"文化大革命"期间小学一年级的语文课本中的内容：

第一课：毛主席万岁。

第二课：中国共产党万岁。

第三课：中华人民共和国万岁。

第四课：爸爸是工人，为革命做工。

第五课：妈妈是农民，为革命种田。

---

① 钱桂年：《乡村小学：政治社会化的摇篮》，华中师范大学硕士学位论文，2009年。

第六课：叔叔是解放军，为革命站岗。

第七课：伟大的、光荣的、正确的中国共产党是领导我们事业的核心力量。

第八课：指导我们思想的理论基础是马克思列宁主义。

第九课：千万不要忘记阶级斗争。

第十课：为人民服务。

第十一课：……阶级斗争要年年讲、月月讲、天天讲……

第十三课：世界是你们的，也是我们的，但是归根结底是你们的。你们青年人朝气蓬勃，正在兴旺时期，好像早晨八九点钟的太阳。希望寄托在你们身上。

第十四课：越南南方好孩子，手里拿着小刀子，削了许多竹签子，刺穿美帝大肚子。

第十五课：一不怕死，二不怕苦，排除万难，去争取胜利。

"文化大革命"期间三段式的作文：

第一部分：开头。讲形势，经典的开头是"全国形势一片大好，而且越来越好，但是阶级敌人万分害怕，时刻企图出来捣乱，我们一定要提高警惕"，再拉扯到要写的作文内容上。

第二部分：过程。一般是写劳动过程，或写好人好事，或写某人舍小家为大家的故事，一般都是编造出来的。再写自己如何受到了教育，而且是发自灵魂深处的。

第三部分：表决心。经典的写法是"阶级敌人企图让人民群众吃二遍苦，受二茬罪，我们一千个不答应，一万个不答应，我们要把阶级敌人打翻在地，再踏上一只脚，叫他永世不得翻身，我们要认真改造好自己的世界观，做又红又专的共产主义接班人"。

不仅如此，国家还通过制定小学生守则和日常行为规范，用标语进行宣传，以及开展思想政治教育活动等，向学生进行"三忠于、四无限"教育，学习毛主席语录、学习《老三篇》，唱"忠字"歌（《毛主席语录》《三大纪律 八项注意》等歌曲），从思想观念和行为两个角度校正儿童行为符合国家规范，其目的都是为了培育合格的社会主义国家的公民。

正是在此意义上，我们说小学是政治社会化的摇篮。

随着1984年、1997年《语文》教材的重新编写，一些古代的典型人物出现了，如司马光、田忌、晏子等，一些国外的典型人物出现了，如巴特、小时候的列宁、爱迪生、爱因斯坦等，一些新中国革命和建设过程中的典型人物也随之出现了，并深深地映入到我们的脑海中。

不过，这种状况在不断地改变着。随着时代的进步特别是改革开放的扩大，中国的基础教育正在经历一个时代性的变化，基本的知识和技能在教育内容中所占的份额越来越大。特别是20世纪90年代以来，我国提出并开始实施素质教育，我国政府开始有意识地对课程内容进行改革。从本质上看，这些教改不是简单的内容调整，也不是新旧教材的替换，而是一次以课程改革为核心且波及整个教育领域乃至全社会的系统改革，是一场课程文化的革新，是教育观念与价值的转变。从目标来看，当前学校课程改革的宗旨在于为"知识经济"时代培养新型人才，改革者希望这类新型人才具有这样一些素质：求知视野开阔，基本功扎实，充满创造力，能熟练运用高科技手段处理信息与知识，积极探索，敢于尝试等。[1]

这与我国的现代化建设进程相关。从历史角度看，我国的现代化进程分两个阶段：第一个阶段是建立起社会主义新中国，并能够以独立的姿态立足于世界民族之林。因此，在新中国成立后很长一段时期，小学教育的政治社会化功能居于主导地位。第二个阶段是建设中国的现代化，包括政治、经济、社会、文化、外交等各方面。小学教育的内容和目的都要服务于当前的现代化建设需要，因此，自20世纪80年代以来，以知识的现代化为小学教育改革的主要内容，并且目前正在进行着。

很明显，教育的政治社会化功能和知识现代化功能的实现与国家有着密切的关系。主要原因在于，教育行为的国家义务化，即教育不再是家庭的行为，也不再是学生的自主行为，而是国家的行为；接受教育者也不再仅仅是自然意义上的，而是国家意义和社会意义上的。为了实现国家的教育义务和功能，我国《宪法》第四十六条规定："中华人民共和国公民有受教育的权利和义务。国家培养青年、少年、儿童在品德、智力、体质等方面全面发展。"为了保障公民接受教育权利的同时也为了更好地履行受

---

[1] 钱桂年：《乡村小学：政治社会化的摇篮》，华中师范大学硕士学位论文，2009年。

教育的义务，我国还制定了《教育法》《义务教育法》《未成年人保护法》等教育法规。

不仅如此，我国的领导人对儿童的教育问题高度重视。新中国的缔造者毛泽东说，"青少年是祖国的未来和希望"；改革开放的总设计师邓小平在谈到教育问题时说，"教育要从娃娃抓起"，而且，教育还要"面向现代化，面向世界，面向未来"。从这个角度看，教育功能的实施仍然任重而道远。

3. 教育功能社会化的困境

自中华人民共和国成立时起，我国就建立起了比较完善的农村小学教育体系，学校替代家庭成为儿童教育的主要场所，学校教育替代传统教育的内容，制度化的教育方式替代自然而然的教育方式等。从那时起，小学就成儿童社会化教育和知识传授的最主要场所，它不仅教育农村儿童要成长为一名合格的公民，而且还教育农村儿童要长大成为一个对社会有用的人；不仅要具有"五讲、四美、三热爱"的品德，而且还要对社会有所贡献，其中，最关键的还是要对"社会有用"，教育功能的社会化"名至实归"。

与之相对应，家庭教育在儿童社会化过程中的作用越来越小。由于农村家庭的外部社会已经发生了很大的变化，特别是孕育于市场经济过程中的一些规则与传统家庭伦理格格不入，传统的家庭教育在面对这些外来因素时显得无所适从，或者陷入尴尬境地或两难困境；同时，学校是传统家庭的替代性选择，使得家庭的教育功能也从人们的观念中减轻或消逝了。这不仅促使家庭教育功能的社会化，还导致了家庭在教育功能中地位的显著下降，带来了一些新问题，主要表现在三个方面。

第一，过分依赖学校教育。由于农村学校教育的普及和九年制义务教育的实施，所有入学儿童都必须接受九年义务教育。这把农村家庭置于一个非常尴尬的位置上。如果是继续坚持家庭教育为主导向，则孩子有可能将来在社会生活中居于不利地位。于是，家庭教育在诸多方面很大程度上让位于学校教育，以致于"老师的话都是对的，老师讲的都要完成"等极端形式的出现。它带来的结果是，儿童教育完全依赖于学校。我们在现实生活中也经常了解到，当放假期限超过三天甚至更长时间时，后几天的安排将相当混乱；当非常规性假期出现的时候，一些家长们常常无所适从，有些家庭甚至不知道孩子要吃什么，该跟孩子谈些什么，或者该带领孩子参加什么活动。

另外，随着时代的发展，小学教育开始向幼儿教育延伸。在我们了解到的情况中，诸多行政村庄都开办了正式或非正式的幼儿园。它意味着，儿童从3岁左右起就开始脱离了家庭氛围，融入一个相对陌生的环境之中。我们知道，在人的一生中，3—6岁是一个非常重要的性格形成期。如果这一时期儿童的个性和性格发展得好的话，将会直接惠及儿童的一生；如果发展得不好的话，就可能遗患无穷。因此，如果幼儿园在教育孩子学习的同时，能够引导他们树立正确的人生观、世界观的话，那么长大后孩子就有可能往更好的方向发展。但是，如果将这个时期孩子的教育全部付诸幼儿园的话，可能孩子从小就更多地关注知识性的内容而非社会性的知识，那么长大以后很有可能就是高分低能。这也是当前大学教育屡屡出现的问题，其实，病根子早在幼儿时期就已经种下了。所以，儿童教育还是要从娃娃抓起。

第二，过分注重孩子的成绩，忽视人格养成和道德发展。虽然素质教育提了这么多年，但考试压力仍然是所有学校教育面临的问题；虽然现在实行九年制义务教育，但考个高分仍然是所有家长最愿意看到的事情。它带来的结果是，分数就是一切。有句话说得好："高分高分，学生的命根。"把得高分数摆在第一位，就必然会忽略一些东西，如兴趣的培养，体育锻炼，参与公益或社会活动，关注社会事情如学校周边环境等。同时，高分数是相对意义上的，为了保证自己的高分数高于别人，就应该在做题解答方面付出更多的时间和努力，除了正常教学时间外，还需要靠大量的课余课外甚至家庭教育时间来弥补。它带来的结果是，直接挤占了幼儿或孩子可能有利于他们性格和品德培养的业余时间。而且，对高分数的追求虽然培养了学生的竞争性，以便他们将来能够更好地融入市场经济中，但是，它过早地在儿童心理中注入了"自我个人主义"意识，使得儿童的行为和动机都围绕着个人运转，自私、狭隘、不合作等意识一旦在儿童心里扎下根，将非常不利于他们今后的学习和职场生涯。

只要不意识到家庭教育与学校教育是一个有机的整体，而完全依赖于学校，并且将分数视为学校教育质量高低的唯一标准，这两个问题就会永远存在。它带来的结果，不仅是家庭教育功能的社会化，更是家庭教育功能的异化，是人格教育的异化，人的异化。

第三，由于信息和网络的发展，传统教育途径和方式遭遇困境。在传统农村社会，影响和教育孩子主要是通过言传身教的方式来进行。这种方法可以让孩子自觉地敬仰长辈之权威，在潜移默化的过程中自觉地找到自己的人生位置。然而，它有一个前提，即传授者和示范者享有天然的优势，至少在品德、人生经验和劳动经验等方面无疑居于先导地位。而这又是与传统农村社会的特点——封闭性和农业生产的单一性，紧密结合在一起的。在一个开放的农村社会中，农业生产不再被视为唯一的生产活动，农业生产经验也不再是经典的劳动知识；与此同时，通过电视、网络等媒介，外部丰富的信息和资源开始进入农村。相对而言，孩子在接受外部这些信息和方式方面比老年人、长辈更快，他们往往也更容易掌握这些先进的技术和方法，于是就形成了权威位置上的颠倒。在这种情况下，处于信息和技术真空的长辈和老人就不再是儿童心目中的偶像，他们的高尚品德、言传身教等内容和方式自然而然也就淡出了儿童心灵的舞台。

另外，农村家庭的变化直接或间接影响着家庭教育功能的发挥。从目前的现实来看，可能主要表现在三个方面：

一是由于家庭结构越来越小，导致家庭教育功能也越来越不完善。从农村情况来看，家庭规模趋于变小，家庭结构越来越简单，它使得儿童要承受更大的压力，出现心理问题和行为问题的可能性更大。"父母只有一两个孩子时，会对儿童施加更多的压力。所以，出现焦虑的现象在小家庭中的儿童身上更为普遍。"[①] 农村以家庭为本位，父母在潜意识里都将子女视为自我的延续，在子女身上寄托了太多自己没有实现的理想和愿望，父母甚至可以为了子女不要自己的生活和人生。同时，我国农村中核心家庭占绝大多数，它对人格的影响和培养是不完整的，它使儿童在成长的过程中失去了因祖父母在场而自然习得的尊老爱幼等道德和生活智慧。不仅如此，一些农村地区的家庭里只有一个孩子，并伴随着中国家庭特有的溺爱行为，不仅导致他们缺乏应有的同胞关系和手足之情，而且还影响他们在智力、言语、人格、自我意识、社会理解力和性别观念等方面的形成和发展。[②]

---

① 劳拉·E.贝克：《儿童发展（第五版）》，江苏教育出版社2002年版，第797页。
② 高德胜：《危机四伏的家庭及其教育功能的萎缩》，《全球教育展望》2008年第10期。

二是由于农村家庭功能的分割，导致儿童教育功能的分离与社会化。在传统时代，家庭的生产功能、消费功能、教育功能与赡养功能是紧密结合在一起的。而在当前农村，市场化和社会化的发展诱使诸多农民纷纷洗脚上岸，或者进城就业谋生。然而，他们的家庭并没有进城，因之就有了"留守儿童"和"农民工二代"的现象。对"农民工二代"而言，他们要么是被制度阻碍于校门之外，或者是在付出高额费用之后才获得一个来之不易的学习机会，要么是就读于一些民办的小学，在整个基础教育格局中，他们仍然居于"二等学生"或"边缘学生"的地位。同时，他们又与父母一起受到来自城市文明的冲击和影响，"外面的世界很精彩，但是他们也很无奈"，城市的繁华与他们无关，文明的生活与他们无关。这往往会在他们幼儿的心灵中埋下反叛或仇恨的种子，导致了他们在知识教育和人格培养两方面都不完整。对于"留守儿童"而言，由于生产功能与家庭的分离，导致儿童监护功能的缺失，而与"留守儿童"同住同生活的"留守老人"，一般只能照顾到儿童的生活，对他们心理和人格上的影响作用很小。近年来出现的一些"留守儿童"问题等均与此有关。另外，在有些农村地区还出现了陪读家庭，一般情况是，孩子父亲外出务工，孩子母亲带领孩子在教育资源占据相对优势的城镇小学就读，孩子生活在缺乏父爱的环境中，仍然有可能导致儿童性格的偏女性化。

三是由于家庭的迁移和自我封闭，导致传统社会邻里教育资源的消逝。过去，邻里是家庭的自然延伸，分担了家庭的部分功能，比如情感依赖、安全保护、儿童教育等。如今，农民都往城里跑，大城市进不了就到小城镇，最起码也要到村庄集中地建房定居，或用钢铁大门把家庭紧紧地圈围起来。正是在这个意义上，鲍曼认为，陌生人就在家门口，"制作更巧妙的锁、门闩和防盗铃是这个时代流行的和为数不多的繁荣工业之一——不仅仅是因为它们真正或假想的实际用途，而是因为他们的象征性价值：对内，它们传达了我们不会受到打扰的隐士般的住处边界；而对外，它们传达了我们的决定，对于所有我关心的事情来说，外面可能是一个荒地"。[①] 它使得家的边界已经紧缩至大门之内。孩子，只有在家里，在父母的眼皮下面

---

① [英]齐格蒙特·鲍曼：《生活在碎片之中——论后现代道德》，学林出版社2002年版，第314页。

才是安全的,哪怕是在自己的小区,单独活动也是不安全的。这对儿童带来的影响是多方面的。首先,生理上的健康状况下降是避免不了的;其次,它导致儿童的依赖性增强,既然总有大人相伴,我为什么还要自己操心呢?结果是什么都要靠大人帮忙;最后,它还助长了儿童对他人的不信任,因为到处都是"陌生人",而"陌生人"是危险的,所以我们要远离、避开他们。在这种情况下,孩子们还能信任什么人?这样的逻辑很容易给孩子们造成一种心理印象:"好人难觅,坏人当道,人人皆可疑"。久而久之,年轻一代就会在内心深处形成对人性的不信任:既然人人皆可疑,那就意味着人性是恶而不是善。[①]

从以上分析可以看出,由于家庭状况的变化及农村教育自身的原因,儿童的社会化教育正在偏离传统的家庭教育轨道,迅速地进入到一个开放性的、市场化的过程之中。在这一过程中,传统且有序的社会化功能正在被破坏,而新生的有序的社会化功能体系尚不完善,儿童由于他们自身的生理心理因素,往往无所适从,或者"被"社会化,或者"被"选择"被"快速地社会化。可以说,一方面,儿童正在进入一个快速的社会化轨道之中;但另一方面,儿童社会化的功能和因素尚未建立起有效的整合秩序,尚不能对儿童的社会化过程进行有效的指导和规范,因而,儿童进入的是一个混合式的社会化过程。这种社会化过程对儿童成长的影响甚大,因为它不仅可能导致儿童人格上的缺陷和知识的缺乏,还有可能导致儿童的逆社会化倾向。

四 赡养功能的社会化

所谓赡养,一般被视为是子女或晚辈对父母或长辈在物质上和生活上的帮助。它有主体、对象及内容三要素,其中,传统社会赡养的主体主要是子女或晚辈,赡养对象主要是年长的父母、失去劳动能力的父母或长辈、没有后代提供生活资源的孤寡老人,赡养的内容不仅有物质上和生活上的帮助,更有精神和情感上的慰藉。

1. 赡养功能在家庭功能中的地位与作用

在传统农村社会,赡养功能的实施主要是通过家庭来完成的。不仅因

---

① 高德胜:《危机四伏的家庭及其教育功能的萎缩》,《全球教育展望》2008年第10期。

为家庭是基本的生产单位、消费单位，还是基本的社会组织单位，它不仅组织起个体进行活动，还要负担起这个组织生成和发展的成本，其中之一便是承担起过去曾经为家庭发展贡献一生的老人的照顾和生活责任，这便是家庭的赡养功能。且正是有了前后相继的赡养功能的实施，才保证了家庭的传承。从这个角度来看，赡养功能是传统家庭之所以长期存在并延续下来的最终决定因素。

因此，赡养功能的实现对维持家庭延续有着至关重要的作用，在家庭功能中居于非常重要的地位。主要表现在三个方面：

一是从人的生命历程来看，赡养功能是家庭功能中的最后且不可或缺的环节。由于人自出生始就是一个具有自然生命历程的个体，要经历"幼、少、青、中、老"一系列的生命阶段；而且，每一个有生命意识的人都会意识到这一点；同时，每一个人生过程的经历都与家庭的生命周期相对应，且都与家庭功能的实践联系在一起，所以，在传统农村社会中，不仅人在进入老年期以后会忠实地考虑这个问题，而且有些人在中年期甚至在组建家庭之时就开始为这件事情做准备，比如说比较重视家庭的人口再生产功能。不过，虽然老年是人生的最后一站，而赡养功能的实践也是家庭功能的最后一个环节，但它的实现依赖于经济功能、人口再生产功能和教育功能的相继实施，只有在完整地履行了前面这些功能之后，专门针对老人的赡养功能就有一个自然而然的结局。在那个时候，老人不仅衣食无忧，还能尽享天伦之乐，直到生命终止。只有达到了这一点，人的一生才是完整的。正是在这个意义上，我们才说赡养功能是家庭功能体系中不可或缺的环节。

二是从农村历史来看，赡养功能与传统中国的小农经济方式紧密结合在一起。我国的传统农业生产方式以小农经济为主，它表现出两个鲜明的特性。其一是自给自足特性。由于生产工具简陋，农业产出水平低，剩余产品不足，仅能满足日常生活和家庭再生产的需要。其二是封闭性。由于家庭是个体成员由生到死的一个基本活动单元，小农的所有行为和活动只能从内部寻找到可以解决的力量或因素。因此，传统农村社会中，扩大家庭是最主要的家庭类型。这是因为，扩大家庭可以完整地实现家庭的功能体系。然而，扩大家庭是建立在自给自足的小农经济方式基础之上的。"小农经济对劳动规模的需要和家庭保护功能对人口规模的需要是这种家庭生存和繁衍的客观条件。"① 且从一些史料来看，扩大家庭在农村社会关系结构中占据重要位置。其中，老人由于占据着家庭结构关系中极为特殊的地位而起着重要的作用。如：因代际和年龄形成的长辈权威，因掌握丰富的生产生活经验而成为农业生产的"先知"。这就是说，传统农村家庭本身就是一个"小社会"，家庭中成员的社会化大都可以在家庭内部完成。其中，传授这种生产和生活经验的多在于父辈，而父辈又是从自己的上一辈身上习得。通过与父辈共同生活，共同生产，父辈告诉自己的事情就是自己将来所要面对的，而父辈的经验则可能成为解决问题的一把"利器"。这也就类似于某种"先知"，父辈可以在家庭成员很小的时候预言他将来可能面对的一些问题，甚至连问题的解决办法都已经告诉了他。这种对父辈的崇拜导致了父辈在家庭中可能获得某种权威性。因而，以家庭成员这种以代际为特征的自由权的让渡最终导致了"长老统治"。与之相应，家庭内部成员按照辈分排序，进行等级划分，这也是传统家庭重视"家谱"的原因。同时，在传统社会中，老人参与了家庭成员成长过程中的每个阶段，因而对每个家庭成员的认知都比较全面，拥有着无法替代的"优势"。家庭内部的产品分配既要照顾到每一位成员的生存和发展需求，又要保证相对的公正以凝聚家庭成员，老人自身所掌握的这种"优势"导致了其在产品分配中的绝对权威。而老人主导的家庭产品分配模式也成为家庭延续和发展的"稳定器"。在这个历史过程中，个体才可能依附于家庭，并形成家庭成员内聚性的特征。

三是从中国历史来看，赡养功能还与中国传统的文化机制紧密结合在一起。在小农经济之上形成的农业文明，其中一个最为典型的特征便是生存文明。由于受到自然条件以及简单劳动工具的双重制约，农民的生存环境并不乐观，他们最大的愿望是生命的延续，既包括自我生命的延续，又包含着生命的繁衍。因此，从表面上看，赡养的存在是为了保障家庭中不具有劳动能力的老人继续生存，但如果从一个人生命周期的角度来看，赡养的本质在于给予家庭成员一个稳定的预期，即家庭组织为每一位家庭成员"背书"，承诺将来某一天任何一位家庭成员在失去劳动能力时都可以获得其他家庭成员的帮助和照顾。这种稳定的预期之所以可信，乃是由于

---

① 沉石、米有录：《中国农村家庭的变迁》，农村读物出版社1989年版。

家庭组织本身的特征，即一种血缘共同体。这种血缘共同体是个体一出生就被打上的"烙印"，并"言传身教"，家庭中的中年父母在赡养自己父母的同时，也相信他们的子女会在自己年老时以同样的方式赡养自己。

在传统社会，在意识形态领域与家庭养老这种模式相对应的则是儒家思想中的"孝"。"孝"之于家庭养老可以从两个层面进行分析。

首先，"孝"是一种美德，是每个家庭的子女都值得为之践行的，也是子女通过自身的努力可以实现的。儒家思想倡导子女对父母尽"孝"，并认为这是达到"仁"的基础。而成为"仁者"则可以"无敌"于天下，受到百姓的尊敬。"孝"是人成为"仁者"的起点，更是衡量一个人是否具有品德的基本标准。不仅如此，儒家思想还对"孝"继续深化，将"孝"的理念实际化和去物质化，体现为"顺"，使得"孝"成为人人都懂得如何去践行，都能够做到的理念（"顺"之外还有"敬"）。

其次，"孝"在某种程度上是传统社会家庭养老的一种社会规范和规则。"孝"本身所带有的这种强制性大概来源于皇权的强制性。如果说传统社会官僚体制结构与家庭结构相似的话，那么对皇权的崇拜则来源于家庭内部子女对父母的"敬"与"顺"。也就是说，只要能够建立起一整套"孝"的规范，那么，皇权也就有了存在的合法性。通过皇权的强制性推行，"孝"在传统社会不仅是子女赡养父母的源动力，更是子女必须做到的基本规范。而如果一个人被冠以"不孝"之名，那么这个人将被社会整体所否定。

这种行为示范以及"孝"文化的传承，保证了家庭赡养功能并不会因为个体生命的结束而消亡，而使得赡养功能成为家庭功能体系中的重要环节。

如果说，家庭的人口再生产功能是家庭组织得以存在的前提，家庭的经济功能是家庭存在的物质基础的话，那么，家庭的抚育功能和赡养功能则共同为家庭的延续提供必要的人力资源。所以，传统中国农村社会非常重视家庭的赡养功能。从个体的角度看，它是人的生命历程不可或缺的一个环节；从家庭的角度来看，它与家庭的存在及延续紧密地结合在一起，是否实现及程度高低是评价传统家庭的最主要标准；从生产力与生产关系的角度看，它受到传统小农经济生产方式的决定性影响；从社会特别是文明传承的角度来看，它是我国儒家文化的重要组成部分。

2. 传统农村的赡养方式

从历史经验来看，传统农村家庭在赡养老人方面主要有两种方式：

一是家庭自养。小农经济是一种以劳动力投入为基础的经济，相较于子女，老人独立生存和生活的能力都十分弱小，因而面临着更大的生存威胁。与此同时，老人是家庭内部的绝对权威，在这种背景下，老人自然会选择一种最有利于其生存的养老方式——家庭养老，且多以老人与子女共同居住、共同生活为主要特征。而之所以选择这种方式，可能在于代际分工的比较优势。老人掌握着丰富的生产和生活经验，通过共同居住和生活，可以随时向子女传授；而子女，特别是儿子则拥有着较强的生产劳动能力，通过实践父辈传授的经验，将其内化为自己的知识和技能。这也是为什么在传统社会中一直践行"养儿防老"的原则，其中，经济动因可能是最为关键的因素，因为只有儿子才可以继承自己的"衣钵"。更为重要的是，按照农村婚姻传统，儿子可以与父辈共同生活，而女儿在成年后必须出嫁。情感方面的因素同样起着至关重要的作用。时至今日，不论是在城市抑或农村，大部分老人都希望与自己的子女一起生活。这种建立在血缘关系上的情感投入在每一位家长心中的份量都很重，也在此基础上产生了父辈与子女之间相互的归宿感，且以一个组织实体——家——表现出来。

家庭养老作为一种历史最为悠久的养老方式，有其独特的优势。家庭养老通过一个特定的人群（子女），将养老的三个层面的内容（物质、情感、传统）凝聚在一个组织实体内（即家庭）。并且，在与老人共同居住与生活的过程中，子女与老人通过互动与交流，既保障了老人的基本生活，又使得老人获得了精神上的慰藉。从某种意义上讲，这种养老方式对家庭的稳定延续和发展起到了重要的作用。

另外一种是家族式的养老。在传统农村社会中，虽然家庭养老是实现赡养功能的主要方式，但这并不意味着，家庭在任何时候都能够解决老人的赡养问题。在面临特殊情况时，家庭的赡养功能往往不能够实现，这就需要求助于扩大的家庭——家族。

一般来讲，家庭在出现以下四种情况时，往往不能够完成对老人的赡养。

一是家庭经济出现拮据。赡养的基础在于物质的提供，当家庭对老人的生存都不能保障时，老人若想继续活下去，就只能依靠家族的物质帮助。

二是一对年老已婚夫妇构成的家庭。这种情况类似于步入垂暮之年的丁克家庭，家庭成员一般都是夫妇两人。传统社会中养老资源的提供者主要是子女，如果没有子女而仅有家庭这种组织，那么家庭亦不可能承担起养老的功能。

三是有父母有子女，但子女都不在身边。这种家庭类似于现在的空巢家庭。尽管子女可以不定时地为父母提供一些生存资料，但对老人生活的照料则完全不能实现。这种家庭的老人对家族的求助内容往往集中于生活照料这一方面。

四是战争。传统社会以冷兵器为特征的战争，主要依靠部队成员的数量，而军人则主要以成年男子为主，因而每一次战争所造成的人员伤亡，都是对家庭组织的一次严重破坏。这主要是由于成年男子是家庭农业生产的主力，是家庭成员生存资料的主要提供者。这种对家庭经济的破坏直接导致了家庭赡养功能的弱化。

家族与家庭类似，它也是建立在血缘关系之上的小共同体，家族中亦实行"长老统治"，只是家族的规模相较于家庭更大。家族之所以能够承担起赡养功能，在于"族田"的存在。从历史来看，"族田"为家族共有，其产出也为家族共用，主要用于家族范围内的教育和管理，以及抚恤赡养之用，它可以为那些需要赡养的族中孤寡老人提供必要的经济来源。

如果说"族庙公产"为家族养老提供了经济上的可能性的话，那么家族的祭祀活动则提供了社会上的合法性。通过家族祭祀活动，让大家明白他们有着共同的祖先，相同的血缘，共同的利益，休戚相关，荣辱与共。正是建立在这种血缘的认同之上，才使得家族的延续得到全体成员的认可，家族的存在也才有了社会合法性。而家族的存在正如家庭的延续一样，老人在其中的作用不可或缺。也因如此，家族才真正承担起了赡养的功能。与此同时，对家族中老人基本生活保障的承诺又使家族的认同得以强化①，致使家族延绵不绝。

在家庭养老和家族养老两种方式中，家庭养老是基础，居于主导性的地位；家族养老为补充，在家庭无法自有实践的情况下，家族养老就及时地弥补进来。因此，在传统农村社会中，养老功能的承担主体主要是家庭，也只能是家庭。在某些特殊情况下，家庭不能满足老人生存的需要，家族作为自养的辅助组织，能够在一定程度上为老人提供必要的生存资料和生活照料。

3. 新中国成立后的集体养老实践

新中国成立以后的土地改革，使传统家族组织解体，家族的赡养功能无法有效自我实现。随后的农业合作化运动不仅实现了农村土地资源的"集体化"，实现了农民的"社员"化，还使得家庭组织失去了经济功能。在这种情况下，赡养功能已经不可能再由家庭承担。但老人生存的要求没有消失，且由于社会主义的性质等原因，使得新中国成立后特别是集体化时期出现了以国家为推动力量、以农村集体为主要组织载体的集体养老实践。

1958年4月20日，嵖岈山人民公社的建立拉开了人民公社时期的序幕。1958年9月4日，《人民日报》全文刊登了嵖岈山卫星公社的简章，并配发了《从"卫星"公社的简章谈如何办公社》的社论。社论中指出，公社"为保证社员身体健康而建立医务组织、疗养院；对孤寡老弱和残废者的生活安排和照顾而设立幸福院……"② 这里包含了国家对当时人民公社如何承担起赡养老人职能的一个基本设想。而同年制定的《关于人民公社若干问题的决议》中指出，"要办好敬老院，为那些无子女依靠的老年人五保户提供一个良好的生活场所"。因此这一时期，以集体名义开始的养老实践主要是针对五保户的。随着人民公社运动的开展，全国各地也相继建立了诸多敬老院、幸福院等养老敬老组织（据1958年统计数据，全国共有敬老院15万所，供养了300余万老人），承担起了原由家庭承担的针对老人的赡养功能。

---

① 有学者认为，家族组织的强化乃是近代以降的现象。它是小农在面对变化中的社会时寻求安全的一种方式。而这时，家庭的安全功能已经不能够满足小农的心理需求，从而求助于扩大的家庭——家族。而家族赡养功能的强化可能正是在这种背景下出现的。参见秦晖：《传统十论》，复旦大学出版社2004年版。

② 《人民日报》1958年9月4日。

就五保（主要是指"保吃、保穿、保烧、保教、保葬"）老人[①]来看，集体供养的确在一定程度上解决了养老问题。从一些历史资料上看，集体化时期的五保老人对集体供养组织还是比较满意的。《人民日报》在1959年11月14日刊登了一则幸福院老人的话，从中可以看出老人对幸福院生活的基本评价。

铁树开花心想飞
——记徐水人民公社幸福院一老人的话

纪鹏

大清民国汪蒋贼，哪朝不是高官肥？花天酒地住洋楼，民食糠菜草中睡；

夏不遮体冬穿单，草屋破漏冷风吹；牛马一生精力尽，风烛残年依靠谁？

幸而解放搞合作，老汉这才不垂泪。今天办起大公社，铁树开花心想飞；

敬老院里度晚年，房暖食足笑微微；听听广播下盘棋，闲浇菜园养鸡肥；

白头享福变年青，夜间笑醒好几回；主席那天到这来，问寒问暖看衣被；

让把身体保养好，共产主义还要美；满眼热泪无话答，笑望主席喊万岁。

从中可以看到，当时幸福院中的老人不仅可以"听听广播下盘棋"，亦可以参与"浇菜园养鸡"等生产性活动，涵盖了生产与娱乐两个方面。不仅满足了老人对安享晚年的精神需求，还满足了老人的"乡土情结"。

与此同时，与赡养功能实现相关的农村医疗体系也实现了合作化。到1965年，我国农村大部分地区都已建立起较为完善的县、公社和生产大

---

① "五保户"的范围一直随着经济社会的发展而不断变化。这一时期的五保户主要是指"缺乏劳动力或者完全丧失劳动力、生活没有依靠的老、弱、孤、寡、残疾的社员"。参见：《高级农业生产合作社示范章程》。

队三级医疗保健网络。同时，在毛主席的号召下，城市医疗卫生人员积极下乡，为农村地区培养了大批"赤脚医生"。这与合作医疗制度一起，被称为"解决我国广大农民缺医少药问题的三件法宝"。[①] 必须承认，尽管当时农村医疗的技术水平还很低，但它使老人有了基本的医疗保障。

仅就养老来看，新中国成立后开展的集体养老实践在一定程度上保障了老人的基本生活。但也应该看到，这一时期的集体供养主要依靠集体公益金运行，属于低水平的救助式保障，建立在集体拥有大量资源的基础之上，一旦集体掌控资源的权力失去以后，这种集体养老的模式将面临无物质供养的尴尬境地，最终只能走向消亡。

4. 赡养功能的社会化

在人民公社退出历史舞台之后，村集体拥有的集体土地不超过全村耕地面积的5%，在没有其他收入来源的情况下，村集体所能掌握的资源已是非常之少。因之，仍然依靠村集体承担养老功能在我国大部分农村地区是不现实的。

与之相对应，农村家庭在获得了集体土地的承包经营权之后，重新承担起了赡养功能。有数据显示，1994年，我国农村社会中家庭养老模式的比例高达64.2%。而且，家族（宗族）也在南方某些地区再次出现。然而，现在的宗族已经不可能如传统时期那样"温情脉脉"，特别是，由于国家政权已经深入乡村，宗族组织在有限的经济能力之上亦不可能再承担起赡养老人的功能。于是，这一时期，农村的赡养功能又开始回归到家庭之中。

随着时代的发展，在农村"留守老人"问题逐渐被国家和社会关注的背景下，农村养老问题也随之成为社会热点之一，社会化赡养亦被提出。从含义来看，赡养功能的社会化是指，承担赡养功能的组织由单一（一般是以家庭为主）到多元（一般是指家庭、社会和国家共同参与）。即在社会分工不断细化和家庭形态不断微型化的过程中，传统时期由家庭承担的赡养功能逐渐转变为由家庭、社会和国家共同承担。

从历史经验来看，赡养的社会化萌芽于20世纪80年代，首先表现为

---

① 刘艳利：《中国农村医疗保障制度变迁：历史回顾与理论分析》，山东大学硕士学位论文，2007年。

赡养资金来源的社会化，并开始成为一个社会性的问题。它源于乡镇企业的兴起和农民"离土不离乡"的工作方式。表面上看，这并没有对农村的社会结构产生巨大的影响，但工资性收入逐渐成为农民收入的主要来源，并成为农村家庭赡养功能实现的经济基础。另一方面，乡镇企业的出现将养老问题推出了家庭，由家庭承担赡养功能的观念被变革所冲击，赡养社会化开始成为一个问题展现在农民、社会和国家面前。

20世纪80年代中期，城市特别是城镇向农民敞开了大门，农民由"离土离乡"转变为大规模的"农民工"。伴随着家庭中有劳动能力的成员逐渐"外流"，农村家庭赡养功能的实现受到了影响，以前通过与子女共同居住、共同生活完成的家庭赡养功能在某些地区已经难以为继。

新世纪之初直至现在，新生代农民工以在城市生活为主要目标；同时，由于计划生育政策的实施，农村家庭的子女数量已经大大减少，家庭成员数量也随之逐渐减少。在这样的背景下，新生代农民工的离开，对农村家庭赡养功能的实现造成了实质性的冲击。主要表现就是，农村"留守老人"规模越来越大，他们的生活养老问题越来越成为社会关注的热点。要缓解乃至解决养老问题，从目前农村以及我国经济发展的情况来看，只能逐步实现赡养功能的社会化，即由单一的家庭养老模式过渡到家庭、社会与国家共同参与的多元养老模式。在这方面，我国政府制定了相应的政策和法律。

首先，在法律规定保障老人权利的同时，强调社会和政府的责任。《中华人民共和国国民经济和社会发展"九五计划"和2010年远景目标纲要》中指出，"农村养老以家庭保障为主，坚持政府引导与农民自愿，发展多种形式的养老保险"。

其次，集中力量，强化"五保"供养。改革开放后，农村集体在掌握资源能力逐渐弱化的情况下，"三提五统"就成为五保户物质保障的制度基础；同时，国家制定了相应的制度规章，保障五保户的受赡养权利。1994年，国务院颁布了《农村五保供养工作条例》；1997年，民政部发布了《农村敬老院管理暂行办法》，规范了农村敬老院的建设、管理和供养服务。农村税费改革后，"五保户"供养的集体经济基础彻底瓦解，"五保"老人的赡养只能转变为国家提供资金、集体提供人员与场所这种合作形式。但这仍然无法彻底解决农村五保户的赡养问题。于是，国家退而求其次,将农村五保户受赡养的权利交还给他们自己,并根据实际情况进行选择。不过,根据 2006 年《农村五保供养工作条例》规定,虽然"农村五保供养对象可以在当地的农村五保供养服务机构集中供养,也可以在家分散供养。农村五保供养对象可以自行选择供养形式"。但是,"县级人民政府和乡、民族乡、镇人民政府应当为农村五保供养服务机构提供必要的设备、管理资金,并配备必要的工作人员"。这样,就把农村五保供养纳入到公共财政中。进入新世纪,一些农村地区的敬老院在保障五保户能够基本入住的基础上,也开始吸引当地"自费入住"的老人,从而使得敬老院带有了社区养老组织的特征。

再次,国家通过补贴农民养老金,规范养老保险制度,积极建立和推进农村社会养老保险。20 世纪 80 年代中期,上海及浙江部分地区就先行试验农村社会养老保险制度。1991 年,国务院委托民政部在有条件的地区开展农村社会养老保险制度试点,随后,民政部下发了《农村社会养老保险基本方案(试行稿)》,初步建立起"个人缴费为主,集体补助为辅,国家予以政策扶持"的三级架构。但是,这一时期的养老保险不论在保障范围抑或保障水平上,都不能满足农村养老的需要。而且,由于制度上的缺漏以及政策执行中缺乏有效的管理和监督,农村社会养老保险在 1998 年通过转变主管部门的方式进行了整顿和调整。尽管政策制定者对这一时期农村养老保险进行了反思,也提出了许多建设性的意见,但由于城市与市民导向的政府政策制定模式,农村社会养老保险工作并没有实质性的进展。但这一状况自 2009 年开始发生了改变。这一年 9 月,中央决定从 2010 年开始在全国范围内选择 10% 的县(市)开展新型农村社会养老保险(简称新农保)试点。新型农村社会养老保险坚持"保基本、广覆盖、有弹性、可持续"的原则,采取个人缴费、集体补助和政府补贴相结合的方式来进行。随后不久,新型农村养老保险就在全国范围内全面推开。

最后,伴随着市场经济体制的不断完善,商业性的养老方式也逐渐进入乡村社会中。就目前来看,主要以商业银行提供的养老储蓄与保险公司提供的商业养老保险两大类为主。其中,商业养老保险与新型农村养老保险在一定程度上存在着竞争性,主要是由于新型农村养老保险开展的时间还不长,农民对其认识还不够完整,很多农民还不能够明晰两者的区别。如果说新型农村社会养老保险是保障老人的基本生活的话,商业养老保险则主要是在此基础上保障老人更好地生活。

虽然有这么多的新型养老方式，但就实际情况来看，农村社会中的养老主要还是依靠家庭，并且，随着时间的发展，社区性和社会化的养老方式都在新的历史时期中得到了一定的发展。并且，农村社会已经出现了多种养老方式组合（有的老人是"家庭养老＋社区养老"，有的则是"家庭养老＋养老保险"），共同发挥赡养功能的现象。因此，从社会化的角度看，家庭赡养功能的实现正在由家庭转向家庭外部，或者家庭与家庭外部组织或力量共同承担。

从历史来看，赡养功能的社会化已经是一个不可逆转的趋势。那么，在赡养功能社会化的过程中，家庭、社会与国家各自需要发挥多大的作用呢？

家庭和社会是人一生的两大舞台。其中，家庭又是人最基本的活动组织和单元。人的成长离不开家庭，同样，人的感情归属亦在家庭中。由此推断，在可以预见的社会发展阶段中，家庭可能会一直承担着养老的功能。目前来看，我国农村家庭组织的破坏主要是由于家庭成员的流动，那么在真正实现了城乡一体化的目标之后，农村家庭成员的外流趋势可能会减小，这时，家庭组织形态在重新获得稳定性之后，家庭所承担的赡养功能也会停止其不断弱化的趋势从而达到均衡的状态。

农村集体养老（社区养老）可能会随着农村经济的发展而获得发展。在调整好中央与地方财政分配关系的基础上，农村敬老院可能会获得更多的资金支持。而农民在收入水平提高到一定阶段之后，亦可能出现目前城市中的老人对养老院同样的需求。特别是商业化养老机构的出现，在与之前以集中供养五保老人为目标的敬老院（或幸福院）相互竞争中，共同承担起农村社区养老的功能。

新型农村社会养老保险建立的最终目标是实现城乡养老保障的统筹。这一目标如果达成，农村老人在基本生活层面就获得了有力的物质保障。在此基础上，农村老人对养老保障的需求也会从保障基本生活转为享受型和休闲型。与此相对应，家庭养老将不再能够完全满足老人对休闲娱乐的需求。这一时期，社区养老的优势将逐渐体现（老人之间通过共同居住，在构建起稳定的交往圈之后，可以通过互动满足其对休闲娱乐的需求）。

在对社会化养老的趋势进行分析和推断的基础上，我们认为，在城乡实现一体化后，家庭养老依然是实现赡养功能最基本的组织，而社区将成为老人活动的主要场所，养老保险将成为保障老人生活一道最重要的"安全阀"。从这一点来看，养老社会化的过程亦可以看作养老责任主要由家庭承担转变为家庭、社区与国家共同承担的过程。

五　娱乐和情感交流功能的社会化

从功能的角度看，经济功能、人口再生产功能、教育功能、赡养功能的存在，都是与小农作为自然人的生命存在及生理发展紧密地结合在一起的，且正是它维系了家庭的长期持续稳定发展。然而，人不仅仅是高级动物，更是群居动物，具有社会性，因此，家庭中的成员不仅具有个体意义上的心理特征，更是具有一般动物不具有的社会心理特征，并形成了一些社会性的心理需求，特殊的如娱乐和情感交流需求，由此形成了构成家庭要件的娱乐和情感交流功能。

其中，娱乐功能体现在具体的娱乐活动中。它是一种愉悦生物的生理和心理的活动，通过调动生物的生理机能，以期获得生理松弛及心理愉快的双重效应。在人的成长过程中，娱乐活动是一项不可或缺的社会活动，因为它不仅是个体心理成长的必备条件，也是个体追求快乐、缓解生存压力的一种天性。

情感交流功能体现在两个方面：一是心理学意义上的。情感是"人对客观现实的一种特殊反映形式，是人对于客观事物是否符合人的需要而产生的态度的体验"。它表明，"人"皆有情感需求，是"人"之为人的属性。二是社会功能意义上的。情感不仅是人适应生存的心理工具，而且还是个人组成社会的内在精神纽带。这在现实意义上表现为情感上的交流与互动，"人是情感动物"也正是在此意义上而言的。而"家庭的成功，在于给各成员安身立命，并在精神世界中占一定位"。[①]

当然，这两者在诸多情况下是融为一体的，特别是，娱乐活动的过程一般意义上也就是情感交流的过程。不同之处在于，娱乐活动一般以具体的行为为表现形式；而情感交流则具有相对的独立性，它既寓于娱乐活动

---

① 黄树民：《林村的故事》前言，生活·读书·新知三联书店2002年版，第16页。

之中，也可以独立于具体的行为活动之外。不过，这两者都在人的成长过程中起到不可或缺的作用，共同促进个体心理和人格的健康发展，促进社会的良性和谐运转。

1. 传统农村社会的娱乐活动及情感交流

在传统农村社会中，家庭和村庄承担了基本的娱乐和情感交流功能。这主要是由低下的农业生产水平及传统小农社会的特性决定的。

我们知道，传统中国农村社会的生产水平低下，农民的生产经营活动乃至主要的经济活动仍然局限于在农业生产方面，因此导致了农业生产的对象相对固定；加之生产单位的家庭化，由此形成了封闭的自然经济。而在传统小农的社会活动中，生产行为或经济活动是最主要的方面，有限的生产经营活动决定了小农不需要太多的地理空间。同时，传统小农社会的特性也决定了小农社会活动的主要场所是家庭和村庄，并形成了一个互补且共生的局面。另外，社会交往必备的一些因素或条件也限制了小农活动空间和范围的扩大，主要表现在三个方面：一是有限的行动能力。农民个体的活动范围一般仅限于体力能够达到的范围，一般不会超过30里，并且还受到活动时间的周期性限制。一般意义上，一个白天所能走到的距离就是农民一生的活动范围。二是有限的交流媒介及信息。在传统中国农村，信息交流主要依赖于人的语言，通过具体的个体与个体之间的交流得到传播，使得小农获得信息非常有限。三是语言上的障碍，"十里不同音"，加之陌生的对象及环境均阻碍了农民个体交流对象及范围的进一步扩大。

由是观之，传统农民的经济活动，甚至其一切社会活动和社会交流也仅限于家庭和村庄。相应地，与农民个体成长及健康有关的娱乐和情感交流功能也必须在家庭和村庄中完成。

在传统农村家庭和社区中，娱乐活动主要集中在以下四个方面：

一是自然嬉戏类。这一类娱乐的特点是，娱乐的对象或依据取之于自然界的一切事物；另一个特点是，这类娱乐活动源自于人类的自然心性，是人的内在心理的一种自然散发。这是与传统社会的农村特性结合在一起的。农民的活动依赖于大自然的赋予，农民的娱乐同样也依赖于大自然的创造。于是，大自然创造的一切东西均在娱乐的功能意义上进入到了人类活动的视野，凭借着人类在心理和技术上的自我创造，这些物什就成为人类满足自我心情需要的载体。正如下文所描述的：

> 大自然是我们的天地。花草、树木、石头、泥巴是我们的玩具；小虫、鱼儿、飞鸟、家畜是我们的朋友；河流、小溪、水塘是我们的泳池；青青的草地、绿油油的麦田是我们午睡的好去处，林子间的马蜂窝被我们捅过，房檐上的鸟窝被我们掏过……
>
> 我们在田野上、草地上跑呀、跳呀，我们撒野，我们疯玩……
>
> 所有的玩具都是自己动手造出来的。于是，有了泥巴子弹、泥巴小鸟、泥巴汽车；于是有了木头手枪、木头弹弓、木头陀螺、木头口哨……还有用铁丝做成的弹弓，用自行车链条做出的火柴头枪，虽然不知道什么是"DIY"，但我们确实做到了自己动手，丰衣足食。[①]

从娱乐活动的性质及要件来看，这是一个人开始有自主的行为能力之后开始的第一个阶段的娱乐活动。而且，从实际情况来看，由于自我嬉乐主要发生在孩童时代，在某种意义上，自然嬉戏等同于小孩子的玩乐。不过，从人的心理发展史来看，它是一个人性格和情感形成的最重要的阶段，一个幸福的童年意味着心理上的积极向上和活泼开朗。正是在这个意义上，有教育者认为，为人父母最大的责任就是给孩子一个快乐的童年。

二是家庭娱乐类。家庭娱乐主要是指以家庭为单位或载体而进行的娱乐活动。在农民的成长过程中主要有：做美食、做手工、讲故事、做游戏，养家畜、驯动物，走亲戚、看朋友，等等。很明显，这些活动不仅具有娱乐活动的特征，同时更具有一般意义上的社会活动特征，有些活动不仅使个体的身心得到了愉悦，而且还承担了相应的社会功能，如训练了个体技能，促进了家庭的和睦团结，维护了家庭内部和外部关系的协调发展。

三是教育娱乐类。在传统农村以私塾为代表性的知识教育过程中，娱乐活动相对较少，且内容主要集中于伦理培养，如一些书法、技艺、比赛、聚会、游戏等。在以社区为单位的道德教育活动中，娱乐活动常常与道德教育紧密地结合在一起，如通过模范人物的故事传诵，愉悦个体的同

[①] 《嬉戏在大自然》，http://vip.book.sina.com.cn/book/chapter_40051_23233.html。

时又传播了道德观念。

四是重要节日及活动类。这类娱乐活动一般以自然村庄、家族或者农村社区为单位，活动时间也主要集中在一些特殊的日子。以一个农历年为期，主要有：除夕之夜的迎春、放鞭炮、祭祖等；正月之初的拜年，正月十五之内的赏花灯、看锣鼓、听马戏、踩高跷、猜灯谜、舞龙舞狮、游览会等，以及专门的元宵会；清明时节的祭祖、登山、郊游等；五月初五的赛龙舟、吃粽子等；七夕之际的男女交友特别是有意无意的约会等；中元之时的家庭聚会，一般出嫁女子在这一天都会回父母家一起度过；八月中秋的走亲戚、吃月饼、赏月等；重阳之际的"踏秋"，以及美食与赏菊等；腊月来了，在中国北方地区有冬至宰羊、吃饺子、吃馄饨的习俗，南方地区在这一天则有吃冬至米团、长线面的习惯，有些地区在冬至这一天还有祭天祭祖的习俗。另外，有些娱乐活动还具有鲜明的地方特色，如西北的说书，东部的社戏，南方的赛龙舟等。

很明显，这类活动是"独乐乐不如众乐乐"，是"熟人"的、"同姓"的、"一个地方"的——等等特殊的群体相聚在一起举行的娱乐活动，血缘与地域在其中起到了决定性的作用。因此，这类娱乐活动的功能已经超过了个体生理和心理的范畴，而是扩大到了家庭和社区，承载着一个家庭、家族、社区相应的责任和义务。如传统农历特殊日子里开展的娱乐，其主要目的在于给家庭和家族一个历史或命运的交待，不仅着眼于家庭的前尘往事，更着重于家庭或家族的未来，其中的社会功能远远大于娱乐功能。

除了娱乐活动外，家庭和农村还承担相应的情感交流功能。依据交流对象的不同，我们可以把农民的情感交流分为以下几类：

一是亲情交流。传统农村以直系家庭为主，"三世同堂"最为常见，"四世同堂"甚至"五世同堂"也经常可见，"六世同堂"也常有提及。一个大家庭中，不仅有爷爷奶奶爸爸妈妈，还有儿子女儿儿媳，乃至孙子孙女重孙重孙女等，他们紧密地生活在一起，共同形成了一个大家庭。除直系之外，还包括伯父伯母叔叔阿姨，以及堂兄堂弟堂姐堂妹等，如果他们共同生活在一个家庭中，就构成了一个扩大化的家庭；如果毗邻而居，就构成了一个典型的家族聚合体。因此，这不仅是一个"熟人社会"，更是一个"亲人社会"。在这样的传统农村中，由于血脉传承和生活中的患难与共,"父慈子孝","老有所养",与之相应的是"子有所依"、"幼有所乐"。每遇高兴事,大家同分享;每遇愤怒不平事,大家同上阵;每遇伤心难过事,大家同分担;每遇哀愁事,大家共宁静;每遇害怕事,大家同鼓励;每遇坏事丑事,大家共批判;其乐融融,关心互爱,在互动中不仅事情得到了平息或解决,而且大家的心境也得到了平抚,亲情更得到了进一步的增强。

实际上,作为一个以血缘为本的家庭及家族共同体来说,亲情及亲情交流不仅是它应该承担的社会功能,而更应该是它内在的本能。只要是一个家庭或家族共同体,内在的亲情交流就是它存在并维持着的一个必备要件。没有亲情和不经常进行亲情交流的家庭,必定不是一个正常的家庭,久而久之,家庭也就可能面临着分家或者解体的危险。

二是友情交流。如果说,亲情与亲情交流以血缘为纽带,以家庭存在及维持为根本目标的话,而友情及友情交流则表现出外在的个体社会化需求。传统中国农村,农民聚集而居,个体之间的交往不仅在所难免,而且是个体社会化的内在需要。这不仅源于人是群体性的社会产物,更是个体面对自然和社会应有的正常反应。

从实际情况来看,友情及友情交流有同辈与异辈之分。年龄相近、辈分大致相同,经历和兴趣也大约相近,他们在长期交往过程中就会建立起一种特殊的相互关系,这种关系就是一般意义上的友情,有时候也称为"友谊"。而互相拥有友情的人叫作"朋友"。很明显,友情建立在相互关系的基础上,因此,朋友关系也就是相互的。在朋友需要帮助的时候,友情就会发挥作用,你或要挺身而出,"为朋友两肋插刀",或是给朋友以关心,给朋友以帮助,让朋友远离孤单,让朋友忘却忧郁,不让朋友郁闷等。异辈之间也常常出现"忘年交"或"老小友",虽然年龄或者辈分相异,但兴趣、爱好等相似、相同,即投缘对意,或者有共同的"理想"、理念,相逢愉悦开心,话语投机,大有"相识恨晚"、"一日不见如隔三秋"之感,"同道中人"很有可能成为"忘年之交"情结。相较于同辈之谊而言,忘年友情弥足珍贵。

传统农村社会,友情在人的一生中虽然普遍存在,但它受到明显的条件制约,如经济状况、个体性格、闲暇时间等,但更重要的是与交往方式、交往对象以及交往范围等有关。以小农经济为主体的生产和生活方式，以村庄为活动范围的交往空间，以农业生产经验为主的交往内容，使得传统农民的友情一般意义上只建立在自然村庄层面，交流范围也仅限于同一村庄的同龄人之间；并且，依据血缘关系及拟亲缘化的社会关系，建立起相应的亲疏友情。另外，虽然传统农民的友情关涉不是很广，但一旦建立，便能维系终身，因为不仅血缘地缘在其中起决定性的作用，而且年龄、性别、经历、性格等"人以群分""不可选择性"的原则也在起着决定性的作用。

三是爱情交流。在传统农村，友情主要发生在同辈同性之间，而爱情则发端于青春期的异性之间。与一般意义上的爱情不一样，传统中国农民之间的爱情有它的特殊性，主要表现在三个方面：首先，个体意义上的农民自身一般无法选择爱情。在一般意义上，家庭的交往范围就是青年农民爱情的选择范围；同时，由于传统道德的约束，"男女授受不亲"，青年农民与异性的交往面比较窄，数量稀少，他们自主选择爱情的可能性就非常小。其次，农民之间的爱情一般后于婚姻，即"先结婚后恋爱"，婚前很少见面或不准见面，婚后才开始青年农民与异性之间的爱情交流。由于婚姻不仅仅是情感交流，更是日常的生产生活，这样，就将爱情的交流与日常活动紧密地结合在一起，由是导致了传统中国农村爱情交流的第三个特点：爱情主要是一种生活习惯，融于日常的家庭生活和行为之中。我们可以在农村见到很多寡于言语但精于沟通的老夫老妻：一句话，一个动作，一个眼神，甚至一个神态，不仅在异性眼中蕴含特殊的含义，而且马上转换为相应的行为。这是情感交流达至极限的结果，两个异性在情感上的融为一体，导致两个个体在行为上的默契，以及在习惯上的交乳相融。

四是心理与安全感交流。在一般意义上，"家"是我们心灵的港湾。幼儿时常跟随着爸爸妈妈爷爷奶奶，并常有兄弟姐妹伴随左右，不仅有了依靠而且还有了帮手；少年时呼朋唤友，并开始在村庄范围内建立社会关系；青年时初长成人，不仅从长辈那里获得社会经验，而且还获得生产与生活常识。经过耳濡目染和潜移默化，个体到成年时就不仅具有了相应的人格体验，也具有了相应的生产和社会经验，成长为一个合格的农民；不仅身体发育到了顶峰，而且还获得了心理上的成熟感和成就感。当个人体力衰退进入垂暮之年时，不仅儿孙绕膝，得享天伦之乐；而且后继有人，"老有所养"。另外，传统农村社会不仅是地域共同体和生活共同体，而且还是信任共同体,亲人、熟人、朋友、闺蜜、同乡等,就成为个体心理信赖的对象。当个体遭遇到心理问题时,他们不仅成为困苦共享的对象,同时还能够提供有益的建议。从这个角度看,传统家庭及其延续性保证了个体在人格和心理发展上的完整性。

不仅如此,家庭及熟悉的农村社会还为农民带来心理和身体上的双重安全感。"在家千日好,出门一时难";"家人平安"是外出游子最大的牵挂,而个体外出后如有可能首先是要给家里报个平安;"你家爸爸妈妈身体可好?""外公外婆近来可好?"是走亲访友见面时经常关心的问题;出现村际摩擦或者冲突时,家人和同村人就是最好的同盟和依靠;当农民心理极度不安时,家人、亲人及熟人的出现总会起到安抚的作用,以平慰个体内心的焦虑。实际上,从心理学的角度来看,个体在面对陌生环境和事物时一般都会表现出心理上的焦虑和不安,而只有在熟悉的环境中才能获得心理上的平静。正是传统农村熟悉的环境、熟悉的人物、熟悉的话语、熟悉的活动等,使得农民能够本本分分、安安静静地度过一生。

而且,"熟人社会"带来了良好的社会秩序,一切都在有序之中,而"有序"即意味着心理上的"安全"。在费孝通先生那里,传统中国农村社会是一个熟人社会,大家"抬头不见低头见",或者同门同宗同族,所以大家不仅相互认识,日常生活中相互照看,而且,"有事说一声",人身安全有保障。正是因为这一切,所以,一般不存在个体违反常规道德规范的事情;偷盗抢劫虽然偶有发生,但绝对不是常态,并且一旦违规,则被人鄙视不已,违规之人今后在当地也无法立足,巨大的违规成本迫使各人"各安本分",相约成序。在生产上自给自足,小富即安;即使遭遇自然灾害或重大疾病,但因是同门同宗同乡,大家"患难相恤","共渡难关"。正是因为熟悉,所以不到万不得已,农民是不愿离开家乡的,"美不美家乡水,亲不亲故乡人";"走西口"、"下关东"是家乡承载不了相对多数的人口而被逼无奈作出的选择;"老乡遇老乡,两眼泪汪汪";"千里他乡遇故知"成为人生四大极喜之一,等等,从侧面印证了传统农村社会的有序和安全。

因此,在传统中国农村,农民依靠家庭这一初级群体和家族这一次级团体，以及村庄这一扩大化的拟亲缘社会，就可以完成人生的全部活动[①]。不仅包括基本的经济活动和社会活动，而且还包括促使人格和心理健康发展的娱乐活动，使农民个体在获得物质享受的同时获得了精神上的自我满足和成就感。从这个角度看，传统中国农村是一个社会功能齐全的人类生活共同体。

2. 集体化时期的娱乐活动和情感交流

新中国成立后的集体化实践，不仅影响、冲击甚至改造了传统农村家庭承担的娱乐和情感交流功能，而且在某些方面转移、限制或扩大了相应的功能。主要表现在：

自然嬉戏期大大缩短。这有两个方面的原因。首先，各地农村纷纷建立托儿所和幼儿园，把幼儿接受正规教育的时间一般都提前了1—3年；相应地，原来自然和放任状态下孩童的自然式的嬉戏时间就相应地缩短了。其次，由于集体化时期"挣工分"一度成为农民的最高行动指南，不仅成年农民以挣到更多的工分为目的，而且，半劳动力（包括中学生和妇女劳动力）、初小生甚至小学生，他们在农忙时节也经常出现在田地之间。特别是在南方双季水稻种植地区，暑假时间与早稻种植、二季稻收割时间正好重合在一起，最需要劳动力，尚未成年的农民就在这时纷纷奔向了田间地头。可以这么说，未成年农民把更多的时间和心思放在了参加生产劳动和学习知识上；与之相对应，他们的嬉戏也就相应地缩短了。

家庭娱乐重心被转移。由于粮食的短缺，以家庭为单位、以粮食为对象的手工制作活动等自然而然地减少了。由于"斗私批修"，同时粮食短缺，家畜养殖被纳入到生产队的副业生产计划之中，养家畜的行为就不再是一项自愿的活动了。且从当时的牲猪收购计划来看，养牲畜变成了一项政治任务，何谈乐趣？走亲戚、会朋友等活动也被劳动力的集体管理与共同劳动制度取代，人们只能在一些规定的节假日里走走亲戚、会会朋友。另外，传统的礼物也在批判和限制之列，人们之间的情感交流多以嘴皮子为主，多说说集体的美话，多谈谈国家的大好形势。同时，娱乐活动所需的物质资源的缺乏导致了语言方面娱乐活动的增多：如背诵各种各样的毛主席语录；不仅要会背，而且还要活学活用，干任何事情之前都要来一

---

① 徐勇：《家族政治：亚洲政治的魔咒》，《学术月刊》2010年第12期。

段，谁也不敢马虎；要会背老三篇，《为人民服务》《愚公移山》《纪念白求恩》要熟背如流，人人过关；讲的故事更多的是革命故事和小英雄故事，前者如"董存瑞舍身炸碉堡"、"黄继光堵枪口"、"邱少云浴火重生"、"刘胡兰铡刀就义"等；后者如"两个小八路"、"草原英雄小姐妹"、"小通讯员海娃"、"小兵张嘎"等，还有典型人物如雷锋、张思德等。当然，还有各种各样的反面典型。唱革命歌曲也是，一个字都错不得，而且要不止会唱一首，大家会的应该都要学会。还要跳忠字舞，而且要定期举行比赛。其结果是，以革命化、参加集体活动为目的的娱乐活动大大地增多了，虽然它在一定程度上仍然以家庭为单位，但家庭娱乐的重心无疑被转移了，原来基于社会单位的娱乐活动都被集体化的、强制性的活动所代替。

教育娱乐政治化。在20世纪50年代，我国建立了相对完善的中小学教育体系，其中，体育活动、音乐、绘画美术等，也被置于一个相对重要的位置。然而，随着"又红又专"标准的追求，正常的教育娱乐活动也被劳动或政治教育活动取代了；音乐课的内容均是革命的歌曲；美术课的主题也集中于歌颂社会主义的优越性和批判资本主义的黑暗、剥削等；体育活动被生产活动代替，以便通过身体的锻炼提升社会主义新人的精神境界。

辽宁省《铁岭市第一小学百年校庆》有如下记载[①]：

> 一九五七年到一九六〇年，这一时期，按照教育为无产阶级政治服务，教育与生产劳动相结合的方针，学校办起了许多小工厂，还养猪、种地、学生还帮助生产队义务拔草、铲地、拣粮等，学生的学习时间大多被劳动占用，学习文化知识成了副业。
>
> 一九六〇年到一九六二年的三年自然灾害时期，学生秋天放农忙假，除帮助生产队劳动外，各班还组织拣粮、拣菜、拣土豆、拣废钢铁。由于学生劳动和社会活动太多，严重影响了教学质量，学生的学习成绩普遍较差。
>
> 一九六二年到一九六六年根据"调整、巩固、充实、提高"的

---

① 《铁岭市第一小学百年校庆》，"第二部分 新中国成立至'文革'时期的学校"。

《八字方针》和"全日制学校应当努力提高教学质量"的要求,认真贯彻了《条例草案》(小学四十条),开全了各科课程,一律使用黑龙江省统编教材。执行各科教学大纲,按统一的教学计划授课。聘请了大、中队辅导员,开展了各项有意义的教育活动。但是由于狠抓了教学质量,却忽视了体育教学和课外活动的开展,学生的综合能力不强。片面追求升学率的现象比较严重。主要表现为:毕业班加班加点,提前结束新课,剩余的时间用来复习,毕业班的老师和学生不参加学校的各项劳动和文体活动。

到了后期则更进一步,"停课闹革命",开展了"大字报"、"大批判"、"红卫兵大串联"活动,学生的神经整天都被一些高昂的宣传所充斥。并且,有的学校还实行"开门办学",学生学军、学农、学工。学军,参加军训、越野、防控、军事演习;学农,到农村生产队、校办农场参加农业生产劳动;学工,到工厂、校办工厂当学徒。此外还参加各种大会战:水稻插秧大会战、秋收大会战、"八三工程"大会战、修河渠大会战、修梯田大会战等。总之,一年四季学生都参加义务劳动,不仅原来要求的教育娱乐活动被制止了,而且,还创造出一种全新的培养社会主义国家公民式教育活动;不仅活动内容和形式的教育功能被替代,而且活动的目标和方式等都跟随着当时的社会潮流而被政治化了。

辽宁省《铁岭市第一小学百年校庆》又有如下记载[①]:

> 刚刚进入正常秩序的学校又在一九六六年发生的"文化大革命"中经受冲击。根据上级的要求,我校教育方针也做了如下规定:
>
> 学制要缩短,课程设置要精简,教材要彻底改革,必须删繁就简,学生以学为主,兼学别样,也就是要求学生不但要学文,也要学工、学农、学军,还要随时参加批判资产阶级的文化革命斗争。在十年"文化大革命"中,前期向学生进行"忠"字化教育,学习毛主席语录,背诵"老三篇",唱语录歌,跳"忠"字舞。教育走向了极端"左"倾的路线。文革中期,学校按照上级要求向学生进行"阶

---

① 《铁岭市第一小学百年校庆》,"第二部分 新中国成立至'文革'时期的学校"。

级斗争"教育,要求"年年讲、月月讲、天天讲"。学校到处请老工人讲厂史,请老贫农讲家史,"忆苦思甜"为了让学生体会旧社会的苦难,学校还经常进行"忆苦思甜"活动。红小兵组织代替了中国少年先锋队组织。原来的年班、组改为连排班。一九七四年学校把周会课改为毛泽东思想教育课,以"批林批孔"、"批师道尊严"为内容,向学生进行"在无产阶级专政下继续革命的教育",学校成立法家人物故事宣传小分队。提倡学习黄帅"反潮流",反对"五分加绵羊"、"白卷英雄张铁生"的精神,当时在青少年学生中产生了负面影响,读书无用论的流毒侵害着少年儿童的健康。

一九六七年至一九七六年,"文化大革命"中,工宣队和贫宣队相继进驻我校,学校的正常教学秩序遭到破坏,处于停课半停课状态。一九六七年六月五日,县革命委员会提出"复课闹革命",实行开门办学,走"五七"道路。

教育娱乐活动政治化的后果是非常明显的,它不仅违背了儿童心理的成长规律,让儿童心灵和精神的成长过程过早地被标注上了价值判断,使得儿童在长大成人后缺乏客观的判断标准;而且,它还扭曲了儿童的成长规律,给整整一代人的心理烙上了时代印记,还使得他们成人后不仅缺乏正常的娱乐活动需求,而只能落寂于一个模糊的红色记忆之中。

重要的传统节日及活动受到限制。集体化时期,由于上工且挣工分的原因,农民过春节的时间不仅短,经常只有一个星期左右的时间,而且诸多曾经的活动都无法开展,如除夕或正月初一的祭祖活动只能隐蔽地进行;走亲戚的习惯被抑制,如果能够成行的话也只是见见面和说说话,礼物在被禁止之列,因之吃玩零食等可能带来的喜悦也就随之而散了。曾经的"闹"元宵也因种种顾忌而停止,代替它的可能是国家统一规定的宣传和庆祝活动,甚至有的地方,农村在这个日子已经开始下地劳动了。缅怀祭祖的清明时节,不仅难以见到"欲断魂"的行人,而且还因"破四旧"而受批判。而三八妇女节、五一劳动节则被大肆推崇,与之相应的庆典和宣传活动则年年重复。因此,在那个时代里,农民不是为了娱乐和情感而过节,而是为了革命的目标和社会主义建设的任务。

亲情被扭曲。主要出现在两个时期。其一是土地改革时期,讲阶级成分和出身，而阶级成分依据所有土地和财富的多少来划分，一旦核定之后，家庭之中的每个成员都共同分享，且相伴个体终身。这给农村家庭带来了麻烦，特别表现在婚姻上。按照当时的政策，一个高成分的女子出嫁到夫家之后，虽然夫家的成分比较低，但外来媳妇的高成分仍然无法改变。这就造成一个家庭多种成分的现象，不仅给夫家以极大的侮辱，而且还让媳妇在夫家难以抬头。正是由于出身成分与个体的紧密结合，导致正常的婚姻关系因出身不同而演变成一场所谓的家庭内部的阶级斗争，正常的夫妻之情被扭曲成灵魂与改造的结合。其二是社会主义革命时期。由于阶级斗争的扩大化，不仅不同的阶级之间要相互争斗，而且，不同的阶级成分之间也不能私而忘公，不仅同族内部要揪出阶级敌人，在家庭内部也往往形成不同的政治派别，并因此将社会的革命斗争家庭化。后来的"文化大革命"更是将阶级斗争推到极致，只要是不同阶级的人们之间就有斗争的必要，因此，家庭内部成员分属不同阶级也就有了斗争的必要，而且还在诸多农村革命斗争中被推崇为典型。于是，在家庭之间、亲友之间、族人之内形成了一场声势浩大的"不是你死就是我活"的运动，不仅子女揭发父母，而且经常是晚辈批斗长辈。很明显，个体一旦被贴上阶级敌人的标签，同族之人只有侧目而行；家庭的亲情和血缘关系一旦被注入了阶级斗争的因素，家庭内部的亲情就让位于阶级之情、同志之义了。

友情爱情革命化。阶级斗争不仅让亲情扭曲，还使得正常的朋友之情、婚姻关系革命化。朋友之间虽然也讲感情，但正如现实而言，感情不能当饭吃，而只能屈从于革命斗争的需要，在友情与政治正确之间只能选择后者。而且，由于当时的政治宣传以及革命斗争的需要，友情只能建立在共同理想的基础上，并发展出"革命友谊"来。不仅如此，就是结婚的双方也讲求"革命夫妻"。由于计划经济和集体劳动，青年男女私下里很难有单独相处的机会，只能通过田间地头的互助合作来了解。了解什么呢？无非是两个方面：一是阶级出身怎么样？是否有历史问题？二是在选定某个异性为婚姻对象时考虑的不是门当户对也不是感情，而是这个人表现怎么样。1950年《中华人民共和国婚姻法》开始实施后，农民结婚开始实行登记制度，其中有一项是男女双方感情的了解情况，而"会劳动"则成为当时双方结合的重要原因。这在今天看来显然似乎有点滑稽之至，但它确实是那个时代的典型现象。而且，传统的婚姻形式也因"破四旧"

而被抑制，环节被简化，礼物被视为"四旧"之一而被禁止，取而代之的是《毛泽东选集》《毛主席语录》等；双方家庭的互探究底被大队的证明所替代；介绍者不再仅仅是亲戚媒婆长辈等，当时的诸多乡村干部也承担了媒妁功能。婚礼仪式上首先是向组织集体报告，并由干部主持；得到的祝福多是为了"革命的后代"。不仅如此，婚假仅有三五天，而这三五天还被青年男女自愿贡献给集体的生产劳动。即是说，正常的婚姻关系建立在集体组织和革命需要的基础上，一切为了集体，一切为了生产劳动，一切为了革命，于是，男欢女爱被革命夫妻取代了，爱情也就被革命化了。

集体化时期，由于农村家庭被"入社"和"一化二公"，传统的家庭娱乐失去了赖以开展的基础。以家庭为单位的生产活动被集体劳动所替代，农闲时刻也被组织起来进行农田水利基础设施建设，因此，传统的家庭娱乐时间没有了。传统的农业生产方式让位于有计划的集体经济，传统家庭娱乐和情感交流的一些载体和媒介也就随之失去了。而且，这一时期的家庭不再是单个意义上的社会基本单位，而是被组织进"集体"之中，传统家庭和家族范围内的娱乐和情感交流被组织化的、政治性的集体活动取代。与之相对应，这一时期农村的娱乐活动被组织化的集体活动替代，主要以生产劳动和政治学习为主；农民之间的亲情友情爱情等，统统让位于高昂的革命热情。

3. 改革开放以来娱乐和情感交流的社会化

历史在前进，时代也在变化。集体化的终结之后是改革开放，虽然土地仍然归集体所有，但经营单位是家庭，传统的农业生产方式被恢复，农民在交税后，对农产品有了最终的决定权。传统的家庭副业经营活动也恢复并开始兴盛起来，且在20世纪80年代中期一度达到高峰。农民不再受制于国家规定的八小时工作制，而是有事则忙，无事则闲，不仅有了大量的自由时间，而且自己能够决定在空闲时间的事情；没有了组织的约束，没有了意识形态的限制，也没有了政治运动带来的压力，也不再担心被视为资本主义的东西而受到禁止，农村的娱乐活动和情感交流也迎来了一个新的历史时期。

这首先表现在，传统娱乐活动自然而然地恢复了。不仅传统的节日恢复了，而且，中国历史上一些有文化含义的节日也因国家导向而逐渐又回归到农民的生活之中,如清明节、七夕节、中秋节等。与之相对应,节日活动及仪式也开始呈现出新的面貌。在一些地区,庆祝活动层出不穷,花样翻新,并在攀比心理之上推陈出新;一些仪式避简就繁,力求尽可能地表达出心里的诉求。这既是生活满足之后农民更高级需要的正常表现,同时更是农民从集体和劳动中得到解脱的明证,农民不再受制于计划和制度的约束,而是在力所能及的范围内自主地享受娱乐活动带来的心理感受。

同时,工业电子产品极大丰富,并在农村大行其道,使农村娱乐呈现出新面貌。电影取代了原来静态的需要解说的幻灯片,并从黑白电影逐渐发展到彩色电影。电视机在20世纪80年代开始推广到农村,随后铺展开来,但不久,电视机由黑白更新换代成了彩色;到新世纪之初,又转变成了超薄的等离子或液晶的。收音机在20世纪五六十年代曾经一度风靡农村,并与录音机一起功能互补,但不久由于只有声音,不能给人以全方位的感觉冲击,且随着电子产品的出现而消逝于无形。曾经风靡一度的VCD和组合音响等,作为婚娶或家庭三大件之一而在农村到处可见,但不久之后便沉寂于市场角落。20世纪90年代末,电脑作为高档消费品开始进入农村,与之配套的终端设备如MP3、MP4等也开始在青年农民中流行起来。而手机,不再仅仅是用于通话交流,看电影、听音乐、玩游戏、QQ等功能一应俱全,让诸多青年农民玩得不亦乐乎。互联网的出现,真正将农村与外部世界连结在一起。农民不仅可以在网上寻找到自己需要的知识和信息,还有大量的图片、新闻、娱乐、活动等供欣赏,大量的游戏供查询和游玩。不仅如此,在网上还出现了专门的农村娱乐专题,把现今农民的娱乐活动分为:花鸟虫鱼类、收藏类、体育类、舞蹈类、音乐类、书画雕塑类、饮食文化类、棋牌类、旅游及野外活动类、自我美化类、保健类、文化生活类、手工制作类、影像类等,给农民打开了一个全新的娱乐世界。在这个世界中,农民不再与世隔绝,不再与时隔绝,而是同外部世界紧密地联系在一起,共同成为了地球村的一分子。

农村文化娱乐一直是国家比较关注的一个方面。在市场推动和政策导向下,给农村和农民的娱乐活动提供了大量可供选择的对象。一些主题性的电影开始下乡,文化、文艺汇演活动也开始深入农村,诸多农村办起了农家书院,有些地方还开办了卡拉OK厅,自然式的舞会也开始在一些农村出现;游乐室、棋牌室等文化娱乐场所得以建立,社区文化活动中心等平台亦常有所及。农民可选择的娱乐对象不仅种类繁多,而且雅俗共享,图安静的可以看看书和电影,爱热闹的可以打打麻将、斗斗地主、玩玩扑克或者侃侃大山,爱好运动的可以跑跑步、跳跳舞、打打桌球,什么都不喜欢的也可以宅在家里上上网或者懒在床上,自由自在地享受生活和娱乐,不再有物质的担心,也不再有制度的羁绊。在这些娱乐活动中,不仅农民的行为发生了变化,娱乐在他们心目中的地位也发生了变化,不再被视为小资的东西而受批判,不再是生产活动的补充,而成为正常生活中不可或缺的组成部分。

随着社会主义新农村建设发展战略的实施,农村和农民的娱乐活动主要通过两个方面展现出来:一是心理和精神层面的,一些集体性的、大型的娱乐活动也逐渐在一些地区率先开展。二是物质层面的,国家开始投入大量资金用于农村基础设施建设,其中特别包括文化娱乐和体育基础设施。文化娱乐活动如图书室,试点村每村一个"农家书屋",体育基础设施如健身器材在农村纷纷露头,一些地区农村还建设了大型运动场,体育活动也开始在农村兴起,农民也开始积极参与其中。

请看四川省《宜宾日报》对珙县农民的体育报道。[①]

"投了,投了,好球!" 11月11日上午,一场农民篮球比赛正在珙县王家镇农民体育健身活动中心举行,精彩的比赛让观众席不时响起加油声、喝彩声。"有了宽敞洁净的篮球场地,现在我们农民也能够跟城里人一样,在闲暇的时候打球,锻炼身体了。"中场休息,花树村村民高介华告诉记者,农民体育健身活动中心,锻炼更方便,生活也更充实了。

王家镇农民体育健身活动中心项目是四川省2011年建设的20个乡镇农民体育健身工程项目之一,同时也是宜宾市今年实施的唯一一个乡镇农民体育健身工程项目。该项目由国家体育总局体彩公益金补助30万元,总投入项目建设资金80万元,形成了以体育健身为特色,集休憩、文化娱乐、健身休闲、植物景观等功能为一体,具有浓郁健身公园特征的乡镇综合性活动中心。

---

① 《四川珙县农民有了体育健身场所》,《宜宾日报》2011年11月13日。

近年来，珙县将落实农民体育健身工程列为政府必办的十件惠民实事之一。在10多个乡镇新建了40多个农民体育健身场所，安装了篮球架、乒乓球台等健身器材，让广大农民有了休闲、健身、娱乐的场所，同时，在底洞镇盐井村、洛表镇胜景村、罗渡苗族乡新桥村启动3个村级农民体育健身工程项目，并按照省市体育局的配送标准和要求，配送的篮球架、乒乓球台等设施。目前，该县已建成农民体育健身场所52个（含自建场所3个），全部投入使用，惠及群众10多万人，开启了农民健康新生活。

在推进新农村体育基础设施建设工程的同时，珙县还充分利用农民健身场地大力开展群众体育活动，促进群众健康素质的提升。在每年"春节"、"三八节"、"五一"、"十一"等节庆活动期间，各乡镇纷纷开展象棋、围棋、篮球、跳绳、羽毛球、乒乓球、柔力球、太极拳、太极剑等体育比赛项目，极大地丰富了群众的精神文化生活。

"原来没有多少运动场地，空闲时就打打麻将，闲聊一下，基本没人参加活动。"在该县洛表镇农民体育健身场所，村民张家全正在打着乒乓球，他感慨地说道，"现在好了，这个运动场全天向群众开放，让体育爱好者有了运动休闲的地方。"

对农民体质的重视也反映在教育活动上。在中小学教育大纲中增大了体育所占的比例，增加了娱乐活动等内容。除了活动形式上的差别外，最主要的变化是增加了体育活动的内容，并强调体育在个体成长中的基础性作用。与此同时，音乐、美术、绘画等文艺活动也开始成为中小学教学的重要内容。这些教学活动的开展不仅有利中小学生的全面发展，更重要的是，它还着眼于他们在心理和非理性思维等方面的发展，从而促进个体在思维和性格等全方面的发展，并与身体锻炼协调发展，实现了内容与形式的统一。

各种设施、娱乐活动在满足个体心理和生理需求的同时，也为农民在情感交流方面提供了前提基础，农村的情感交流在内容、方式等方面也发生了根本性的变化。人民公社解体之后，意识形态和政治方面的宣传骤减，外在的无形的束缚越来越少，悬在农民头上的出身成分论也开始融化，农民在获得物质独立的同时，也获得了精神上和体制上的解放。农民的活动和思维开始进入到一个自主的时期，农民的情感交流也开始进入到了一个自由化的、个性化的时期。其中，缘于血缘的亲情回归自然，爱憎怨恨分明地表达了出来；友情突破地理区域，从乡村走向城市，从田间走向工作间，从农业生产走向工业流水线，并且，异情之间的友情也正常化；爱情回归自然，婚姻中的组织因素基本消除，家庭因素也随时代变迁而减弱，异情相吸主要在于情感需要，且不再拘泥于地理区域，更有甚者，随着外出务工农民的成长，以及网络和QQ等聊天工具的运用，因交流的需要而发展成为婚姻对象的现象也很多。在方式上，农民之间的情感交流不再仅仅局限于传统的固有形式，而是从有形的载体转向无形的网络；不再拘泥于传统的熟人或朋友，而是有时候可能根本不知道他交流的对象姓甚名谁，人长得怎么样？是哪里人？是好人还是坏人等，这些在传统社会都是首要考虑的因素，在这个时候都被忽略掉了。在内容上，从猪啊鸡呀什么的转向了生活啊、音乐啦，最近见了些什么人呐，有哪些好看好玩的东西呀；不再仅仅具体到农村的生产和生活内容，而是事关家事国事和天下事，无所不包，无所不纳，甚至国际动态也在交流之列；不再仅仅是纯粹或者专门的情感沟通，而是寄托于现实社会的情感需要，或者发端于现实问题的情感症结等。

因而这一时期，农民娱乐和情感交流的社会化特征非常明显，不仅表现在依赖的条件方面，也表现在对象及方式、内容上，其中最为关键的是，农民个体自身的社会化特征促使了他们的社会化行为，而娱乐活动和情感交流的社会化只是其中的一个方面。甚而言之，娱乐活动和情感交流的社会化透露的不仅仅是这个社会的变化，而且是传统的农民在某种程度上已经成长为具有独立人格的社会行动者，能够在自主的基础上实现自我的内在需求。并且，人之所以为人，不仅仅在于人是具有智力的高级动物，更在于人有其自身的精神需要和感情需求。作为一个从传统社会过来的人，作为一个正在迈向新时代的个体，与人的思维活动联结在一起的心理活动和生理活动更是能够凸现一个人之为人的本质。因此，农民个体在娱乐活动和情感交流中展现出来的自我，不仅是其生理和心理发展的需要，更是其能够形成现代人格的持久动力所在。

由是观之，随着农民个体的社会化，农村家庭的功能也在不断地分化和组合，表现出鲜明的弱化和社会性替代特征。与之相对应，农民和家庭赖以存在的农村也在不断地变化着，也表现出社会化的特征。这就是接下来要讨论的内容。

第三节 农村的社会化

农村，曾经是传统中国社会的代称。近代以来，则是贫穷、落后的同名词，或者是蛮荒之地、边缘地带。在曾经的知识体系中，身为农民，社会地位卑下，属于社会的底层；从事农业生产，则意味着人之无能或低人一等，因此，在农村不仅没有希望，而且也是没有前途的。但是，随着时代的变化，特别是国家政权的深入和市场经济的冲击，农村备受关注，农村开始以一个全新的姿态融入社会发展进程之中。

在这里，我们将探讨农村资源、劳动力是如何和怎样融入社会之中的？农村社会的交往行为和媒介等，究竟发生了什么样的变化？

一 农村资源的社会化

从一般意义上来看，农村资源主要包括三个方面：一是土地，主要是指耕地；二是人口，主要是指劳动力；三是木本植物，主要是指森林。另外，正在崛起的农村旅游也将农村的生活场景从一种传统的习惯转换为一种娱乐活动，并赋予它文化价值。

1. 土地：从基本条件到物质财富

自从第二次社会大分工以来，土地就开始直接进入人类活动的范畴，而其中的耕地，更是成为人类生存活动不可缺少的条件。这表现在两个方面：

其一，土地是农民乃至人类赖以存在的基本条件。没有土地，就没有人类社会的生态环境，也就没有了人类社会自身，也就没有了农业社会和农民。

其二，农民的生产活动——农业生产，也离不开土地。最初农业生产活动的一切来源和基础都依赖于土地。首先，农民从自然界的植物中获得农业生产需要的种子。其次，土地经过农民力量的作用转化成为耕地，用于耕种农作物，所以，"耕地指种植农作物的土地"，这个时候，土地具有了生产资料的形态。再次，农民通过自身的劳动作用于土地，从土地的生产力中获得生活资料，以满足于农民自身生存的需要，这个时候，土地是农民生命存在的必备条件。最后，由于可耕地与人口数量之间的矛盾，导致农民对耕地有了主人意识，耕地就开始具有了社会属性。在农业社会形成之后，人类中的主体部分——农民，就以"农"为本，而农之根本在于土地，土地是农民生产和生活的物质条件。正是因为有了土地，农民才能进行农业生产，农民才能生存，农业社会才能繁衍和发展。从这个角度看，土地是农民的生存资源，是农民生存不可或缺的前提条件。

而耕地，不仅是生存资源，在农业社会更是一种财富和社会地位的象征。因此，贫穷的，希望有一块自己耕作的土地；富有的，希望通过自身的努力拥有更多的土地，梦想成为更大的"地主"；拥有权力的，则直接通过权力获得与之身份地位相应的土地；"良田万顷"，富甲一方的，要么是大地主，要么是达官显贵。不仅在他们，而且在整个社会看来，土地不再仅仅是农业生产的对象，而是社会地位和财富的象征，土地特别是耕地不仅具有了实物形态，更是具有了价值形态。这个时期，土地第一次实现了与劳动者——普通民众的分离，这个过程也是土地与农民直接作用过程的分离。不过这一时期，土地作为财富和社会地位的象征，主要原因在于土地的产出，在于它能够为人们带来什么，而不在于它自身，所以，土地的自然属性——生产能力，仍然起着主导性的作用。

农业集体化运动则将土地的生存资源性质改变为"生产资料"和"劳动对象"。这是因为，在传统农业生产时期，农民与土地是紧密结合在一起的，农业生产活动是农民的行为本能。而农业集体化则实现了农民与土地的分离，土地归集体所有，作用于耕地的农业生产活动也不再是农民行为的本能，而是由集体组织根据国家计划来集中安排。因此，农民不仅与耕地实现了分离，还导致了他们农业活动本能的异化，农业生产以一种外在于农民本能的形态出现，这在苏联时期被称为"农业的社会化"①。

在"农业的社会化"过程中，农民、劳动和土地的属性都发生了变化。其中，农民变成了农业生产者，或者农业工人；劳动不再是农民个体

---

① 参见：沃尔伏·拉德钦斯基：《苏联农业的社会化——集体农庄和国营农场的真相》，商务印书馆 1964 年版；瑙姆·贾斯尼：《苏联的社会化农业——计划和结果》，商务印书馆 1965 年版。

的行为，不再是农民直接作用于耕地的过程，而是具有了双重属性，在生产使用价值的同时更重要的是产出价值，并且使用价值服从于价值的生产。土地不再仅仅是农民的生存资源，而是农业社会化生产的要素，是一种一般意义上的社会性的生产资料。按照马克思主义理论，在集体所有制下，土地作为生产资料是公有财产，生产资料不再表现为生产资本，而成为一般意义上的社会化生产对象，土地仅仅是农民劳动（抽象）的对象而已。这个时期，土地第二次实现了与农民的分离，农民不再在本能的基础上直接作用于土地，然而，农民又在一种外在力量的约束下实现了与土地的再次结合。非常明显的是，这次分离和再次结合都是建立在国家权力直接主导的基础上。因此，也有研究者将这种社会化的农业生产形态描述为国家化，不仅农民被组织起来，他们的劳动被国家化，而且耕地也集体化并最终国家化了。不过这一时期，土地的自然属性——生产能力仍然居于主导性的作用，对人类社会的贡献仍然在于它的生产能力，能够为社会提供更多的产品。

然而，随着改革开放而来的市场经济和城市化进程，使得土地实现了从生产资料到物质财富的转变。市场经济的发展使得农民的经济理性不断突显，在进行农业生产的过程中，他们也时时对农业生产成本和收益进行算计，是否耕作于土地，不再仅仅是为了获得更多的农产品，而是为了能够获得更多的货币收入。如果收益小于生产成本的话，有些农民就选择放弃耕种，如20世纪90年代的抛荒和撂荒行为，或者转而进行他种经营活动，如改种经济作物或在有条件的情况下纳入到退耕还林范围。从这个角度来看，耕地不再是必需的生存资源，也不再是必要的生产资料和劳动对象，而是一种获得财富的物质条件而已。

这在城市化进程中表现得特别明显。城市化进程不仅是农民转变为市民的过程，更是农村、农用土地转变为建设、工业用地的过程，在制度形态上表现为集体土地转变为国有土地。在这个过程中，土地实现了第三次与农民的分离，农民拥有土地的目的在于它能够为他们带来更多的货币收入，而不是更多的农产品。而且，这个分离过程是彻底性的，不仅表现在与农民的关系上，还表现在与农村、农业的关系上，即土地不仅与农民分离，更与农业生产活动分离，土地（包括耕地）在城市化过程中不再用于农业生产活动，人力作用于它也不是为了获得农产品，而是用于基础设施建设和工业建设，用于提供公共产品和加工商品；同时，土地还与农村分离，土地（包括耕地）一旦被纳入城市化进程中，它的性质就发生了根本性变化，不再归农民集体所有，而是归国家所有，也就不再被称为"农地"，而是"国有土地"。从这个角度看，土地也不再是农业生产的要素，而是进行城市化建设的必备条件。

同时，这个过程也是土地从物质形态向社会形态转变的过程，土地的农用价值被城市的商用价值取代。我们知道，土地的市场价值在今天的中国非常巨大，因此，不仅征地、占地、圈地在各地农村非常普遍，而且，"屯地"也成为一种常态，其目的都在于为了利用土地的市场价值获得巨大的货币收入。这个时候，土地就演变成为一种潜力巨大的物质财富。

2. 森林：从木材到财产

历史地看，农村的森林树木也经历了一个社会化使用的过程，也表现出阶段性的特征。

传统时代的"就地取材"。林木对于人类生活起着很大的支持作用，甚至森林树木与人类发展史密不可分，最早的人类就生活在森林之中，他们靠简单的木制工具取得生活用品，后来，他们依赖于钻木取火来烤熟食物；再到后来，他们建造了木制的林间小屋。随着人类的发展和文明的产生，砖木房屋和家庭用具等才得以出现。传统中国农村也是如此，农民一般居住在砖木结构或纯粹木材搭建的房屋中，家庭用具基本取材于林木，用作农业生产的劳动工具也离不开树木，而且，生活消费和维持温暖的能量最主要来源也是树木。可以说，森林树木在农民的生产生活中扮演了不可或缺的角色。

这一时期，农民对森林树木的利用主要建立在它的物理特性上。人们拿它做房屋和家具农具，主要在于它具有很强的力学性质；农民用它来取暖，主要在于它能够通过物质形态的转换提供能量。也就是说，森林树木依其物理本性能够直接为农民所用，能够为农民的生活带来直接的效益。但是同时，由于它能够改善和提高人们的生活水平，且由于地区之间的分布不均衡，导致了林木市场的出现，林木就不再仅仅是一种纯粹的自然物质，而是一种市场交换的物质——商品了，木材也就通过市场给农民带来了经济效益。因此，这一时期对农民而言，森林树木的使用效益居于主导地位，而经济效益则只是间或有之。

到了集体化时代，私有的森林树木随着家庭财产一起并入了互助社，无主的森林自然归国家所有，代之而起的是国营林场和大队管理，市场交易取消了，森林树木难以为农民带来直接的经济效益，而只剩下直接的使用效益。1958年的大炼钢铁，更是将森林树木的使用效益发挥到了极致。在生产大队、生产队及国营林场的组织下，不仅门前屋后的树木都被砍来填进了高炉，而且部分原始森林的树木也被砍伐一遭。然而这一时期，使用效益对农民而言是受到限制的，仅限于"自留山"为其提供满足基本生存需要的木柴，而经济效益则基本为零。

20世纪80年代的"包山到户"在一定程度上改变了这种状况。农村实行家庭联产承包责任制后，在南方一些地区，也开始仿照集体土地的经营方式实行"包山到户"，即将集体的林地按承包经营的方式分到农户，由农户自主栽种和管理。对农民而言，虽然可以自由栽种和自在管理林木，但并不能自由地采伐成材林木，因为地方林业站仍然保留了采伐权及审批权，只在具体需要和年终时才给予一定数量的林木采伐指标。这一时期，农民栽种和管理林木，主要目的有二：一是有林可包，满足治权，并在需要时可以砍些灌木丛棘；二是由于家庭经济困难，货币严重不足，指标范围内的成材林木可以直接出售，以获取货币补家庭之不足。从用途来看，第一种原因只是经常性的生活需要，而第二种原因才是这一时期农民承包林木的主要目的，即为了获得经济收益，虽然非常有限。

新世纪以来的"林权改革"从根本上改变了森林树木的使用途径及目的。按照已经和正在进行的集体林权改革实践，这一政策将林地使用权、林木所有权和经营权落实到农户，并建立规范有序的林木所有权、林地使用权流转机制，在集体林地所有权性质、林地用途不变的前提下，根据林业生产发展的需要，按照"依法、自愿、有偿、规范"的原则，鼓励林木所有权、林地使用权有序流转，引导林业要素的合理流动与集中，实现森林资源的优化配置，促进林业经营规模化、集约化。也就是说，通过政策性的"确权"，林地及林木也像承包的耕地一样，一定时期内成为农民的财产。在这里，林地的承包经营权就成为农民的一种实质性的财产权利。

林权改革带来了两个方面的后果：一是林木开始成为受法律保护的在

一定时期内归农民所有的财产。林权改革使林木从一种自然使用的状态进入到一种法律化的状态，并开始进入到一个社会化的流程之中，其中不仅注入了国家权力的因素，它也因此获得了"被"作为社会化要素的前提。二是林权改革使得农民对林木的看法发生了改变，不再仅仅是用于自家使用，而是主要为了获得货币，经济效益开始居主导地位。并且在林权改革过程中，还出现了专门化的"林农"，在他们那里，林木仅仅是他们生存发展并获得财富的媒介，他们种植和经营林木，不是为了自用（虽然有此功用），而是为了卖得一个好价钱，为了获得更多的货币收入。从这个角度看，林木已经脱离了它的自然状态，而成为一种资本意义上的财富。正因如此，诸路人马纷纷奔赴农村和山林，"划地为界"或"占山为王"，争做森林的"主人"或"庄主"。这一过程也是森林从一种农民生产生活必需的材料向社会财富转变的过程，于是，森林就不再仅仅是木材或灶楔了，而是一种实实在在的财产了。

3. 田园生活：从穷苦地到旅游资源

农村是人类生产活动的第一站，随着城市堡垒的出现和工商业的发展，农村成为治下之地。近代以来，随着外国资本主义工商业的冲击和国内发展的巨大不平衡，中国农村成为贫穷、落后的代名词。短暂的集体化时期，农村曾经是"大有作为"的"广阔的天地"。然而，随着城市化进程的加速和市场经济的发展，中国农村又开始成为"被遗忘的角落"；特别是在20世纪90年代以来，在描绘中国的城市与农村区别时，常用"城市欧洲"和"农村非洲"来比喻，意即，在中国现代化的进程中，农村明显地落后了，以至于曾经"农民真苦，农村真穷"一度敏感地刺激着我们的神经。

然而，迈入新世纪以来，农村也正在改变着它的历史。首先，2006年1月1日起废止《农业税条例》，标志着旧时代的终结，开创了国家与农民关系的新时代。其次，国家重视农村，不仅出台了一系列涉农惠农政策，而且还提出了社会主义新农村发展战略。农村发展开始进入一个新的历史时期。这其中，农村首先作为一种新型的社会资源得到了公认，这就是，农村开始成为旅游资源开发的重要组成部分。

其实，农村除了繁重生产活动和底层社会结构的贬义外，还是有它独特的地方，即它的自然特性。主要表现在：它有人类赖以生存的清新空气，与城市水泥地面相反的柔软且富有弹性的土地，提供的物品是人类生存和能量的来源，自然色彩与人的生理和精神之间存在着一种和谐共生关系，自然环境与人类生存之间有着说不清道不明的渊源，而在整体意义上形成的田园牧歌式的生活场景勾勒出人类生活的最高理想。在经历了城市化的洗礼之后，生活在城市中的许多人，常常在快节奏的工作之余向往假日之际的乡村之行。在那里，他们不仅可以放松身体，而且还可以放松心灵，在那"炊烟袅袅、鸡鸣狗吠的老屋中，现代人浮躁的、没有着落的身心，一下子平静地着陆了，静静地回归到人类生活的本源"。①

另外一个原因是，一代人的生活记忆不能简单地因为城市化而被遗忘。现在这个时代的都市人基本上都来自于农村，或者生活在农村家庭的氛围中；有的虽然本人工作在城市，但其家庭之根仍然在农村，时不时地回家或回村看一看；而且，老一辈也常常津津乐道于传统的乡村生活，虽然曾经是痛苦的记忆，但是经历了时间的流逝和记忆的析分之后，留下来的都是一些美好的回忆。也就是说，乡村印象在这一代人的心目中是一道绕不开的记忆。按照心理学的解释，青少年时代的记忆将对一个人的成长及性格的形成起着决定性的作用，因此，也就有了这一代人的恋农情结。而且，中国是一个重出身和传统的国家，来自于哪里，还有哪些牵挂等，常常潜意识地决定着一个人的行为及方式。

正因如此，农村正在以一种全新的社会资源——旅游资源或社会记忆的形态开始进入到社会之中。不过在目前，其主要形式仅限于一些临近城市区域的"农家乐"或"乡村游"；在分布上也有地域差异，如南方和地方特色的乡村田园休闲游，山区和森林的运动休闲游，草原的骑马放牧生活游，以及江河湖海的"渔家乐"等。

虽然形式有别，但它们作为旅游资源兴起的原因在于它与一般性的旅游资源一样具有三个特性：一是文化性，呈现的是正在消逝的农业文明；二是历史性，它是一代人的心理记忆，传统的、自在的或田园牧歌式的，人与自然的和谐共处；三是旅游特性，它不仅有山有水还有森林灌木丛，让人们在领略自然风光美景的同时，放浪形骸，休息身体，休憩心灵。另外，作为一种抹不掉的社会记忆，它也正在被倡导成为一种新型的生活方

---

① 王愉靖：《"红黄蓝绿"带活文昌特色乡村游》，《海南日报》，2011年6月18日。

式——"田园生活":"住农家屋、吃农家饭、干农家活、享农家乐"等。

不仅如此,一种新型的农业生产方式——"休闲农业",正在一些地区兴起。它的双重性是显而易见的:实物形态上,它是利用农业景观资源和农业生产条件,发展观光、休闲、旅游的一种新型农业生产经营形态;旅游形态上,它是农业生产方式的社会性开发利用。在综合性的休闲农业区,游客不仅可从事农业生产活动,而且还可以观光、采果、体验农作、了解农民生活、享受乡土情趣,体验度假、旅游之乐。"休闲农业"的出现,使农村旅游资源从物质形态、生活形态扩展到生产形态,不仅实现了农业生产方式作用的社会化,而且还使农村的社会化进到一个立体化的时代。

休闲农业是指利用田园景观、自然生态及环境资源,结合农林渔牧生产、农业经营活动、农村文化及农家生活,提供民众休闲、增进民众对农业及农村生活体验为目的之农业经营。休闲农业作为一种产业,兴起于20世纪三四十年代的意大利、奥地利等地,随后迅速在欧美国家发展起来。目前,日本、美国等发达国家的休闲农业已经进入其发展的最高阶段——租赁。

中国的休闲农业始于20世纪90年代,目前已进入一个全面发展时期,旅游景点增多,规模扩大,功能拓宽,分布扩展,呈现出一个良好的发展新态势。根据统计,全国休闲农业特色农户(农家乐)已发展至150多万家,具有一定规模的休闲农业园区发展至12000多家,直接从业人员近300万人,年接待游客7亿人次,年经营收入达900亿元左右。而且从布局来看,休闲农业产业几乎各县都有,在东部沿海城市郊区尤为多见。仅绍兴一县,休闲农园到2007年就有48家,其中从投资规划看,100元万以下的7家,占15.2%;101万—500万的23家,占50.0%;500万—1000万的8家,占17.4%;1000万以上8家,占17.4%。从经营面积看,23.2平方公里以上的有20家,最大的达280平方公里。从实际投入看,已经有资金投资的占总数的3.5%,其中投资100万以下的27家,占58.7%;投入101万—500万的15家,占32.6%;500万—1000万的1家,占2.2%。

从已有情况来看，中国休闲农业发展的模式多种多样，主要包括：连片开发模式、"农家乐"模式、农民与市民合作模式、产业带动模式、村镇旅游模式、休闲农场或观光农园模式、科普教育模式、民俗风情旅游模式等。

2004年和2005年，国家旅游局共评选出农业旅游示范点359处。其中，农业观光旅游点112个，占31.20%；农业科技观光旅游点60个，占16.71%；农业生态观光旅游点56个，占15.60%；民俗文化旅游点20个，占5.57%；休闲度假村（山庄）26个，占7.24%；古镇新村39个，占10.86%；农家乐18个，占5.01%；自然景区28个，占7.80%。从东、中、西三大区域分布来看，中国东部地区100个，占49.76%；中部地区65个，占32.1%；西部地区38个，占18.7%。从省、市、区分布来看，最多的是山东55个，占15.32%；江苏43个，占11.98%；辽宁34个，占9.47%；贵州18个，占5.01%；安徽、四川各17个，分别占4.74%；河北15个；浙江、广东14个；山西13个；河南12个；广西11个；内蒙古、新疆各10个；黑龙江、重庆各9个；北京、甘肃各7个；湖北、云南各6个；江西、上海各5个，其余均在5个以下。[①]

农村作为旅游之地的兴起在于农村资源的社会作用发生了根本性的变化，不再仅仅局限于农业生产活动，也不再仅仅局限于农村之用，而是作为一种社会化的资源正在成为社会生产和生活的一个重要组成部分。在这个过程中，农村的生产、生活形态完成了从一种习惯性的生活行为向社会化的旅游资源的转变。

4. 农村劳动力：从农民到人力资源

从上面的分析可以看出，农村赖以存在的前提——土地、资源和生存状态，随着改革开放和市场化进程，都开始进入到了一个社会化的过程之中，都开始进入到一个更大的社会交换网络之中。那么，作为农村社会存在的主体性因素——人口，特别是劳动力，又表现出怎样的外部化进程呢？

---

① 根据百度百科整理，http://baike.baidu.com/view/95251.htm。

在中国古代，农民首先是一个职业概念。词典的解释是，"长时间参加农业劳动的劳动者"。很明显，这只是作为一种职业的内在简单含义而存在。这与发达国家的 farmer 含义相对接近，与 fisher（渔民）、artisan（工匠）、merchant（商人）等职业并列：务农者即为农民，一旦不再务农也就不复为农民了，而是变成"士"、"工"或者"商"了。而且，自管仲"天下四行，士农工商"以来，到宋朝时，依然是主要的职业构成。同时，由于"农"为国之本，古代中国统治者基本上均秉持了重农抑商政策，主张全国民众按各自的专业聚居在固定的地区，形成稳定、清晰的城乡格局。也就是从这个时候开始，"农民"就不再仅仅是一种职业身份了，开始具有社会身份的含义。后来的职业世袭和购销垄断等政策更是强化了农民的社会身份：农之子恒为农。然而，仍然由于"农"为国之根本，农民依然受到统治者的重视，因此，在社会上也并没有形成严格的界限和严重的社会歧视。

新民主主义革命时期，农民是中国革命的主力军。正如毛泽东在《论联合政府》中说："农民——这是中国军队的来源。士兵就是穿起军服的农民。"[①] 刘亚洲先生在《谈农民问题》中仍然直言不讳："中国军队有着强烈的农民烙印，解放军最大的兵源仍然来自农民。"并且，农民还是革命的依靠力量，积极参与到中国革命的后勤、保卫和服务工作中。而农村，则成为中国革命的根据地，以毛泽东为首的中国共产党人结合中国革命的历史进程与中国实际情况，开辟了"农村包围城市、武装夺取政权"的革命道路。而农业生产，则为中国革命做出巨大贡献。中国革命演变为一场彻底的农民革命，正如毛泽东在《新民主主义论》中所说："中国的革命实质是农民革命。"[②] 从这个角度看，农民是社会发展的主导性力量。因而，新中国成立后和土地改革时期，农民就作为社会的主导性力量获得了认可：一方面，农民成为四大阶级之一而在社会上开始"扬眉吐气"，并且与工人阶级形成巩固的工农联盟；另一方面，农民作为国家的主人，获得了公民权利并得到了相应的财产权利，许多人均以是农民出身或者农民的后代而自豪。

---

① 《毛泽东选集》第3卷，人民出版社1991年版，第1078页。
② 《毛泽东选集》第2卷，人民出版社1991年版，第692页。

随之而来的农业合作化运动改变了农民的身份和地位。这不仅与国家的计划经济体制有关，更与户籍制度有关。1958年1月《中华人民共和国户口管理条例》正式实施以后，我国形成了"二元结构"的户籍管理体制。凡是具有城镇户口的居民（不管他从事何种职业）就是城市居民；具有农村户口的居民（不管他从事何种职业）就是农民，即把农民演变成身为"农业户口"者的代名词了。社会学家、三农问题评论家艾君在分析了我国现代社会上所认识的农民现象后认为，农民在我国现代社会里已经由传统意义上的"从事农业生产的劳动者"演变为简单明了的"一切农业户口者"。①

它给农村人口带来了两个方面的后果：

一是把农民变为农业生产者、农业工人，农村成为国民经济体系的一个生产部门。1957年我国基本上建立起了公有制占绝对统治地位的计划经济体制，在此基础上，国家开始对农业生产实行计划，于是，农村成为国民经济的一个生产部门。生产什么？生产多少？怎么生产？销售多少？何时销售？销售给谁？等等，这些本应与农民密切相关的生产活动不仅与农民自身无关，也与农村自身无关，而只与国家计划有关。农村的生产活动安排和规模完全依赖于国家经济活动的需求和计划。另外，在农村，副业和商业活动都在禁止之列，农村的生产功能被限制于只能从事农业生产活动，农村成为国民经济生产体系的一个且是唯一的农业生产部门。

二是从这个时候起，农民的社会身份特性上升到主要地位。主要原因在于，户籍藩篱使农民"固化"。即便你在外从事非农业工作数十年，只要身份没有变更，仍然会给你定性为农民，由此产生出"农民"一词已由简单化走向了复杂化。这个时候，对农民的翻译也倾向于用peasant而非farmer。无论在研究中还是在日常生活的语境中，人们谈到"农民"时想到的并不仅仅是一种职业，还包括一种社会等级，一种身份，一种生存状态，一种社区乃至社会的组织方式，一种文化模式乃至心理结构。在这些社会里，不仅种田人是"农民"，就是许多早已不种田的人、住在城里的人，也被认为具有"农民"身份。②

---

① 百度百科"农民"，http://baike.baidu.com/view/24915.htm。
② 百度百科"农民"，http://baike.baidu.com/view/24915.htm。

然而，社会需要农民，城市需要农民，特别是工业建设和发展需要农民。毛泽东在《论联合政府》一文中讲道："农民——这是中国工人的前身。将来还要有几千万农民进入城市，进入工厂。如果中国需要建设强大的民族工业，建设很多的近代的大城市，就要有一个变农村人口为城市人口的长过程。"① 于是，在身份的制度结构仍未解体的情况下，一种新的社会身份——"农民工"出现了。它使得农民的劳动能力不仅仅作用于农业领域，也进入到城市社会之中，农民的劳动能力开始成为社会化生产所需要的普遍意义上的不可或缺的要素。不过，虽然他们的工作场所和工作内容都发生了根本性的变化，但是，他们的身份仍然是农民，不享有城市工人同等的福利待遇；而且，他们在城市里从事的工作仍然以体力劳动为主。所以，处于"农民工"阶段的农民，虽然他们在外部形态、活动对象及内容等方面发生了巨大的变化，但是，他们的内在本质仍然是农民性的。

随着社会的发展，这一情况也在悄悄地发生着变化。主要在于两个方面的原因：一是进城的农民工经过城市工作和生活的洗礼，已经完全融入到了现代化的社会大生产过程中，他们具有的不再是农业生产知识和农村生活经验，也不再仅仅是农民的生存性思维方式，而是工业化、现代化和科层制管理性的知识文化，他们的行为和思维方式已经着眼于市场经济和现代社会。内在本质上，他们已经发生了根本性的变化，从一个具有农民身份的工业劳动者转变为一个现代化的生产要素。二是近年来的情况表明，"农民工"买方市场已经形成。在诸多企业主、诸多管理者和研究者看来，他们已经作为生产要素在工业生产和商业流通过程中不仅具有生产、创造能力，而且还能够创造产品、创造财富，促进经济发展。也就是说，他们已经成为社会财富创造和经济发展的重要组成部分了，不仅是过程意义上的，且是资源和条件意义上的。从这个角度看，他们已经成为一种人力资源了。

从以上分析来看，作为人口的农民经历了一个"农村劳动力、农业生产者——农民身份、农业工人——农民工（社会化的生产要素）——一般意义上的人力资源"的演变过程。在这个过程中，农民不仅超脱了

---

① 《毛泽东选集》（第3卷），人民出版社1991年版，第1077页。

农业生产领域和农村场景，更是从一个传统的农业生产者转变为现代化大生产不可或缺的一分子，并进而演变成一个具有社会化的生产技能和文化知识的人力资源，农民不仅实现了他们在职业上的转变，更是实现了他们在知识、技能和素质方面的现代性转变。

二 劳动力的社会化

由于我国特殊的国情和历史，农村劳动力的社会化过程主要表现为两个阶段：一是国家化阶段；二是市场化阶段。

1. 劳动力的国家化：集体劳动

劳动力的国家化主要是通过"集体"的构造和"集体劳动"实现的。而"集体"的构造又是通过农业合作化运动实现的。首先，表现为劳动资料与劳动力的分离；其次，表现为劳动者与劳动能力的分离，这主要是通过生产关系的变革来完成的。随着农村生产资源的集体化，农民个体被国家化，成为合作社的社员。而随着农民的社员化和国家化，农民天赋享有的"劳动"权利则成为一种必须履行的义务，开始进入国家管理的范畴。1956年《农业生产合作社示范章程草案》第四十八条规定："农业生产合作社社员，除了有特殊得到社员大会许可的以外，都必须每年在社内做够一定的劳动日。" 1956年6月《高级农业生产合作社示范章程》第三十四条规定："合作社根据生产的需要和社员的自报，规定每个社员在全年和每个季节或者每个段落应该做到多少个劳动日。"这样做的目的只有一个，即把农民大规模地组织起来变成"产业军"[1]，"变成农业工人"[2]。1962年9月《农村人民公社工作条例（修正草案）》第四十六条规定："人民公社社员……在公社内必须履行自己一切应尽的义务。""每一个社员都应该自觉地遵守劳动纪律，必须完成应该做的基本劳动日。"第二十九条规定："生产队应该组织一切有劳动能力的人……根据各人的不同情况，规定每人应该完成的基本劳动日数。"[3] 1978年12月22日修改后的《农村人民公社工作条例（试行草案）》第三十五条规定："要组织一切有

---

[1] 《关于人民公社若干问题的决议》。
[2] 《关于人民公社过渡问题——浙、皖、苏、沪四省市座谈会纪要》。
[3] 《农村人民公社工作条例（修正草案）》。

劳动能力的人参加劳动，民主评定每个男女全半劳动力全年应该完成的基本出勤日和投肥任务。"① 通过生产资源的合作化和农民的组织化，农民的劳动行为就不再仅仅归属于个体了，而是成为国家化的劳动行为，其劳动的行使权利在国家，劳动的组织和管理权利也在国家，于是，导致了劳动权利与个体农民的分离，而以社会义务的形式转而与国家统一起来。

它带来的结果是，个体基础上的所有者与生产者的分离，所有者与消费者的分离，生产者与消费者的分离，实现了集体基础上的所有者与生产者的统一，所有者与消费者的统一，生产者与消费者的统一。于是，以生产集体为基本的行为单位，以生产集体范围内的土地资源为劳动对象，以集体的分子——农民为执行者，组织农民进行规模化、集体化的农业生产劳动就是理所当然的了。这才有了农民的集体劳动，有了集体化的农业生产行为。

在集体劳动中，劳动力的管理是最重要的工作。主要有以下方面：

按照劳动力素质配置。合作社统一安排劳力的原则是，"使人尽其能；……发挥所有社员的擅长，使男女老弱各得其所②社管理委员会特别是生产队，应该仔细了解每个社员及其家庭成员的特点和特长，做到"用其所长，各得其所"。……对于劳动力弱的人，则应当从副业生产、田间管理和包地块等方面，适当安排他们的工作"③。同时，劳动分工在劳动能力要有所区别，要使熟练劳力与非熟练劳力、强劳力和弱劳力、主要劳力和辅助劳力分开并能够互助配合。而且，生产队要从年初开始，对每一户每个人在劳动分工上进行合理安排，要使得凡能参加生产劳动的每一个人，都能按其所长参加一定的劳动。④

按照劳动性质配置。要求按照不同的农活性质，规定哪一些农活应该集体进行，哪一些农活则应分散进行，即所谓：大活集体干，小活分开干。⑤ 而所谓"大活集体干，小活分开干"，时任中央农村工作部长的邓子恢有更进一步的说明："主要农活必须集体干，但是，做活的班子必须

---

① 《农村人民公社工作条例（试行草案）》
② 《关于如何争取农业社百分之九十社员增加收入对各地的建议并向中央的报告》。
③ 《中共中央关于做好农业合作社生产管理工作的指示》。
④ 《中共中央批转中央农村工作部关于全国农村工作部长会议的报告》。
⑤ 《中共中央关于做好农业合作社生产管理工作的指示》。

组织好,需要几个人就去几个人,需要什么样的人就去什么样的人。"①1961年3月20日《曾希圣同志给毛泽东同志的信》中则更加具体:"大农活和技术性农活统一。以水稻为例,就是犁耙、泡种、育秧、插秧和割稻、打场等统一,这些工都是以集体劳动来做的,只有剩下的田间管理工,实行责任制到人,分散劳动。"

按照劳动强度与时间配置。为了克服劳动强度和劳动量需要与供给之间的非均衡性,强调要根据生产的需要,保持劳动供给与需求之间的平衡。关于这方面的规定,始见于1956年9月12日《中共中央、国务院关于加强农业生产合作社的生产领导和组织建设的指示》,要求"做到农忙季节劳力够用,农闲季节剩余劳力也有出路"。1959年2月6日,《中共中央批转中央农村工作部关于全国农村工作部长会议的报告》要求:"应该合理组织山区与平原、城镇与乡村,忙时与闲时及各业之间的生产协作,以调剂劳力余缺。"对于那些季节性很强的大规模农业基础设施建设,应该适当地安排较多的劳动力,不过在时间上有要求,主要集中在冬季和春季。在农忙季节,水利、交通等基本建设,林业和副业等生产,都要同农事季节相结合,农忙时少办,农闲时再多办。

按照行业分工配置。做到农业与副业、当前生产与基本建设各方面的劳力需要都得到妥善安排,合理地调整劳动组织。县联社和人民公社的各级组织,都必须学会在生产各部门(农业部门、工业部门、运输部门)之间,在经常性生产任务、突击性生产任务、服务性任务之间,合理地分配和调度劳动力,避免这里有事无人做、那里有人无事做的现象。农村人民公社的全部劳动力,用于农业生产方面的,包括用于林业、牧业、渔业、副业生产方面的,一般应当不少于80%;经常用于工业生产、交通运输、基本建设、文化教育卫生和生活服务等方面的,不能超过20%。

为了保障集体劳动的有效实施,这一时期,还从制度上对劳动过程进行规范。主要包括劳动责任制度、定额管理、劳动时间管理和休息休假制度四个方面。

责任制度。1953年《中国共产党中央委员会关于发展农业生产合作社的决议》中,关于劳动责任制度只能笼统地署以"专职专责",没有具体的

---

① 邓子恢:《在全国第四次农村工作会议上的总结报告》。

针对对象，究竟是指管理者呢？还是指劳动者？这个问题在《中国共产党第七届中央委员会第六次全体会议（扩大）关于农业合作化问题的决议》中得到了明确规定，劳动责任制度既是针对劳动组织而言，也是针对劳动者而言。生产队、生产小组有劳动管理规定和制度，他们与组员之间也有关于耕作、饲养牲畜和保管农具的责任制度。这一政策很快在各地得到了落实。随后，福建省在劳动力安排过程中全面地贯彻生产责任制①，江苏、安徽等地创造了"任务到队，专业到组，措施到田，责任到人，插标验收"② 等办法。1958 年 9 月 30 日，《人民公社化运动简报》第四期文章《全国基本实现了农村人民公社化》，对农业生产责任制度作了系统地总结，主要有：计划管理、定额管理、劳动考核、固定责任制、验收制、奖惩制等，并强调要把这些责任制度继续固定下来，加以运用。其后，1958 年 12 月 10 日《关于人民公社若干问题的决议》要求，要"在生产任务和其他任务中继续执行和巩固分层包干的责任制，切实保证提高劳动效率和工作质量"。1961 年《农村人民公社工作条例（草案）》规定，生产队为了便于组织生产，可以划分临时的或固定的作业小组，划分地段，实行季节的或小段的包工，建立严格的田间管理责任制。到了 20 世纪 80 年代初，则要求改革计划管理，逐步推行合同制，普遍实行生产责任制和定额计酬制。生产责任制度广泛地应用到了农业生产的各个方面。

关于农业生产定额管理，最早见于《中国共产党第七届中央委员会第六次全体会议（扩大）关于农业合作化问题的决议》，规定"建立定量、定质的劳动生产定额（即标准工）的制度"。在实施过程中，各地农民创新了多种形式，如"三固定""四固定"等，目的在于编好劳动定额的基础，包工包产。不过，针对农业生产而言，定额管理有相当的难度，主要原因在于，"农业定额和工业定额不同，它具有极大的地方性，还经常受着自然条件的影响"，因此，"各社规定的定额标准，必要时也应该根据情况变化加以调整，并且应该使生产队在基本不变动包工的工分总数的前提下，有权作必要的机动调整"。③ 为了提高劳动定额管理，除了继

---

① 《关于如何争取农业社百分之九十社员增加收入对各地的建议并向中央的报告》。
② 《华东区农业协作会议》。
③ 《中共中央、国务院关于加强农业生产合作社的生产领导和组织建设的指示》。

续实行按劳动操作为标准的定额管理外，同时又要逐步实行按每人劳动日定产量、定产值的定额管理①，并且深化定额管理，将管理落实到农民个体，落实到具体的生产环节。它对当时的劳动管理和提高劳动质量有积极作用，但它有一个缺陷，即定额工作相当烦琐，容易陷入数量决定性的悖论之中，劳动质量得不到保证。这个问题在人民公社制时期一直没有得到很好地解决，只是在1978年年底《农村人民公社工作条例（试行草案）》作了一个原则性的规定，"制定劳动定额和考核劳动成绩，要把农活质量放在第一位"②。

劳动时间总量。1956年9月12日，《中共中央、国务院关于加强农业生产合作社的生产领导和组织建设的指示》中确定，农民必须首先保证"社内规定的劳动日"。究竟多少个劳动日才能算得上是标准呢？各地农业生产方式和作物都不相同，但有一个基本的劳动数量，这就是一个劳动力全年应该做满三百个劳动日。同时，实行八小时工作制。一般说来，正常劳动时间一般为八小时，忙时可以有十小时，最忙也不可以超过十二小时。另有一说是，鉴于当时社会主义教育运动开展的实际情况，应当在八小时劳动之外，进行两小时的时事政治学习，并形成一项制度固定下来。不过，在那些遭灾歉收、口粮标准低和冬季农事活动较少的地区和社队，在农闲季节可以实行每日劳动六小时或五小时的制度，如果农活确定不多，还可以实行半日劳动、半日休息的办法。

休息休假制度。休息制度最早见于1958年的报告，确定农民的睡眠时间一定要有八小时，加上吃饭和休息时间四小时，共计十二小时，一定不可少。这一规定随后就被写进《关于人民公社若干问题的决议》中，成为指导全国农民休息的指导性文件，并且强调，农村中的一切活动都不得侵占社员的睡眠和休息时间。休假制度在1960年开始成为一个问题。由于"三年自然灾害"的影响，各地饥饿问题十分突出，湖北省率先开始实行社员休假制度，规定男劳动力每月休假两天，女劳动力每月休假三天③。1960年11月3日，《中共中央关于

---

① 《中共中央批转中央农村工作部关于全国农村工作部长会议的报告》。
② 《农村人民公社工作条例（试行草案）》。
③ 《湖北省委关于调动群众积极性的十项措施》。

农村人民公社当前政策问题的紧急指示》将女社员每月放假的天数增加到四天。随后1961年的《中央工作会议关于农村整风整社和若干政策问题的讨论纪要》规定公社的假期，男劳动力由每月两天改为四天，女劳动力由每月四天改为六天。另外，还可以分批轮流放假，在农事大忙的时候，也可以把放假的日子移前挪后，但是必须保证平均每人每月有四天或六天的假期。

在这些规范制度的约束下，农村劳动力就被组织起来，集体从事农业生产劳动。这个时候，劳动力的使用就不受其自身内在的动力驱使，而是受制于国家计划下的集体干部了。按照诺贝尔经济学奖获得者 J. 希克斯的解释："生产手段的最终支配权通常不是掌握在主要生产者手里。生产品及劳务不是由生产者直接交换，而是被提供给些中心，重新分配。剩余的东西要转移到统治者和其他非农业者（non-farmers）手里。"这一切非因市场因素而起，而是"典型官僚政治中"的"由上层指导的专门化"，它带来的结果是，农村劳动力的国家化，以及劳动力使用、劳动效率的社会化。

2. 劳动力的市场化流动：体制与人口双重动因

农村劳动力的市场化流动主要与两个因素有关：一是国家政策体制的放开，自1984年起允许农民向城镇流动。但是，从"公安部关于贯彻实施《国务院关于农民进入集镇落户问题的通知》的通知"之规定来看，国家仍然不希望农民大规模涌入城市，造成不必要的行政负担，但在城市对农民封闭20年后，终于又打开了一个口子——农民可以进入集镇，农民进城仅限于"集镇"，仅限于县城以下的"小城镇"，而对于大城市的农民城市化问题仍然没有明确的规定①，对于从低一级的城镇向高一级城市迁移也是严格控制的②。二是家庭联产承包责任制的实施，取消了强加在农民身上的制度控制，把农民从严格的集体控制之下解脱出来，把农民

---

① 《国务院关于农民进入集镇落户问题的通知》最后一条规定："大城市郊区的集镇，如何解决农民到集镇落户问题，由省、自治区、直辖市人民政府自行确定。"

② 《公安部关于贯彻实施〈国务院关于农民进入集镇落户问题的通知〉的通知》第二条规定："集镇自理口粮常住人口由集镇迁往农村，以及集镇与集镇之间的迁移不受限制。迁往县城关镇或其他城市的，应按过去迁往城镇的有关规定，事先取得迁入地的《准予迁入证明》，现住地方可办理迁出手续。"

从组织化的农业生产体制之中解放出来，使农民成为农业生产者，用当时的话来说，叫作"调动了农民生产积极性，是适应我国农业特点和当前农村生产力发展水平以及管理水平的一种较好的经济形式"。两者结合在一起，产生的聚集效应和社会效率是惊人的。20世纪80年代初的乡镇企业的崛起，80年代末90年代初的"十亿农民九亿商"，以及20世纪末21世纪初大规模的"农民工"流动，生动地描绘了农村劳动力的解放程度和向城市聚集的效应。它表明，农村劳动力资源与城市就业市场需求之间存在如此大规模的契合，而这种契合是多么的顺应社会发展的潮流。

乡镇企业的发展带来了小城镇的大发展（具有代表性的是江浙地区的城镇化进程），并带动了中国的城市化进程。而且，在综合小城镇发展战略和大中小城市发展战略的基础上，国家还适时的提出了城市群发展战略。

不过，我国的城市发展进程呈现出明显的阶段性和地域性特征。与之相对应，我国农民的流动也经历了一个阶段性的发展历程。按照城市发展历程和地域分布格局，有以下三个阶段：

第一阶段：涌向大城市及东部沿海阶段。这一阶段在城市化进程上表现为，建设社会主义商品经济社会，开放沿海城市，建立经济特区（1984—1997年）。相比较而言，这一阶段，由于东部和沿海城市处于优先发展地位，因而直接吸引了大量内地的农民，使得中西部地区农民纷纷涌入这些地区的城市和城镇。1993年12月10日，上海市进行了第五次流动人口抽样调查，结果表明，每天有外来流动人口331万，比1988年10月20日第四次调查的192.9万增加了138.1万，年递增率为11.4%；根据流动人口的80%为农村流动人口，1993年上海市的农民工为265万人。当然，由于这一时期地区经济发展差异，尤其是产业发展模式的差异，使得不同地区在吸纳农民工就业时也存在一定的差异（珠三角制造业是农民工就业最集中的地方，吸纳了农民工的近19.1%，长三角制造业吸纳了农民工的12.5%。上述两个地区的制造业共吸纳了农民工的31.6%，占全部制造业农民工的81%）。

第二个阶段：均衡和有序流动阶段。主要原因在于，国家提出西部大开发战略以及中部崛起战略，使得农民工职业分布的地域结构逐渐发生变化。虽然仍然是以东部地区为主（长三角、珠三角和本省的制造业、建筑业、住宿餐饮娱乐业共吸纳了全部农民工的 67.8%），但是，由于中西部地区的经济逐渐发展以及东部地区的产业转移，中西部农民流向所在省的人数显著增长，但增长速度仍然没有赶上流向东部及沿海城市的速度。这一阶段，农民外流主要考虑的不再仅仅是经济和地域，还有收益和其他因素，并且后者可能居于主导性的地位，使得农民根据市场化的需要来决定是否外流及流动到哪里。

第三阶段：市场化流动阶段。国家提出建设社会主义新农村以及统筹城乡发展战略，无疑会对将来的农民工职业分布造成一定的影响。加上农民对比较收益的考虑，他们流入城市的强度呈现出下降的趋势。而且，2009 年之后在中西部一些地区还出现了农民工返乡现象。这不仅是农村劳动力流动的市场化体现，更是农民理性化的表现，它意味着，农村劳动力的市场化流动已经超脱了城市或工业的社会性限制，而以效益为最终的决定性因素。

3. 劳动力的社会化使用：劳动效益

农村劳动力市场化流动的结果是劳动力的社会化使用。即农村的劳动力不再仅仅限于农村和农业，也不仅仅限于城市和工业，也不仅仅囿于单纯的经济效益，而是着眼于抽象劳动基础上的整体效益。其中，特别是货币收入，成为他们流动的最主要因素。为了获得更多的货币收入，农村劳动力做出他们自己的选择。从目前情况来看，主要表现为两种形式：

一是促进了农民分工的社会化。20 世纪 80 年代，大多数农村家庭在解决了温饱问题后，"袋子"问题也随之凸现了出来。说到底，就是农业生产的比较收益太低，农民的收入长期徘徊不前，根本不能满足农民日益增长的物质和文化生活需要。而要改变农村落后的状况，最根本和最有效的途径就是改变收入结构，增加收入来源。其中，最有效的方式就是充分发挥农村的劳动力优势，寻求劳动力稀缺的市场，以实现劳动力的社会化流动，在流动中实现劳动力的价值。当然，劳动力市场的解决不可能在农村社会内部完成，而只能依赖于农村社会外部。因此，农民开始走出农村，走向市场，成为社会化式生产中不可或缺的生产要素。它带来的结果是，促进了农民分工的社会化。从年龄变化趋势来看，从成为劳动力至 45 岁以前，被社会化的可能性远远大于进行农业生产的可能性；超过 50 岁以后，留在农村进行农业生产的可能性大于被社会化的可能性。从性别来看，在同等条件下，男性一般选择外出，而女性则留在农村继续从事农业生产。相对而言，年龄的决定性作用大于性别，原因在于婚姻因素的缘故。因此，年龄因素成为农村农民就业选择的首要先决条件，性别因素成为次要约束条件。在目前的情况下，"青工老农"成为农村农民分工社会化的首要特征，"男工女农"成为农村农民分工社会化的次要特征。

二是促进了农村内部分工的社会化，并直接导致了生产过程中市场交易行为的出现。由于农民分工的社会化，直接导致农业生产过程中的分工，主要表现为产前、产中与产后三个环节的分工，更表现为机械动力与体力的分工。此类分工缘于农村兼业特别是交通运输业的出现。分工的内容主要表现在农业生产资料的购买和农副产品的销售上。当需要购买生产资料或出售农副产品的时候，农民只需要打一个电话，车主此时就会主动上门。从这个角度来看，农业生产过程在一定程度上也实现了社会化分工，主要是运输业与农业生产直接过程的分工，而分工的内容主要是大型或重量级农业生产资料的购买及农副产品的销售，即"放大抓小"："大"的货件交给交通运输业，实现了农业生产产前、产中与产后的社会化分工；"小"的货件则仍然由农民自己与市场进行直接交易；或者"抓主放次"，某些农民专营一项农村副业，经过一段时间形成某一行业的垄断，而放弃那些工作总量不利于专业化的行业，把时间、精力和投资集中于对自己更有利的行业之中。

同时，由于农民分工的社会化，农村内部市场化交易行为开始出现。在农村，自古就有"互帮互助"的民间合作形式，并在农业合作化运动初期获得了国家政策上的支持。由于农业生产具有非常强的自然张力，对时间的要求非常严格；并且，农业生产还需要较强的劳动强度，故在家庭联产承包责任制实行后，在一定程度上恢复了这种民间互助形式。这种形式上的"互帮互助"主要缘于农业生产自然过程对人力短时间的强制需求。然而，由于农民分工的社会化，农村内部的"互帮互助"开始以市场化的交易行为出现，并成为目前农村解决劳动力短缺的最主要方式。这不仅实现了农村农业劳动力利用效率的最大化，还实现了劳动能力的流动和帕累托化配置。当然，劳动力的使用并不是无报酬的，各地有具体的平均价格，它使农民的劳动能力在农业生产过程中实现了它的价值。

不仅如此，劳动力的市场化流动和社会化使用在改变着当前农村劳动力配置状况的同时，还在改变着农民的观念和想法，改变着他们的思想和行为，使得农民的思维和行为越来越理性。从经验来看，主要表现在两个方面：

一是着眼于抽象劳动基础上的经济效益。这与近年来一些农村劳动力的异动情况有关，主要表现为一些农民工返乡和向中等城市、中西部地区聚集。根据我们的研究，改革开放之初，农民外出一般选择就近就业，如乡镇企业和所在县城、省会城市等；20世纪90年代以来，特别是新世纪初，农民特别是青年农民外出一般选择在大城市和东部地区，因为这些地区发达，提供的就业机会相对较多，工资水平也相对较高。然而，近年来的情况表明，由于生活成本以及竞争的激烈，在东部地区和大城市发展趋缓之后，一些农民工选择到中西部地区和中等城市就业。至于工种的选择，仍然没有固定的模式，而是根据当地的需要自觉地调整自己。还有一些农民工在年终返乡之后，要么持观望态度，要么就留在家乡，根据家乡的资源条件自主创业，特别是一些养殖业和农副产品加工业等。在他们那里，已经没有了"外出人"的心理优势，而是趋于平静，以市场经济为准则，通过最大程度地发挥劳动力的作用来实践自己的价值。也就是说，这些农村劳动力不再追求具体的工种、地域等，而仅仅是为了一般等价物。这是抽象意义上的劳动，追求的是劳动的价值，一般意义上的经济效益。

二是农村劳动力流动与否不仅仅与货币收入有关，还着眼于成本——收益基础上的整体效益。虽然初涉市场的农民外出主要缘于获得更多的货币收入，但外出的经历也给他们上了生动的一课。在外出流动的过程中，他们发现，市场确实如其所言，不仅有机会，而且还有风险。但影响市场风险的因素太多，入市时机、地点选择、薪酬希望、交易规则、工作环境、同事关系、个体能力、教育水平，企业的生产和销售周期，甚至企业领导者个人的偏好等，都将影响到他们的市场化行为是否能够成功。也就是说，从他们进入劳动力市场的那一刻起，他们要考虑的因素就有很多，相对于农民而言，这些因素均来自社会，都是不可控制的因素。在这些不可控制因素的前提下能够找到一份适意的工作，对农民而言可不是一件简单的事情，而且，诸多农民工还要受到家庭因素的制约。于是，在空闲、年初之时，经过市场熏陶的农民工不再是盲目地外出，而是先行获取市场需求信息，考虑可能的工资收入，当地的生活成本，而且还要考虑机会成本，在综合权衡的基础上，才确定其就业行为及流入倾向。在这个过程中，农民工追求的不再仅仅是货币收入的最大化，而是整体效益的最大化。另外，在农民工职场还出现经常性的跳槽行为，它也是农民工在成本支出一定的基础上追求效益最大化、从而实现整体收益最大化的表现。

这些情况说明，农民不再仅仅是一个专门从事农业生产的人，而是一个融于社会化生产过程中的人；农民不再仅仅对农业生产有用，而是对整个社会都起着决定性的作用。因此，当今的农村劳动力不再仅仅是一介"农民"，不能仅仅表现为纯粹意义上的"经济人"，而是一个实实在在的"社会人"，一个在社会中实现其价值的劳动者。

三 交流信息的社会化

农民的社会化不仅表现在他们自身的社会化，行为的社会化，还表现在他们交流信息的社会化。并且，正是有了信息的社会化，才有了农民的社会化。与农村劳动力的社会化过程一样，农民交流的信息也经历了一个历史性的变化过程。

1. 传统时期的"信息封闭"

农村社会的封闭性与信息的封闭性是共生的。即是说，传统农村社会的封闭性导致农民的社会交往十分狭隘，而狭隘的社会交往又进一步限制了信息的扩大和流通，导致了农村信息只能在农村社会内部的流动；或者是，由于信息上的封闭性导致了农民不可能有超越村庄范围的社会交往，他们的交往对象只能限定在家族和扩大化的家族范围内，这反过来又导致了传统农村社会的封闭性。而农村的封闭性又主要是由两个方面的原因造成的：一是传统的小农经济生产方式；二是以自然村庄为单位的"熟人社会"。

传统的小农经济生产方式不需要过多的信息。农民劳动对象固定，生产工具简陋，劳动安排随一年四季而有规律地更替，"看田下苗，看天吃饭"，随着年龄的增长，每个农民出身的人都会自然而然地学会犁田耙地，栽秧割禾，熟悉春种夏收和秋播冬藏。这些经验的获得绝大部分来源于自然的习得，也有一部分来自老一辈人的示范引导，这是一个代代相传的自然过程，因此，农民的生产信息完全依赖于自身的传承，对外部信息没有依赖性。并且，也极少有与生产有关的起着巨大影响或作用的信息渗透到农村去。同时，由于小农家庭之间的同构性，以及小农生产方式的同质性，农业生产的自然特性，使得农民的生产活动基本上是与土地打交道，农民个体也没有必要从别人那里获得过多的农业生产知识，也就没有必要与其他家庭就农业生产进行过多的交往。在这种情况下，农村家庭之间发生关系，更多的是社会关系如人情往来，专门为生产需要而发生的社会交往在农民的生活中只占极小的部分，且是社会关系的补充而非基础。

不仅如此，传统农民所在的"熟人社会"还能够为其提供活动的所有信息。由于传统农民所需知识和信息相对简单易学，所以，一个农民可以通过观察自然、熟悉农作获得关于生产活动的一切技能，可以通过柴米油盐、锅碗瓢盆等物件透露的信息知晓日常生活所需的一切，还可以通过大人言行、待人接物惯例、地方风俗文化等获得社会交往的基本知识。在生活中遇到困难，可以问长辈问同侪问闺友；在生产中遇到难事，可以问长辈问老农或"看别人下样"；在交往中遇到难以抉择的事情则可寻求族老长辈；如果遇到人事难以解决的问题，还可以问天问地问鬼神，并通过谕示式解释来获得圆满的解决。也就是说，农民所在的"熟人社会"足以维持小农生存和发展之所需。同时，农村信息的传播基于熟悉的社会关系，熟人之间的信息交流也不存在任何限制性的因素，而只在于农民自身的主动性和学习能力，所以，只要是有心或有意，农民都可能通过熟悉的社会和熟悉的人，学习由来已久的知识，获取他想知道的所有可能的信息，这也使得农民不需要更多的外来信息。

同时，传统农村社会的技术和条件也限制了信息在大范围内的传播。信息的传播和扩大依赖于一定的经济和技术条件，而只有当这些条件有机结合时，信息才能在更大范围内传播开来。这些条件包括：有受众、有用的信息、传播的媒介、有传播机构和传播者，只有在这四者结合的基础上才可考虑到信息传播要达到的效果。而在传统农村社会，农民已有的信息能够满足其基本需求；农民并不需要外来的或更多的信息，表明没有需求的受众；信息传播的媒介主要是言语，它不仅受到地域的限制，更受到传播者自身的限制，不可能短时间在大范围内展开；并且，正是因为大家都一样，村庄都差不多，也不存有强烈意向的内容需要及时地传播开来，也没有人对此而积极地活动，所以，也就谈不上有意识的目标效果。

由是观之，传统农村社会的信息表现出"横向封闭"的特点，每个村庄自成体系，信息就在村庄内部循环往复，代代相传；而在村庄之间，则表现出明显的"相对独立"特征。

此外，传统农村社会的信息还呈现出"纵向封闭"的特点，仅靠数量有限的儒者维系着农民与国家政权之间的关系，并且是单一性的政治关系。这一套信息体系不仅不能囊括农民的信息体系，而且在内容上与农村内部的信息体系也是完全不一样的。相对于农村的信息而言，它是外在的、高高在上的，与农民的生产生活没有密切的关系，且只是在某些特定的时候才显示出它的效力。

因此，在相当长的一段时期内，传统农村社会是静止的、停滞不前的，是一个没有变化的社会，农村的信息也就处于一个相对静止的状态。不过，随着中国近代化进程的启动，特别是外国力量和经济的冲击，19世纪以来的农村也遭遇了外来信息的冲击和影响。这其中，影响最大的就是工业产品，它不仅为乡村社会带来了"世界"和"市场"等概念，也带来了诸多"洋东西"，如"洋火"、"洋油"、"洋布"、"洋蜡"、"洋灰"，还有"洋铁"、"洋车"、"洋枪"、"洋烟"、"洋教"等，它为传统中国农村的封闭信息开启了一个世界化的小窗口。

2. 集体化时期的信息控制

历史进入到20世纪50年代，随着农业生产的集体化和农民的组织化，农村也开始进入到一个信息控制的时代。相比较于传统农村社会的"信息封闭"及其特征而言，这一时期的信息状态主要表现出以下四个方面的特点。

一是信息以自上而下的纵向传播为主。在传统农村社会，信息传播主要表现为横向层面，它主要包括：村庄范围内部的信息循环，这是一种自成体系的流通系统；间或有乡村之间的信息交流，但它仍然是一个水平式的信息交流；19世纪后期的外来信息进入乡村，体现的仍然是一种水平的信息传播。

而自土地改革以来，信息开始成为国家控制乡村社会的重要工具，随着国家政权的下乡而开始下乡。中央有专门管理信息宣传的部门，地方上也有相应的机构，农村还有专门的宣传员，形成了一个自上而下的信息传播体系。它们的主要任务是，承担党的喉舌功能，负责宣传中央的政策文件精神，以及地方正在发生的一些重大事件。每当国家有方向性的或重大事件发生，这套系统就会紧急动员起来，自觉地将重大信息传递到农民那里，如土地改革、合作化和人民公社化、社会主义教育运动、农业学大寨运动等。这些信息的传播与其说是为了让农民更多地了解国家和社会上的大事，毋宁说是为了统一思想，坚定农民的社会主义方向，更好地引导农村走社会主义道路。与之相对应，在乡村的公共信息之中，农户之间的邻里关系、人情往来等以往居主要地位的传统信息就退居其次了。

二是有线广播成为农村信息传播的最主要媒介。传统农村社会的信息交流媒介是口口相传的语言，它受制于人的生理特性，因而具有传播速度慢、内容少、受众少、传播面小的特点。与之相对应，以有线广播为主要信息传播则具有传播速度快、传播迅速及时、不受距离和文化程度限制、内容受控且量大、接受面广等特点。正因如此，自20世纪30年代以来，我党就充分利用这种形式进行信息宣传，以配合正在进行的革命斗争。农村合作化运动开始后，更是加大了有线广播的建设。特别是在全国"大跃进"运动的整体氛围下，乡村有线广播网的建设进入高潮。截止到1958年底，全国所有省市、县都建起广播站，90%的公社、80%的大队、50%的自然村通了广播，广播喇叭发展到1.34万只；至1976年年底，全国已安装有线喇叭11300万只，95%的生产大队和91.4%的生产队接通了有线广播，61.5%的农户安装了广播喇叭，在边远地区和少数民族地区还建立了15.4万多个小片广播网。① 不过，随着改革开放的进程，到1990年，农村广播通播率和喇叭入户率已分别下降至69.9%和37.3%，而同期的收音机和电视的社会拥有量已由1978年改革开放之初的7546万台和304万台分别上升至1990年的25123万台和18546万台。收音机和电视已逐渐成为乡村社会更受关注的传播媒介，有线广播正慢慢淡出人们的视野。并且，随着农村人口的外流，新式信息传媒的出现并在乡村社会的广泛使用，使得有线广播退出了历史的舞台。

三是以政治宣传为主。根据刁小行的研究，在20世纪80年代以前，有线广播是党和政府尤其是基层党委和政府对乡村社会进行政治宣传动员、贯彻党和政府方针政策、指导社会生产活动和丰富农村文化生活的非

---

① 赵玉明主编：《中国广播电视通史》，中国传媒大学出版社2006年版，第317页。

常重要的媒介；同时它也是村民群众获取信息，与外界进行交流的重要途径。①

综观有线广播在乡村社会中的传播内容，大体可以分为政治信息、农业信息、文艺信息及服务信息等，其中，政治信息居于主导地位，主要包括：

> 中央电台的《新闻和报纸摘要》，《各地人民广播电台联播》节目，本省电台的《全省广播电台和广播站联播》节目等，还有一些地方性的有线广播台站自己采编的本地新闻。在遇到党和国家的一些重要事件和重大节日时，中央电台会进行实况广播，有线广播台站一般都会进行同时转播。除了进行新闻报道，乡村有线广播的另一个非常重大的作用就是配合会议——文件系统向乡村社会传递政治信息，动员村民群众参与各种政治运动。举办广播大会就是其中一种"突击性的大规模动员的有力方法"，在"大跃进"年代，这种广播动员方式就被较多的运用。"仅从一九五九年三月二日到一九六〇年四月二日这一年多的时间里，中央台同国务院有关部门合作，一共举行了十九次广播大会，平均每两月三次，每次都有数百万人收听。""大跃进"期间，各县广播站都随当时政治形势，进行过"大鸣大放"和"反右"斗争的宣传。在"大跃进"、"人民公社化"运动中举办过一些宣传"大跃进万岁"、"人民公社好"的专题节目，集中转播中央电台举办的《大跃进凯歌》《先进集体、先进人物》《三面红旗万万岁》等专题节目。②

"文化大革命"时期尤其是"文化大革命"初期，政治新闻节目大量设置，新闻内容重复播出。除了极少数的《对农村广播》《天气预报》和《广播体操》外，基本上都是政治消息。广东省《琼海县广播电视志》记载，1966—1976年期间，为了加强政治严肃性，文字节目不再直播，全

---

① 刁小行：《政治传播视角下的中国乡村有线广播》，华中师范大学硕士学位论文，2008年，第22页。
② 刁小行：《政治传播视角下的中国乡村有线广播》，华中师范大学硕士学位论文，2008年，第22页。

部录播。每天广播三次，固定的节目有：学习毛主席著作节目；录音中央电台播出的毛泽东著作内容，然后记录整理成稿，再用方言录音播出，每天一次；党报党刊的重要文章和社论节目；国际时事节目；科学与生活节目；中央人民广播电台简明新闻节目；此外，还有固定的文艺节目，如革命歌曲和革命样板戏等。[①] 与之相对应，其他性质的信息所占的分量就越来越小。

四是对传播的信息进行严格的控制。集体化时期信息的功用是多方面的，如宣传报道功能、组织动员功能和思想教育功能，其中最重要的功能是社会控制功能。这得益于对信息的控制。有线广播的特性之一是内容、时间和范围的可控性，并且是单方面的传输。即传播者直接且最终决定信息输出的所有内容及特征，而受众要做的只是被动地接受。而农民，他们不能决定信息传播的内容，农村也不能视其所需而有选择地获得信息，干部和个体也不能依据其自身的喜好决定是否可以和不可以听广播；他们要做的，只是在广播声中起床，在广播声中收工，又在广播声中开始下午的劳作，或者在抑扬顿挫的声音中聆听来自首都北京的最新消息。广播的信息主宰了他们的信息来源，政治性新闻内容充斥着他们的头脑，在这个过程中，他们不仅完整执行国家涉农的方针政策，而且还与党中央保持高度一致。

除了有线广播传播的政治信息外，正常的权力体系带来的也是大量的政治信息。这是因为，在一个高度受控性的社会中，农民获取外部的信息源除了广播外就主要是大队小队干部。而这些干部被铆在计划经济体系的链条上，与整个国家权力机器一起运转，他们的功用就是围绕国家政策和计划生产服务。因此，每当国家和政府有重大政策调整或运动时，农村基层干部就充当起了国家政策和时事的宣传员、信息传播源，而农民则通过他们获得此方面的信息。于是，以权力为基础的社会控制体系与以有线广播为基础的信息控制体系相互耦合，形成一个信息传递的双循环系统。

3. 改革开放以来信息的社会化

时代在变，农村的信息也在变。特别是自 20 世纪 90 年代大量农民工

---

① 郑庆杨主编：《琼海县广播电视志（1952—1990）》。

第三章 小农社会化的演进逻辑

流出农村以来，外部的、市场化的、各种各样的信息冲击和影响着农村，农民获得信息的内容、方式和范围等也都发生了变化。

信息内容丰富多彩。现在，任何一个置身于社会之中的农民都可以接触到各种各样的信息，不仅包括国家大力宣传的政治信息，如国际国内新闻、当地本地新闻、地区发展动态、政策法规、社会保障制度等；也包括农民急需的与生产有关的信息，如种子、肥料、植保、农产品销售、劳动力供需求、市场价格等；还有种类繁多的其他信息，如生活信息、娱乐信息，甚至还有谣言、传说等，不一而足。而且，随着时间的推移，一些负面的信息或新闻也进入到农村。与集体化时代以政治信息为主相比，这一时期的信息内容呈现出多元化的态势，农民可以根据自身的喜好选择信息的内容，而不再受制于任何的技术和制度约束。关心国际事务的农民可以从报纸或电视里轻易地获得关于国际格局演变的信息；有子女外出务工的农民可以轻松地了解子女工作所在的城市的情况，甚至包括今天天气怎么样；而外出的农民工也可以通过手机、电视和报纸等关注其所在家乡的情况。信息内容的丰富多彩在农民面前打开了世界的一个窗口，将农民融入一个平面化的信息世界之中，只要农民想获取某个方面的信息，他就可能能够通过某种方式得到。

信息媒介多元化，导致农民获得信息的方式多种多样。当今农村面临开放的社会化市场，小农获取信息的渠道较之从前发生了巨大的改变，除较正式的政府公务栏、正式网站、宣传栏、信息栏、阅览室、活动室、村民会议等信息渠道和平台外，还有电视、广播、报纸、网络、通信设备及邻居、朋友、亲属等。可以说，当今农民的信息媒介纵横交错，便捷通达[1]，呈现出一种立体式的结构：能够想到的、能够看到的、能够听到的、能够接触到的，充分调动起人的感官功能，并尽可能地扩展到人的社会关系网络，都已成为了农民获得信息的可能载体。而且，电子技术的应用在信息传播方面具有传统媒介无法比拟的优势，它不仅可以在最短的时间内传达到受众，而且能够在技术允许的最大范围内将重要信息传递到农民那里，且不受到任何时间点的限制和约束。我们在农村调研的时候经常

---

[1] 韩轶春：《信息改变小农：机会与风险》，《华中师范大学学报（哲社版）》2007年第4期。

遇到这样的情况，一项惠农政策在中央早已出台了，但由于各种方面的原因，地方政府尚未正式实施，而农民却早已通过电视报纸等对政策有所了解，并能够清楚自己在其中的利害关系。信息媒介的多元化使得农民不再受控于传播者的限制，而是根据其自身需要和喜好，自主地选择他所关心的信息源。

信息来源多极化，且不再以村事为主。农民获取信息的来源有正式的权力体系，如党中央、国务院、各级省市政府、部门、办事处、委员会、乡镇、村委等，还有一些社会组织，如农民协会、农会，社会上各地区企业、工厂、组织团体、商贩、媒体以及个人发布市场信息，特别是电视上滚动播出的广告信息等，更是深深地印在一些农民的脑海之中。并且，与传统时期和集体化时期主要是关于村庄范围内的事情相比，当今农民关心的信息基本上都不与农村有关，也不与农业生产在关，而是社会中的一些热点和焦点事件，甚至是国际上正在发生的大事。2009 年我们在做农民工研究时就曾遇到一个农民工问，美国跟伊拉克会不会再打起来？与农民交流，不再局限于张家长李家短，而是国家和社会正在发生着的一些大事，国家最近又有哪些政策方面的变化，国家最近出台了哪些涉农惠农政策，等等。信息来源的多极化将农民与外部世界的空间距离消除，使得每一个农民都能够直接面对外部世界。

因此，当今的农民处在一个无处不有、无所不包、无时不在的信息网络中，农民的行为与信息的关系从"封闭"到"需求"，从"可有可无"变成了"信息依赖"，"信息已经融入了小农的生产和生活"，当今小农在生产、生活和交往中都免不了与信息发生千丝万缕的联系，信息使小农社会化，成为小农生产生活的重要组成部分。小农再也不像从前那样可以关门生产，不出村庄也能生活，而是离开了信息将举步维艰。①

四 农民交往的社会化

农民的社会化不仅表现在个体方面和家庭方面，还表现在他们的交往行为和社会关系上，即农民与之交往的范围、对象、动机、行为、目的、

---

① 韩轶春：《信息改变小农：机会与风险》，《华中师范大学学报（哲社版）》2007 年第 4 期。

方式和性质等都发生了变化,与之相对应,农民的社会关系也发生了变化。当然,这一变化也是从历史传统慢慢演变过来的。

1. 传统时期:村庄即边界

传统中国时期,农民生产和活动的范围限制在其物力所能及的范围内,更准确地说,限制在其生活的圈子范围内。而这个范围,就是其出生、成长及终老的村庄。对传统农民交往范围的形象说法是:村庄就是他们的一切。这是有因可循的。

首先,农民的居住形态决定了他们的交往范围以村庄为主。从历史来看,人类社会的定居状态以家族聚居为主,一般以一个家庭为基础,在这个家庭基础上不断地分蘖出多个分支。这些分支家庭一般都聚居在一起,既是因为同宗同祖,更是为了安全,特别是财产制度的原因。于是,家族共同体就出现,农民的生活共同体和社会共同体也随之出现。同时,一个一个以家族为基础的村庄就形成了。在这个村庄中,农民不仅有他熟悉的一切,而且还有他依赖的一切,他的一切生长和心理需求都能够通过村庄得到满足。而且,作为社会的基本单元,农村家庭更是承担了个人成长和社会化的基本功能,不足之处在家族村庄的扩大化基础上得到满足。

其次,农业生产形态决定了他们不会有太大的行动范围。农业生产必须与土地相联,土地开辟到哪里,农民的行动范围就扩展到哪里。这在某种意义上勾画出了农村的外部形态。一般而言,地理意义上的农村均以农民居住地为圆心,向外圆形地拓展。费正清在《美国与中国》中开篇立言:"在北京以南干旱的华北平原上,那曾是中国文明最早成熟的地方,那里你可以在夏天看到漫无边际的绿色田野,散布着一簇簇较深的绿色植物,那些就是土墙围着的绿色植物。"[①] 而农民的生产行为也随着地域的圆形拓展而不断向外展开,一个家庭是这样,一个以家族聚居的村庄更是如此。同时,由于生产工具简陋,生产力相对低下,不断增长的人口又消耗着略有剩余的粮食产出,农民只有年复一年地辛苦劳作,才能够维持和满足基本的生活需要。因此,虽然古代农民受外界的约束较少,但受自然因素的制约较大,尽管他们有行为的自由,但生产力水平、生产方式和劳动对象等决定了他们常常只能埋头于田地之间,他们不会有太大的活动

---

① 费正清:《美国与中国》(第四版),世界知识出版社2006年版,第4页。

范围。

再次，人之物力决定了他们很难有较大的交往范围。由于缺乏机械化的交通工具，古代的运输和交通就只有依赖畜力和人力了。对农民而言，畜力主要用于运输，而人之交往则主要依赖于人自身之体力，而人之体力又受到物理因素的限制，且受到习惯的约束。对农民而言，一个白天能够走到的地方就是他所能达到的最大地理范围。以现在的交通距离来衡量，大约也就是村庄周围二三十里的地理区域。于是，以农民生活的村庄为中心，围绕着村庄半径为二三十里的地理区域，也就是农民一辈子活动的空间范围。从实际情况来看，农民到这些地理空间边界的行为次数是很少的，并且是有规律的，而他在村庄范围及周边的行为活动则是经常性的。

最后，生产方式也决定了他们没有必要突破以村庄为中心的交往范围。中国农民以家庭为基本单位，而家庭不仅是农民的基本生活单位，还是基本的生产单位和社会单位。以家庭为单位可以自主地进行农业生产活动，不仅生产自己需要的农产品，而且生产自己需要的手工业品，过着"甘其食，美其服，安其居，乐其俗"的生活。正如马克思在描述法国小农时所言："每一个农户差不多都是自给自足的，都是直接生产自己的大部分消费品，因而他们取得生活资料多半是靠与自然交换，而不是靠与社会交往。"农业与手工业在家庭范围内的结合，使农民在家庭内部就获得了维持生存和再生产所必需的资料，所以，他们也没有必要突破以村庄为基础的地理范围。

于是，传统中国农村就形成了一个个相对独立的地理单位，并与经济单位、社会单位高度重合，呈现出一体化的特征。不仅年复一年如此，而且日日如此；不仅人如是，事如此，而且村庄依旧；不仅"抬头见"，而且"低头见"；不仅有例可循，有经验可鉴，而且有结果可期。于是，自然历史形成的村庄与农民共生的历史就成为农村的常态，农民生于斯、长于斯，又老于斯，村庄也就承载了农民的生命历史，成为了农民生活的全部和行为的边界。

2. 集体化时期：集体内交往

19世纪中期以来，西方社会对中国的冲击也波及了农村，不过，它是以农村的衰败为结果的。新民主主义革命时期，"农村包围城市"的军事线路对农民的调动，大大超出了农村和农业的领域，并且农民的身份也发生了根本性的转变。土地改革时期，虽然农民与国家权力发生了直接的关系，但农民的社会交往活动仍然以农村范围为主。而集体化时期在某种意义上则扩展了传统农民的交往范围，但同时又为它注入了新的内容。

交往范围重新划分，并曾一度扩大。农业集体化时期，农村社会与传统时期最明显的变化就是，国家构造了集体性的社会组织：生产合作社和人民公社。这一新生组织的出现，改变了传统时期农民的交往范围。我们知道，生产合作社（不论是初级社还是高级社）一般均以自然村庄为单位，但是，随着人民公社体制的确立，其下的生产单位与原来的自然村庄之间的界限就发生了变化。在南方农村，自然村庄一般是人民公社下的生产小队；在北方农村，自然村庄一般都比较大，被分解为几个生产小队。在生产小队之上，还有生产大队，在北方平原农村，生产大队一般由两个或两个以上较大的自然村庄组成，而在南方农村和山区，生产大队一般由10个左右的自然村庄组成，多的甚至达20多个。在人民公社制初期特别是大公社制时期，农民作为劳动力在公社范围内调配，公社就成为农民交往的基本单位。在"队为基础"确定之前，生产大队是农村基本的劳动组织单位，它同时也是农民基本的交往单位，一个大队的劳动力经常性地在一起从事生产劳动。生产小队确定为最终的核算单位之后，在南方农村，自然意义上的村庄回归于农民的基本交往单位，有时甚至回缩到更小的自然村庄——当时的生产小组；在北方农村，自然意义上的农民交往单位初期分解为更小的单位——一般以集中居住地为基准。同时，由于劳动力的国家化和组织的集体化，农民的交往活动就随着组织层级的变化而变化，而组织的活动不仅在于组织本身，而且还在于组织的上级，因此，随着组织交往活动的升级，农民的交往范围也随着一起扩大。这在人民公社制后期特别是"农业学大寨"在全国范围内兴起后表现得尤为明显。

交往内容以生产劳动、政治活动为主。作为农民基本交往单位的生产大队和生产队，它在公社体制中的功能主要有两个：一是组织农民按计划进行农业生产；二是不断地进行阶级斗争。为了组织农民进行生产，当时实行了严格的劳动管理制度，有地方还在农村实行了严格的作息制度。它带来的结果是，农民的主要活动就是生产劳动，农民在一起的时间也主要集中于生产劳动，农民在劳动中交流，在生产中交往。

而且，为了保证更高的劳动效率，也为了响应国家的阶级斗争号召，农民的集体交往还以一种全新的方式表现出来，这就是集中"开会"。不仅安排当日工种农活要集中，有时还要共同商议，给每个农民"评工"要开会讨论，"记分"在一段时间也要开会公布，组织学习中央文件精神要开会，评劳模先进要开会，批判阶级敌人更是离不开大会。另外，不仅组织生产要开会，阶级斗争要开会，作为生产大队和生产小队本身而言，它们也离不开开会：它们都是在会议中产生，在会议中得到认可，通过会议实现生产和管理，通过会议来加强组织的团结和力量，通过开会来实现生产小队和生产大队的功能对接，并沿着权力体系一路向上延伸。可以说，"开会"是组织的灵魂，"开会"是生产小队和生产大队的一项本职工作。而在当时，"开会"的作用不仅仅是组织和经济意义上的，更重要的是政治意义上的。组织农民进行生产是为了完成国家计划，实现国家的整体利益，开会则是为了顺利完成上面分配的计划和任务，具有了政治意义；同时，除了生产性质的会议外，当时还有各种形式的宣传性和政治性的会议，这些会议不仅本身具有政治活动的含义，而且还有助于认清阶级斗争形势、撇清阶级敌人、维护集体利益和国家利益，为更好地促进农业生产和为农业的生产提供保障。

有组织的集体交往成为这一时期最主要的社会交往方式。在传统农业社会时期，农民的交往主要是以个体的形式出现的，虽然宗族的影子不时蕴于其中。而在集体化时期，个体间的农民交往被组织性的集体交往取代。从当时的制度和实际情况来看，不仅八小时工作时间内主要受制于集体的组织，就是在八小时之外，农民还要从事相应的活动，如早起的请示和晚间的汇报，农闲时期的垦地开荒、水库道路桥梁建设以及政治学习等。计算下来，农民根本就没有过多的自由时间，而是经常性的被组织起来，进行共同的劳动或活动。有组织性的集体活动主宰了这一时期农民的生产时间，乃至他们的主要活动时间，因此，有组织的集体交往就成了这一时期农民社会交往的主要形式。

同时，自然互助式的交往被迫不得已的控制式交往替代。农民的交往活动不再受制其个人的内在因素，而是一种外在的强制性约束。这个约束是多重角度的。首先是组织约束，农民不再是"自在王"，而是"社员"，是有组织的人，服从人民公社的组织安排。其次是经济约束，由于劳动的国家化和生产资料、劳动对象、农民劳动的集体化，农民个体就不再能自由支配他的劳动能力，而是必须受制于组织和计划经济的约束，必须为生产计划服务。最后是心理约束，主要表现为农民个体内心的恐惧，原因在于当时的政治和社会形势所迫，农民怕被担上破坏社会主义等罪名而尽可能地避免个体间的相互交流。

因此这一时期，"集体"就是农民活动的全部，他们在集体中生活，在集体中劳动，在集体中交往，在集体中分享；他们面对共同的对象，经营共同的事业，为了共同的目标，进行着共同的劳作。这是一种受控型的社会交往，它并非意识自主的结果，而是外部组织和权力强制约束的结果，它在把农村劳动力塑造为生产机器的同时，还导致了农民交往的单一性和片面性，偏离了社会交往的性质和本义。因此随着人民公社的解体，它为农民所抛弃。

3. 改革开放以来农民交往的社会化

农村体制改革特别是家庭联产承包责任制的实施，不仅解放了农村的生产力，而且还解放了农村劳动力，更重要的是，它解放了农民，让农民不仅享有了有限意义上的财产权利，并还农民以自主意识基础上的自由。此外，在满足基本生存需要的基础上，它还发展了农村生产力，把农民置于一个广阔的社会化生产和流通渠道之中。后来的事实也证明，一旦农民获得了自主行动的自由，一旦农民获得了满足自由行动的条件，一旦社会提供了农民可以自由行动的机会和空间，农民的行为就具有了社会化的意义，农民就不再局限于"一眼望到头"的农村，不再只盯着眼前的"一亩三分地"，也不再仅仅满足于"老婆孩子热炕头"，而是走出农村，跳出"农门"，进入到一个更加广阔和自由的天地之中。农民的交往也开始进入一个社会化的时期，主要表现在：

交往范围超越村庄界限。这是改革开放以来农民交往的最显著特征，它不仅与农民的自由行为有关，更与自由活动的空间有关。从历史来看，农民交往范围的扩展经历了三个时期：

一是20世纪80年代初期，农民交往范围开始超越村庄边界，以乡镇社会为主。这一时期，农民的社会交往主要以商品贸易和市场交易为主，在农产品和生产资料的交易过程中承载着农民的社会交往，随着农产品交易对象的多样化，农民社会交往的范围也随之扩大了。更重要的是，乡镇企业的大发展带动农民交往范围的扩大。之后，随着就业面的不断扩大，农民的交往范围也不断地向外拓展，绝大多数延伸到所在县城或地区集镇。也就是从这一时期起，农民的社会交往就开始与传统的时代决裂，进入到一个超越村庄界限的范围之中；也就是从这个时期起，农民开始进入一个广阔的社会之中。

二是 20 世纪 90 年代早期开始，随着农民就业范围的延展，他们的交往范围也随之扩展到大中城市，特别是经济相对发达的大城市和沿海地区，并开始向海外拓展。

但是统看这两个时期，农民社会交往范围只与其经济行为有关，交往范围的扩大均以农民就业行为的扩大化为基础，交往的范围与农民就业的范围趋于一致。

三是新世纪以来，随着中小城市的发展战略及农民社会化程度的提高，县域范围内的农民交往呈现出蓬勃发展的态势。与前两个时期农民社会交往范围扩大特征不同的是，新世纪以来农民交往范围的扩大多以农村家庭为载体，主要表现为农民家庭整体性地进入到县域社会之中，并逐渐融入其中。这种情况与前两个时期相比，性质上发生了变化，它不仅以农村家庭的社会化为前提，更以家庭关系网络的社会化为结果。

随着农民交往范围的扩大，交往的方式也多样化起来。在传统时期，农民交往只能依赖于面对面的交流，且还受到地域和物力的限制，农民只能在其体力能够达到的范围内进行交往。而随着技术的发展及通信工具在农村的普遍使用，农民的社会交往方式超越了传统的口耳相传，已进入到一个自由化的时期。首先，农民不用再担心物质基础和外人的约束；其次，交通工具的发展解决了距离问题；最后，电话等通信工具的普及为农民的自由交往提供了条件。只要有可能，农民的社会化交往就能通过某种方式达到。除了原来面对面的交往方式之外，现在农民交往更多采取电话方式，它不受时间、空间、物力和外部的约束，可以随时随地达成，且在交往程度和内容方面都是面对面的交往所无法企及的。

而且，农民的交往对象也不受限制。传统时期，农民只能在熟人社会中交往。集体化时期，农民交往对象的绝大部分是同队或同社的农民。改革开放初期，市场主体开始进入农民交往的范围。随着农民社会化程度的提高，农民交往的对象不仅超越了地域界限，也超越了职业界限，更超越了身份界限。现在，农民可以与一起务工的外省人坐在一起侃侃而谈，也可以与萍水相逢的陌生人闲聊一阵，甚至还可以碰到一两个外国人；农民不仅自己不再从事农业生产，而且交往的对象也不一定非得对农业非常熟悉，他可以与工人一起探讨生产效益问题，可以与陌生人谈论今天的股市，可以谈他在城市生活的待遇及遇到的各种问题，也可以随意地发表自己对热点事件和世界时事的观点。不仅农民自身开始成为一个高度社会化的分子，他交往的对象也同样是一个社会人。当然，这是一个事物的两个方面，农民自身的社会化程度与外部的包容度是紧密相关的。不仅如此，互联网技术的发展，使得农民的交往对象也开始相对虚化起来。在QQ世界里，不仅你自身是相对虚拟的，所有的一切都是相对虚拟的。也许你在网络上对你的聊天对象非常熟悉，但是，很可能你根本不知道交往对象的生理特征，根本不知道姓甚名谁，也不知道是哪里人，如果你的交往对象告诉了你一些情况，你也不能保证这些信息的真实性，一切都是在虚拟的社会中存在。

另外，农民社会交往的目的也日趋自由化。在传统时期，由于农民的交往对象基本固定，所以，交往目的也隐藏于日常的社会交流之中；并且，农民的社会交往以情感交流为主；而且，农民的行为与目的之间还有着直接的关联，如果一旦有一些异于正常状态的交往行为，一定意味着超越原来社会关系的行为有可能在近期出现。而在现时代，随着物质生活的满足，农民的精神生活相对滞后。为了满足精神生活方面的需要，农民的社会性交流往往不带有明显的物质目的，而是为了交往而交往，或者什么都不为，只是为了说说话、见见人而已。并且，交往对象的随意性也导致了农民不可能通过短时期的交往建立起稳固的社会关系。

总体来看，随着市场化进程和社会关系的正常化，农民的社会交往不再受到外在和物理条件的约束，交往的范围越来越大，进入到一个高度社会化的过程之中；交往的对象也不仅限于熟人社会，而是一个陌生的世界，任何可能的陌生人都有可能成为潜在的交往对象；交往目的也相应简单，随着时间和地点的变化而不断变化，不再带有明显的功利主义倾向，交往的性质和程度也发生了改变；而且，随着交往方式的多样化，他们所期望的交往动机也就随时有可能变成实际的行为，农民的社会交往开始进入到一个高度社会化的时期。

从以上分析来看，改革开放不仅解放了农民，还解脱了农村，使得农村的资源、劳动力、信息和社会关系网络都进入到一个更大范围的社会交换体系之中。正是在此意义上，不仅农民个体通过努力实现了其自身的社会化，带动了家庭功能的社会化发展，而且，还带动了农村的社会化，使得农村赖以存在的前提和要素也发生了性质上的变化，从传统的农业生产、农村领域和传统小农，向一个社会化的生产过程、市场化的空间场所、具有市场理性意识的现代农民转变，农村——也就不再是单纯的地理意义上的农村，而是地球村的一分子，融入到一个不断变化的社会之中了。

第四章　社会化小农的张力与限度

统观近三十年来中国农村的变化，可用"根本性"的变化概而论之。它将中国的传统小农改变为一种新型的存在形态。与传统时代的小农特征相比，当今中国的小农具有完全不同的特点：

一是行为层面上的。当今的农民不再仅仅从事农业生产活动，其行为范围也不再仅仅限于农村领域，而是进入到一个社会化的行动体系之中。当今农村家庭的活动也不再局限农村领域，而是广涉第二、第三产业，并经常性地超越以村庄为主的地理范围。当今农村也不再强调以农业生产为主，而是因地制宜，在效益最大化的基础上充分发挥资源优势。在这三个层面的行为活动中，个体性的行为居于主导地位，所以才有了个体的社会化——家庭功能的社会化——农村社会化的演进逻辑。

二是社会单位意义上的。在传统时代，家庭是农村社会的基本单位，小农行为的发生是以家庭利益为最高准则，一切行为都在家庭算计的前提下进行。而现时代，由于市场经济的熏陶和个人权利的自我意识，农民个体自身利益权衡往往超过了家庭的整体利益。它一方面说明，农村社会的经济状况已经超过了生存标准，开始进入到一个发展性的阶段；另一方面，农民也由过去的生存考虑转变到了怎样才能最大限度地发展个人的能力问题。这一点对当今中国小农的社会化进程有着决定性的意义。这是因为，在三个层次的行为单位中，个体的行为能力毫无疑问居于首位，而正是这居于首位的行为能力的发展，才有了近三十年来中国农村和农民的巨大变化；而且也正是这一点，使得当代中国小农的发展进程与世界上其他国家的小农发展进程之间呈现出完全不同的特征。

三是社会观念意义上的。传统的小农与农业生产、农民观念、农村地域不可分割，且正是在与这三者关联的基础上形成了传统小农的内涵。我们在谈到传统小农的时候，自觉不自觉地将它们天然地联系在一起，形成了思维上的小农观念。而如今，不仅农民不是传统时代的农民，农业生产也不再是传统时代以家庭为单位的简单生产，传统农村也不再仅仅是农村地域和农业生产的代名词，而是都在发生着巨大的变化，以至于现在，不仅小农被置于一个市场化的交换体系之中，农村家庭也在市场化的冲击下而发生了变化，农村社会也由于外来因素的冲击和影响而显现出不同于传统时代的特征。

其中，第一、第二个变化显示，当今中国的小农与传统时代的小农有着明显的区别，不再与土地、农业和农村有着必然的内在联系；而第三个变化则显示了小农在思维文化领域的新拓展，它是前两个变化带来的结果，预示着小农的社会化进入到了观念层次。正是在此意义上我们说，当今中国农村发生了根本性的变化。

在这个根本性的变化过程中，小农的生产能力和行为能力得到了极大的拓展，小农家庭的适应性得到了有效发挥，农村资源也开始具有了社会资源和社会资本的含义，社会这个大系统已经向小农敞开了大门。那么，现在的问题是：小农能否真正融入到社会化大生产过程中？小农能否真正融入到正在向现代转型的社会之中？如果具有潜力或者可能性的话，他们究竟能够走多远？能够融入到什么程度？能够在哪些领域积极地与社会融为一体？如果不行的话，究竟又是哪些因素在起掣肘性的作用？这里，仍然以小农—家庭功能—农村社会为分析框架，依次探讨这三个层次的张力与限度。

第一节 小农个体社会化的张力与限度

改革开放将农民从农业生产与农村中解脱出来，使其具有社会化特性的，其行为不再受制于传统体制和自然因素。而农民一旦获得了行动自由，并且外部条件适宜的话，其社会化的行动能力就会极大地展现出来，反映小农社会化的强劲张力。但同时，农民行为的社会化过程也受到了一些条件或因素的制约。

一 活动范围上的特征与规律

改革开放以来,小农的活动范围表现出两个鲜明的特征:

从整体来看,活动的地理区域扩展速度快、范围广。当城市的大门被打开之后,农民就以汹涌之势迅速地渗透进城市的各个角落。根据相关调查结果计算,中国外出就业农民工数量从1983年的200万人增加到2009年的1.45亿人,26年增长了近73倍,年均增长18%左右。[①]不过,农民工外出并非随时间推移而均匀分布,而是有快有慢,特别是20世纪80年代至90年代初,每年外出农民的数量增长约在50%左右,每年都是几百万的人口从农村中转移出来。从他们外出的时间来看,集中在短短的十年左右;从扩展的范围来看,他们迅速地遍布全国各大城市,并迅速向中小城市蔓延,一些偏远地区的城镇也不乏他们的足迹。仅以湖北省钟祥人豆腐加工为例,他们自己的估计是,全国范围内不论哪个城市只要人口在20万以上,就一定会有钟祥人的豆腐生意。而且新世纪以来,有些省份诸多农民的足迹还踏出国门,延伸到世界各地。这说明,农民劳动能力不再是一国范围内的社会化生产要素,而是一种全球化的生产要素,农民的行动范围随着劳动力的社会化扩展到整个世界。

从个体来看,初期表现为集中趋势,现在则表现为地域上的无差异性。改革开放初期,农民外出的区域主要锁定在经济发达地区,如环渤海湾、以上海为中心的江浙地带,以及广东沿海,内陆城市也主要是一些大城市。特别是20世纪90年代的"三军"南下,更显现出农民外出的集中趋势。然而现在,农民如果想谋求村庄范围以外工作的话,他考虑更多的不再是地域和工资水平,而是他自身能否在那里获得生存和发展的空间或机会;并且从经验来看,哪里有更好的机会,哪里就会有农民的身影。这说明,当今农民的活动范围不仅超越了传统的农村与城市界限,也不受制于地理距离上的远近,而是随着市场经济的发展而流动,哪里有最适宜他们劳动能力发挥的地方,那里就是他们的选择。这一特征不仅反映在中

---

① 《我国农民工工作十二五规划纲要研究》课题组:《中国农民工问题总体趋势:观测"十二五"》,《改革》2010年第8期。

国特色的"农民工"身上,也反映在"留守农民"身上,他们也不再一年四季死守农村,到了农闲时节,纷纷外出,或远或近的寻找谋利机会。不仅如此,近年来返乡农民在选择"去"或"留"时,也不再把到城市就业作为他们的首选,而是综合考虑各种因素,作出最适合他们自己的选择。

虽然空间和制度不再成为农民个体外出的掣肘,但是,农民被社会吸纳的过程仍然呈现出一定的规律性。主要表现在三个方面:

受市场调控的行动范围。农民外出的规模与社会主义市场经济的进程之间存在着正相关关系,哪个地区的经济越发达,就越有可能吸引和吸纳更多的农民。在这里,市场这只"无形之手"不仅引导着资本的流向,而且也引导着劳动力资源的流向;而且,劳动力资源的流向与资本的流向呈现出同方向变化的特征。在资本与劳动力互相契合过程中,资本追求的是效益最大化,而劳动力追求的是收益最大化,于是,更多的货币就成为农民行为的动力源泉。正是在此意义上,邓大才教授将货币伦理归纳为农民的行为准则。[①] 于是,货币成为了农民行为追求的最终目标,而承载货币与资本运作的市场也就规定了农民的行为轨迹,农民以市场为方向标,农民的行为被限制在市场规定的范围内。不过,这是一种短期的交易行为,农民的工资性收入只能代表他在当时的劳动力价格,且是一种即时性的能力——报酬之间关系的兑换,是对农民已有劳动能力的即时性交换,而于农民的长久发展和能力提升则造成了一定影响,对农民的高度社会化形成了有形的约束。

以家为中心的行动范围。改革开放初期,社会化的农民主要集中在中部地区,他们有的"南下",有的"北上",还有的"东进",或者今年"北上",明年或后年则"东进"或"南下",以家庭所在地为中心的行动范围宛然呈现。即使有些农民工能够在工作地入籍,但仍然念念不忘家乡,以家为中心的生活经历已经成为农民心理最隐秘的机制。于是,就近择业、返乡务工或务农也成为近年来农民的首选。另外,根据国家统计局农民工统计监测调查,截至 2008 年 12 月 31 日,全国农民工 22542 万人

[①] 邓大才:《社会化小农:动机与行为》,《华中师范大学学报(人文社科版)》2006 年第 3 期。

中，有8501万人在本乡镇就业，占农民工总量的37.7%，而且主要集中在东部地区，占62.1%（另外，中部地区占22.8%，西部地区占15.1%）。① 也就是说，越是发达地区，农民越是愿意选择在本地从事非农行业。而中西部地区省份则略有不同，农民进城更多的原因是购置房产，不过，在本乡镇置房的农民数量仍然低于在县城购置房产和就业的农民数量。这说明，以家庭所在地为中心的地域性文化直接影响并决定了大多数农民的行为选择。

受传统农时安排约束的行为轨迹。与我国农民就业社会化紧密相关的一个特点是，农民工的行为路线按传统时间有规律地移动着。即每年春节之后，外出务工的农民纷纷向东南沿海及经济发达地区集中，而到了每年的春节之际，这些农民又纷纷返乡。春节之后，新的一年开始了，他们又开始重复着这一行为轨迹。而那些留在本地就业的农民也呈现出相同的规律性特征，不过，他们的行为轨迹与农业生产安排时间相对应，农忙时节则返回农村家里从事农业生产，农闲时节则乘机而动，或乡镇，或县城，或邻近的大城市，去谋求一份可以获得货币收入的工作。很明显，前者的行为轨迹受到中国传统农村时间的安排，后者的行为轨迹受到农业生产时间的约束；前者仍然以农村家庭为行为活动的中心，后者仍然以农业生产为行为的原点。

这些规律说明，虽然目前农民的行动范围有了社会化的特征，有的社会化程度还相当高，但仍然受到一些内在和外在因素的约束，外在的如市场如制度；内在的如家庭，或者说是更深层次的农村情结。这些因素也就成为农民个体社会化过程中不得不考虑的因素，并最终成为农民社会化的行为约束，确定了农民行为向外扩展的范围和幅度。

但是，情况也在发生着变化。尤其是"新生代农民工"的出现，他们主要出生在20世纪80年代后，现在一般统称为"80后"或"90后"。一方面，他们没有农村和家庭的约束，他们出生以后就上学，上完学以后就进城打工，相对来讲，他们对农业、农村、土地等不是那么熟悉，也没有传统农民特有的土地情结。另一方面，受现代教育和大众传媒的影响，

---

① 《我国农民工工作十二五规划纲要研究》课题组：《中国农民工问题总体趋势：观测"十二五"》，《改革》2010年第8期。

他们生活在一个市场化和社会化的环境中，耳濡目染的也多是外面的精彩世界，也更早地接触和了解社会；同时，由于他们没有或几乎没有务农经历，对城市的认同超过了对农村的认同，因此，毕业或成人以后，他们也更渴望也更有可能无差别地进入、融入城市社会。

二 行为领域上的扩张与限制

农民社会化在行为领域上的扩张主要表现在兼职、职业轮换和职业升级三个方面。

兼职就是一位农民在同一时期内从事多种生产行为，主要表现在仍然留在农村且具有经济头脑和经营能力的农民身上。他们既从事农业生产，也兼营加工业、运输业或零货销售等第三产业，又或者相反。从我们的调研经验来看，目前农村的加工运输和销售等业务也在向一些所谓的农村精英集中，在经济不发达农村地区呈现出一体化的特征。

职业轮换有两种情况：一种情况是农民因时而动，主要集中在"两栖性"的农民身上，农忙与农闲时节分别从事不同的生产活动。如一位农民在开春之际从事农业生产，春夏之交或从事非农生产，或出外务工。另外一种情况为农民工的职业轮换，即从一个行业换到另外一个行业，如前一段时间从事建筑业或加工业，后一段时间从事商业或服务业；接下来一段时间可能因为工资的原因又从事另外一种行业。其特点是，这些行业之间有着内在的联系，或者对教育、技术和技能的要求不高。

职业升级表现为通过一段时间的积累发展，从一种教育水平、技术要求、报酬水平、社会地位等相对较低的行业或岗位，转到相对较高或较好的行业，或在同一行业内部从相对较低的岗位转向较高的岗位。即是说，职业升级主要表现为两种方式：一种方式是在同一类职业中相对地位的提高；另外一种方式是从一个较低层次的职业升为一个较高层次的职业。这两种情况在传统农民工和新生代农民工都比较普遍，但略有不同。在传统农民工中，他们职业升级主要表现为从第一产业向第二、第三产业转变，而第二产业又主要集中于建筑业和加工业，第三产业主要集中于商品流通和服务性行业，其升级依赖于劳动能力的贡献，或者简单的技术和技能更新。新生代农民工由于一工作就进入第二产业或第三产业，并且文化水平相对较高，因此，他们的职业升级既表现为同一行业中从技能部门向技部门和管理部门的提升，也表现为同类行业中从技术技能、工资报酬和社会地位相对较低的岗位转向较高的岗位。在新生代农民工的职业升级中，不仅有技术技能上的提升和发展，更有知识、技能（特别是管理知识和技能）上的扩张，反映出来的就是个人生产能力和管理经验上的提升。对于第一种方式的职业升级，有赖于职业培训。农民工可以通过技术上的升级，来完成职业的升级，例如从"小工"到"理发师"的升级。对于后一种职业升级，则涉及教育、社会资本等，通过受教育可以让农民工达到非体力劳动领域职业的入门标准，可以和城市人为同一个职位进行良性竞争，而社会资本有助于农民工从外界获取资源，包括信息方面和物质方面。

但是，一个非常明显的事实是，世界并不如他们想象得那么美好，他们在外的职途也并非一帆风顺，也并不是他们想进哪一个行业就能够进哪一个行业的。一些外在和内在的因素仍然限制了他们在行动领域上的进一步扩展。主要表现在：

政策制度上的排斥，特别是与二元户籍制度相关的社会保障制度。虽然改革消除了许多横亘在农民与市民之间的差异，但对农民工而言，仍然有一些制度让农民工从制度上被排斥于城市之外。最典型的如安全措施。农民工由于其从事职业的特性，发生意外的概率大于普通工作者，特别是从事建筑业等行业的群体。而作为家庭的劳动力，农民工在意外事故中受到的伤害可能让他的家庭陷入巨大困境，例如无经济来源甚至为了医治而倾家荡产，农民工子女也可能因此而辍学提早步入社会。但从目前情况来看，正在改革进程中的社会保障制度并没有考虑农民工的具体情况，而是以城市人为主要对象设立的，这就表明了在政策和制度的制定方面，农民工仍然无法享受到平等的社会待遇。

教育不再提供更多向上流动的机会。在正常情况下，教育是一个社会流动的有效机制。有学者研究表明，一个农村劳动力受教育的程度越高，就越有可能通过接受教育，提升自身各项技能，从而向更高的社会阶层流动。这本可以促进青年农民工的职业升级，特别是从体力劳动职业升级到非体力劳动职业。然而，随着国家整体产业链的战略转型和教育普及的纵深化，现在这条路径确实困难重重。加之用人单位的招聘门槛提升，学历要求也从专科上升到本科，甚至到硕士，但农民工通过教育却往往只能达到基础的学历要求，因此他们无法完成大跨度的职业转变，只能在原有职业范围中就业，使劳动力转型形成了其天然的滞后性。正如孙立平教授所述，社会中有弱势群体是不可避免的，但是，缺乏社会流动的途径，则让穷人失去向上流动的希望，这种绝望的感觉才是最可怕的。这种社会流动的途径的阻塞可能让农民工对向上流动失去信心，放弃对于职业升级的尝试。

产业结构的限制。农民工主要是从事需要体力劳动的职业，因此，农民工的职业升级主要表现为流动到非体力劳动职业。这仍然是一种低层次的职业升级。对于社会而言，产业结构有一定的稳定性，表现为各个类型的职业对劳动力的需求有相对的比例，例如，大学生们一般进入非体力部门。因此，农民工想从原有职业升入这些职位的机会很小。这既与教育相关，更与社会提供的职业门槛相关，作为农民是很难跨越这一门槛的。

社会关系网络的限制。研究发现，农民工就业主要依靠熟人和朋友关系进入非农领域。这种手段有效节省了中介费用，并且让农民工相互信任。但是，由于传统社会属于差序格局，即人们之间的关系如同水面上泛开的涟漪一般，由自己延伸开去，一圈一圈，按离自己距离的远近来划分亲疏，因此，与农民工有强关系的个体一般是与其相比同质性较高的人。他们虽然把就业信息提供给了别人，但并不一定可以准确地判断该信息的正确性。此外，与农民工有强关系的个体一般了解的就业信息有其局限性，仅仅是身边的信息，这些不全面的信息让农民工的职业选择面很狭窄，限制了其职业选择的机会。

心理内卷化倾向的限制。内卷化是指一种文化模式达到某种最终形态以后，既没有办法稳定下来，也没有办法使自己转变到新的形态，取而代之的是不断地在内部变得更加复杂。其含义主要是：由于外部人力、物力、财力等方面的支持不足或缺失，形成了一种相对稳固的内部发展模式和严格的约束机制，致使社会经济、文化制度在发展和变迁的过程中出现一种内卷型的增长，或是没有发展的增长。这主要表现在传统农民工身上。的确，土地是农民的根，对于外界的发展状况认知越是消极，也就越容易受到乡土的社会结构产生的乡土拉力的作用，使农民工并不急于在城市中有所成就。笔者认识的一个农民工就是个例子，他从20世纪90年代就开始到城市打工，换过好几次工作，每次只是干一阵子就回到农村的家，像钟摆一样在城乡间来回摆动，却找不到一个最适合自己的位置。由于缺乏特别的动力,年龄又偏大,他迷失在城乡之间,做着各种临时工来维持生计。这种心理可以看做一种"习得性无助",是对外界的反应的失望而不愿再尝试的心理状态,失去了对自己进程目标的清晰认识,而被夹在城市与乡村之间,处于一种尴尬的境地。而新生代农民工虽然在外表上与城市人无差异,但与城市的同龄孩子相比,他们学业不精,缺乏高等教育机会,很多人初中毕业就开始打工,且他们和城市孩子一样被娇惯,没有父辈的吃苦忍耐精神,看不上低收入的体力活,不再老老实实地待在最脏、最累、最"没出息"的工作岗位上,又没有机会找到高收入工作,所以,他们一般由于不满现状而到处"漂泊"。这本身虽然是市场对劳动力的调剂行为,但是,由于他们本身的劳动技能并未因此而提升,因此流动并没有明显改善他们的境遇。

这些内在和外在因素的限制,使得农民行动领域的扩张具有一定的限度,即达到了一定范围或程度,虽然他们仍然具有不断提升自己能力和获得社会认可的内在动力,但仍然无法突破这些因素耦合而成的网络,他们仍然被限定在一定的职业领域范围内,仍然被限制在相对较低的工作岗位上。

三 社会地位上的提升与制约

这主要表现在农民工身上。毫无疑问,农民工的社会地位在近年来得到了提升。

农民工为中国经济发展做出了很大的贡献。中国国情研究所特邀研究员巫继学教授指出,农民工为中国经济起飞持续提供了充裕的廉价劳动力,壮大并更新了中国产业大军,解决了农村剩余劳动力难题,农民工成为中国农村社会脱贫的主力军,等。[①] 正是他们默默地付出,近几年,越来越多的声音开始向农民工倾斜,关爱农民工、尽快建立农民工社会保障制度的呼声一浪高过一浪。我国还将首次在不断壮大的农民工队伍中产生全国人大代表,农民工的政治地位得以提高和保证。

农民工的社会地位在一些地区也得到了提升。江西、山东、天津等省

---

① 巫继学:《"农民工"在中国经济中的十大历史性贡献》,http://news.xinhuanet.com/fortune/ 2006 - 03 - 121/content - 4327168. htm。

市已经将农民务工享受市民待遇变为现实,取消对农民进城务工的歧视性规定和不合理限制,缩小城乡差距。辽宁、河南、深圳等省市下发规定:不给农民工办理"三险"者要受罚。2009年年末,亿万农民工又迎来了一个令人振奋的消息——农民工的基本养老保险关系可在其跨省就业时随同转移,在转移个人账户储存额的同时,还转移部分单位缴费。

农民的道德地位也有所显现。现在越来越多农民工身份的"见义勇为英雄"涌现出来,这让很多人忘记了曾经对农民工贫穷脏乱的刻板印象,看到了农民工兄弟的优良品德。尽管在现实状况中,他们跟城市人仍然呈现出泾渭分明的界线,但越来越多的人为他们的光辉品质所打动,因此原本被妖魔化的农民工形象逐渐得到提升变得高大。

虽然农民工的地位有所提升,但我们更应看到,他们目前的生存状况仍不容乐观,一次次的讨薪维权事件甚至富士康的跳楼事件不停地给我们敲响警钟。农民工社会地位的进一步提升还需要在原有的成果上做更多的努力,从他们自身来讲,要提高自身的文化素养和知识技能;作为社会媒体,应该给他们更多说话的权利,让更多的人了解他们,让更多的人听到他们的呼声;作为社会成员,我们应该理解尊重农民工,不应戴有色眼镜看他们,能和他们融入一起;更重要的是,我国的政府部门要调整我国人才流动机制,给农民工及其下一代进入上层社会的机会,并切实地制定一些政策来保障农民工权益的措施。

只有通过各方面的努力,农民工才能真正融入城市社会,他们不仅是城市社区各种建筑物的建设者,也是精神上政治上的建设者,不仅为城市付出了血汗,也应收获相应的果实,得到应有的尊重不再被歧视,让他们可以真正地和城市里的公民在政治、经济、文化、社会生活方面享受平等的权利,使农民工也成为受人尊重的职业,不仅在物质上有保障,在精神上也能得到满足。但是实际上,农民工阶层的社会地位目前仍无法与城市正式职工相提并论。

政治方面:农民工被排斥在城市的政治生活之外。农民工的"农民"身份决定了他们在城市政治生活中不能和正式工人一样享有法律规定的平等的选举权和被选举权、参与政治和管理国家的权利、表达自己意愿的言论自由权,在企业内部得不到应有的任用、培训、升迁,不能和正式职工一样参与企业的决策和民主管理,甚至连加入工会组织也受到诸多限制,他们是城市社会中"沉默的大多数"。不给他们政治权利,增加他们就业赚钱的机会,仅仅依靠他们自身的努力是很难提升自己社会地位的。

经济方面:农民工与城市正式职工相比有"三同三不同":同工不同酬,同工不同时,同工不同权。长期以来,农民工工资偏低,在城市职工工资逐年有所提高的情况下,农民工的工资不升反降;近些年虽然有所上升,但上升的幅度仍然小于城市工人工资上涨的幅度。此外,农民工在签订劳动合同、劳动安全、社会保障、收入分配等方面都面临着权利缺失的问题。

文化方面:低水准的教育限制了他们进一步的发展。农村青年由于文化水平较低,通过文化资源的改变实现社会阶层流动的难度更大。这使得农村很多人不得不外出务工并形成恶性循环,而且即便是农民工带着子女来城市上学,可是由于种种限制,他们并不能和城市里的孩子享有平等的权利,只能付出高额的费用,上一些较次的学校。因此,农民工的知识文化水平和技术素养相对于其他阶层都是较低的。

社会生活方面:他们是城市社会中的"边缘群体"。农民工与城市正式职工和市民之间存在着"群体隔离",缺乏平等的交流与互动,交往的困境抑制了农民工与城市正式职工和市民之间的融合。他们不能享受城市居民所享受的各种福利,工作失业和生活困难时得不到失业救济和最低生活保障。他们的就业岗位受到诸多限制,子女也无法与城市孩子享受同等的受教育权,如此等等。总之,农民工的社会地位极其低下,处于城市社会的底层。清华大学社会学专家的调查结果表明,在城市社会分层体系全部100种职业的排位中,农民工居于第94位,而且排在最后10个位次的职业都与农民工不无关系。农民工与城市正式职工社会地位的差别由此可见一斑。

原因当然是多方面的。但首要的还是既有的社会结构在起作用。在权力主导一切的中国,社会结构已然形成了等级分明的金字塔型。金字塔型社会结构包括三个阶层:第一层就是权力垄断和资本垄断的精英层;第二层就是中间层,包括一些小官僚,一些企业人士,他们的生活过得还可以;最底下一层,就是缺乏社会保障的群体,也就是所谓的"民"了。而在这些民中,农民阶层的地位又是较靠后的。社会分层本是一种普遍存在的社会现象,但是在当前的中国社会,处在金字塔较高层级的社会阶层的封闭性越来越强，而且正在逐渐固化和模式化，并排斥较低阶层的社会成员。同时，由于较高阶层的封闭性逐渐增强且具有排斥性，所以在当前的中国社会，上下阶层之间的垂直流动，逐渐呈现出"向上流动难，向下流动易"的单向性流动。也就是说，处在下层的社会成员垂直流动的障碍越来越多，能够真正实现向上层流动的人越来越少。而且，社会阶层之间存在隶属关系，处在金字塔顶层的是垄断权力和资本的权贵精英，他们通过权力和资本掌握着各种社会资源，使得中下层社会成员为了生存不得不成为权力和资本垄断阶层的附属物。

制度性歧视是造成农民工上升障碍的根源。首先是户籍制度。农民工长期受户籍制度限制，虽离开了土地，但又不能融入城市，他们已成为一个与农民和市民均不同质的群体，构成我国目前社会结构的第三元，实际上是处于城乡两种管理体系的边缘，成为"边缘人"。由于户籍制度政策，大量进城的农民工在子女入学、国有企业招聘、公务员录用、社会保险待遇等方面，与城市本地职工相比处于不平等的地位，从而限制了外来劳动力获得理想职业的可能性。其次是劳动就业制度。法律上对农民工就业权益的保障是相当缺乏的，国家对企业或单位侵犯农民工权益的监管力度相当软弱，甚至处于空白状态。同时，一定程度上，政府也成为侵害农民工权益的一个重要主体，如各级政府有拖欠民工工资的现象，又如不少管理部门想方设法向农民工收取各种费用。政府除对农民工的证件、工种、数量等限制外，对用工企业也制定种种惩罚办法约束用工企业雇用农民工，这种歧视性的行政干预导致用工企业（特别是国有企业）不能按市场规则雇用劳动力，只能采取"先本市、后外地；先城市、后农村"的歧视作法。最后是社会保障制度。农民工更没有像城市职工那样享受国家提供的社会保障和社会福利，尤其是医疗保险制度。他们和城里人虽然住在一起，却是经济收入、生活境况、社会地位和生活方式等方面存在重大差异的两个群体。

企业本身对农民工也存在着歧视。首先表现在工资上，具体表现为同工不同酬，以及私营企业故意克扣、拖欠农民工的工资，无视《劳动法》有关规定，剥夺农民工应当享有的权利和待遇（后者属于变相的同工不同酬）。在是否雇用农民工时也存在着身份歧视。在我国的城市普遍存在着两个劳动力市场：一个是收入高、劳动环境好、待遇好、福利优越的劳动力市场，即"首属劳动力市场"，属于城市人劳动力市场；另一个是收入低、工作环境差、待遇差、福利低劣的劳动力市场，即"次属劳动力市场"，属于农民工市场。

农民工本身的原因也导致他们在城市中处于弱势地位。他们大多数文化素质和专业技能都比较低，因而只能从事一些体力工作，再加上制度排斥、城市政府和居民的歧视以及在工作和生活中面临沉重的压力和负担，一些农民工时常产生压抑感和被剥夺感。这种失衡的心理直接导致了农民工对城市政府和市民的冲突情绪，冲突行为时有发生，如口角、打架斗殴、罢工、怠工、集体上访甚至违法犯罪等，这使他们更难融入城市当中。而且，他们可以利用的社会网络较少，跨区域流动又使得他们在流入地缺乏在迁出地曾经有过的亲戚邻里关系和其他社会关系网络，使得他们几乎没有可资利用的稀缺资源或特殊等价物作为他们参与到城市更广泛社会交换中的条件，去换取自我发展的资源和机会。

况且目前，缺少代表农民利益的正式组织。随着我国改革的不断深入，社会阶层逐渐复杂化、多元化，各种利益矛盾普遍存在，代表这些阶层利益的工会、妇联工商联等组织，逐步在政府与各阶层之间建立起沟通的渠道。但迄今为止，还没有代表农民利益的群众组织。农民还没有真正自发组织起来，形成自己的组织，代表自己的利益，传递自己的呼声，与社会各阶层和政府有效地沟通。此外，受社会地位、经济地位、文化素质等方面的限制，农民这一最大的社会群体始终缺乏实质性的政治参与权。

因此只能说，虽然目前农民工的社会地位在整体上得到了一定的提升，但现实因素及其自身情况又决定了他们仍然难以达到社会的上层。虽然在新闻中见到过"打工皇帝"，但毕竟是凤毛麟角，且昙花一现，他们中的绝大部分仍然受制于已经形成的社会阶层结构，受制于具有巨大历史惯性作用的政策制度，仍然生活在城市的边缘。

所以，实际情况是，由于社会主义市场经济纵深发展以及城市化发展的加速，城市社会的发展为农民进城预留了活动空间，这才有了农民的大规模进城及流动；城市建设和经济发展为他们提供了可以扩展的行为领域，这才有了他们职业上的升级和轮换；伴随经济发展而来的社会断层为他们提供了一定的社会位置，这才有了他们在经济、社会等方面的不可或缺的作用，而他们，也是积极主动地融入到这个已经形成的格局之中，起到了填充社会结构的作用。因此，农民个体的社会化，仍然是一种被动式的社会化，仍然是一个外部依赖型的社会化，是他们进入社会不得已的选择而已。从这个角度看，虽然改革开放后农民的行为具有很强的张力，但也受到了既有社会制度和结构的限制，不仅限定了他们行为和活动的空间及范围，也规定了他们在社会结构中行为的可能性。所以，农民个体的社会化程度虽然空间很大，也可能程度很高，但不是无限的，且仍然无法与城市公民享有同等的机会和待遇，也难以实现其社会化效用的最大化。

第二节 家庭功能社会化的张力与限度

改革开放以来，虽然农民家庭的功能也进入到一个社会化的过程之中，但迄今为止，家庭仍然是农村社会的基本单位，也是农民个体的行为起点。这说明，家庭——仍然具有外部社会不可替代的社会功能，它限定了家庭功能社会化的可能性及程度。

一 经济功能社会化的程度与约束

改革开放以来，虽然农村家庭经济功能实现的目标和方式发生了变化，但仍然无法改变它的基础性作用。主要表现在：

虽然农民追求货币收入的最大化，但农业生产活动仍然是农村大多数家庭经济功能实现的基础。这与我国的产业分工体系有关。古有"天下四行"，新中国成立后有城乡二元社会，在户籍制度和计划经济体制下，农村成为国家经济计划的一个部门，农民就成为实现农业生产的天然承担者。按照当时的制度设定，农民在农村只能从事农业生产活动，就是成为农村干部也要做满规定的工作日（只有招工或支工或上学可能改变农民的命运）。家庭联产承包责任制实施后，按照农村人口分配耕地，农民不仅成为耕地承包经营权的所有者，而且还成为耕地承包经营权的直接使用者，他们的劳动能力直接作用于土地，为社会提供赖以生存的生活资料。在历史和制度的遗留过程中，农民获得的仅仅是从事农业生产的经验和技能，并因承继关系成为农业生产的当然经营者。甚至有年龄大一点的农民，除了农业生产之外什么都不会，离开了农村什么都干不了。这个时候，经历和经验就成为了他们技能的全部。对这一部分农民而言，农业生产活动是其家庭的基本的经济活动。

同时，由于城市化进程和农民的大量外出，虽然有些农村家庭经济功能的目标发生了很大的改变，有些家庭甚至全家外出，完全以务工为生，但这样的家庭在农村中仍然占相对少数，绝大多数农村家庭的就业结构和经营结构依然是"半农半工"或"男工女农"。在以工资性收入为家庭收入的主要来源时，仍然把农业生产作为家庭经济活动的基础。在新的社会化分工体系中，虽然农业生产活动不能有效实现家庭的经济功能，但它为家庭提供了基本的生活资料。对这些家庭而言，农业生产活动仍然是不可或缺的。从我们调研的经验来看，家庭只要有人在农村居住，一般都不会放弃农业生产。

虽然农民就业社会化的程度很高，但仍然受制于农业产业在经济发展中的基础性作用。从目前来看，农民就业社会化不仅表现为个体的社会化，也表现为家庭的社会化，不仅个人的收入来源全部来自于第二、第三产业；而且，全家从农村移出，居住在城镇。这种情况在我国很多地区非常普遍，已经引起了我国政府的高度重视。现在经常提的问题是：谁还在从事农业生产？十年或二十年后，谁还愿意继续从事农业生产？我们知道，农业不仅是国民经济的基础，更是人类赖以生存和发展的前提，没有了农业生产，就没有人类社会和工业文明。并且，在三大产业关系中，农业是基础性行业，只有在它发展的基础上才有可能发展第二、第三产业，所以，农业生产维持国家安全。为了确保农业生产和粮食安全，为了维护并激发农民从事农业生产活动的积极性，我国政府也正在通过各种惠农政策，增加农业生产的经营效益。这在一定程度上强化了农民继续从事农业生产活动的动力和信心。另外，农民以农业生产为基础还与两个因素有关：一是家庭联产承包责任制，它把农业生产活动与农村家庭的经济功能紧密地结合在一起。因此，以家庭为单位的经营方式仍然是农业生产的基本方式；而实行了大型机械化的平原地区，也仍然不能忽视家庭联产承包责任制的限制作用。二是经营效益，在目前情况下，以家庭为单位的农业生产经营效益相对较高。

经济活动在家庭经济功能中的张力最强，程度也很高，但也受到诸多因素的制约。

在生产资料的社会化过程中，种子、肥料和农药的使用量在不断地增加，但与发达国家相比，仍然存在着一定差距，如优良种子的推广面不大，有机化肥和生物农药的生产及使用量过少；而且，我国农村化肥、农药、灌溉用水的利用率也大大低于发达国家。在生产过程中，虽然机械动力正在不断地替代体力劳动，但这仅仅在平原地区发展较为迅速，在山区和边远农村仍然无法进行；而且，农业生产管理活动缺乏了人力的支持也无法进行下去。虽然有些地方兴起了农产品加工"一条龙"服务，但我国的农产品加工企业一般都不受产地的影响，且所占比例不大。而在有些发达国家，农产品的加工率超过90%。

从消费角度看，虽然谷物在农民粮食消费中所占的比例越来越小，但米面仍然是农民的主要食物，农民的食物消费结构并没有发生根本性的改变，也没有出现从谷类产品主导转向动物类产品主导，再转向生活质量类产品主导的过程。虽然工业电子产品大量地进入农村，但在某种意义上，它们是作为奢侈品的面貌出现的，真正高端的电子产品如计算机在农村家庭中所占的比例仍然很小；而且，农民对这些产品的利用率也不高。虽然"村村通工程"在农村普遍推行，农民正在享受逐步均等化的公共产品和公共服务，但是，仍然留下了非常大的延展空间，如"组组通"和"户户通"仍然有待进一步的投入和建设，公共产品和公共服务往往有始无终，因缺乏基本的财政支持而打了折扣。另外，虽然农村经济发展和农民生活水平提高较快，但仍然有2000多万农村人口正在经历贫困之苦，仍然有诸多农村家庭游荡在贫困的边缘。

从家庭的经济活动来看，它被社会化的动力很强，扩张的空间也很大；而个体的社会化则不仅受到国家导向和政策制度的约束，更是受到新中国成立以来产业分工体系的限定；以追求货币为目标的家庭经济功能的实现虽然可以达到最大化，但绝大多数农村家庭仍然以农业生产为基础性活动，而且同时也要受到国家政策导向的影响。这是依次递进的三个层次，其中，第一个层次的动力主要来源于市场和社会，当然也包括农民自身，不过，前者是主要的，而约束力量来源于市场和政府，以及社会提供的条件；第二个层次的动力主要来源于农民自身，但约束力量则来源于具有强制性的国家或政府，以及市场提供的机会；第三个层次是一种被动式的社会选择，约束力量则来源于人类社会的生存机制。因此，在三个层次的社会化过程中，家庭经济活动的社会化张力最强，扩展的空间也最大。

二 人口再生产功能的社会化及困境

改革开放以来，农村家庭人口再生产功能的社会化特征主要表现在两个方面：

一是家庭的人口再生产功能受到国家政策的制约，特别是计划生育政策的实施。不过目前，它遇到了调整抑或继续执行的困境。

计划生育政策的实施对农村家庭而言，不仅使得家庭规模变小，关系简单，家庭代际更替时间延长，而且还使得家庭的安全性能缩小，抗风险的能力减弱，稳定的家庭关系受到威胁。现在农村以核心家庭为主，家庭规模小，承担家庭责任的劳动力数就少，一些功能在家庭内部无法完成，而只能依赖于外部。在外部力量填补家庭功能缺失的同时，也带来了相应的风险和影响，而核心家庭缺乏可以分担责任与风险的机制，一旦遭遇到重大疾病或自然灾害，家庭就会一蹶不振。并且，由于代际关系延长，个体承受的家庭责任也就更大。所以，虽然农村发展了，农民生活水平普遍提高了，但所有人都感觉到活得不自由。不仅老人喊累，成年人喊累，就是现在的小孩子也生活在重压之下。不过，它带来的一个意外结果是，农村家庭与外部社会的高度融合，并形成高度依赖的关系。这不仅有利于农村家庭的社会化进程，也有利于农村社会的现代性革命。

计划生育政策对国家和社会的影响也分为积极和消极两个方面。积极的影响是，它有效地控制了我国人口数量的增长；消极影响现在也开始显现出来，主要表现在人口结构不均衡，"老年社会"即将来临，给家庭生活和国家财政带来了巨大压力。现在也到了反思计划生育政策的时候了。不过，计划生育的方向是不会改变的，农民的生育行为仍然要受到国家法律的规范，只不过何时、在何范围内、针对何人放开二胎政策，仍然是一个悬而难决的问题。

二是农民的择偶、婚姻及生育、养育的观念和行为都发生了变化。

随着城市化进程的发展，青年农民的择偶机会也大大增加了。然而，我们发现，虽然青年农民择偶的地点和方式有所改变，但他们的婚偶对象大多数仍然还是"农民"，与城市人通婚的现象很少。可见，虽然水平范围的选择变多了，但是垂直范围的选择仍然受到限制。这与当代中国城乡二元分割的体制是分不开的。户籍制度限制了青年农民的社会流动；而且，青年农民自身的先赋性和自致性也不利于他们的社会流动，因此，即便他们渴望与城里人通婚，但工作的流动性和对外地人的不信任感也阻止了他们的脚步。

不仅如此，他们在生育和养育观念及行为上仍然存在着性别差异，在养育及享受服务方面仍然处于低水平状态。农村二胎政策本应是为了更好地推行计划生育政策，但它的出台仍然是重男轻女观念在作怪。青年农民虽然在口头上不强调婴儿性别，但在实际上他们对儿子的喜爱甚过女儿。近年来胎儿性别鉴定事件经常发生，以及 B 超在农村的应用和推广，也表明了农民仍然无法释怀已有的传宗接代观念。在子女的养育上，"男孩穷养、女孩富养"的观念深入人心，并且渗透到已经成为城里人的农民出身的人的心中。如今，到处流传"儿子是建设银行，女儿是招商银行"也说明了这一点。虽然婚姻家庭的重心转向了子女，但农民在享受生育服务和养育服务方面仍然无法与城里人相提并论。这不仅由于农村的医疗卫生服务达不到城市的水平，而且尚在建设中的均等服务又不能及时到位，因此，农村青年的婚育服务只能处于一个相对较低的层次。

由此可见，家庭人口再生产功能的社会化不仅遭遇到了法律和政策困境，也遭遇到了社会结构和制度困境，这直接限定了家庭人口再生产功能的社会化程度。不过，从困境产生的原因来看，基本上都是暂时抉择带来的结果，是阶段性的战略选择。随着我国体制改革的深入和社会的良性和谐发展，人口再生产功能将进入一个良性的轨道，农民的婚姻质量和养育观念、水平等，也将相应地提高到一个新的层次。

三 教育功能社会化的不足与扩张

在现代教育体系下，农村家庭的教育功能大部分转移到学校。学校不仅负责向学生传授现代知识和技能，而且还教育学生如何成长为一个合格的公民。这不仅是教育现代化的需要，同时也是农村家庭无奈的选择。它带来的结果是，农村孩子接受的多是纯粹知识性的教育，缺乏情感和家庭教育的支持，孩子的成长和人格的形成是不完整的。而且，在教育过程中还会受到与此相关的影响甚至伤害，如有些地区农村孩子由于家庭监管的缺位导致身心都受到伤害，有些地区孩子因学校离家太远不得已乘坐交通工具以致安全受到威胁甚至失去生命。这些活生生的事实就摆在我们面前，引起了社会和家庭的高度关注。现在要做的事情是，尽可能地想尽一切办法来解决这个问题。其中，政府和家庭的作用都是必须的。从目前情况来看，政府正在通过多种途径弥补教育功能社会化后的不足之处，如学校教育体制改革、校区调整、师资力量配备、基础教育基金投入，以及正在兴起的人格教育和社会教育等。对农民工子女而言，城市这一块也正在积极地调整政策，划分区域，实行就地入学政策等。然而，横亘在城市与农村之间的鸿沟在短时期内无法得到有效解决。

同时，农村家庭和家长的重视程度仍然不够。从目前情况来看，隔代监管是农村留守儿童管护的最主要形式。它的弊端太多。虽然各方都认识到了这个问题的严重性，但是，在目前情况下，仍然没有较好的解决办法。究其原因，诸多农村家长没有真正付诸行动为其一。更重要的原因是，在目前的体制下，他们有心无力做好这件事情，或者有力但无心做好这件事情。首先，他们自身的人生经历给了他们一个"经验"，"脑体倒挂"现象正在重新产生，新的"读书无用论"重现市场，这让他们在很大程度上并不寄希望于孩子在学业上的成功。并且，目前以他们自身的努力仍然无法突破二元体制的约束，他们只能遵从社会制度的安排，不得已只能求得经济效益而置家庭的教育功能于不顾。其次，孩子教育是一个长期的过程，需要长时期的监督和培养，相对于他们的生存计划来说，显得确实有点过长，并且最终结果不可预期。而他们目前正在从事的工作，技术含量低，工资性收入相对较高，并且经济效益马上就可以呈现出来。两相比较，他们关注的重心自然而然地就偏向了他们自身的工作，而放任孩子于爷爷奶奶辈的弱监管之下。最后，生命的历程已经给了他们更多的无奈，社会结构性的限制让他们只能屈从于目前的境况，他们没有宏大的理想，也没有国家层面的教育战略，只有每天面对的艰难困苦，这导致他们对生活并没有太大的奢望。

而且，对比目前的城市基础教育，农村教育与之仍然存在着相当大的差距。主要表现如下：

在教育理念方面，城市教育更关注孩子在成长过程中涉及到的各个方面，比如爱国思想的潜移默化、爱护环境和卫生观念的培养、安全的社会交往及措施等；同时，更关注孩子在技能和兴趣方面的培养，而且特别注重孩子思维能力和技能的训练。很明显，前者受教育环境的影响，可以说是以国家和社会为代表的教育理念，后者是家长所秉持的教育理念。而在农村教育中，虽然教育的内容和形式有所拓展，但在两个方面的教育理念上，仍然与城市有相当大的差距；并且，在形成教育理念的物质基础和管理条件方面，农村基础教育仍然与城市之间有着相当的距离。

在教育方式方面，城市先进于农村。城市教育的教学方式随着电子科技化产品的增加和种类的增多，渐渐地由单纯依赖课本、依赖老师的讲解，转到动态的形象的电子教育。当然，在老师的带领下，应社会要求的实践性室外活动也越来越多。这种室内动态式教育与室外开放式教育相结合，使得城市教育能够调动较多的教育技术和手段，有利于儿童实现自身素质在各方面的发展，使得他们自觉不自觉地就融入到了教育过程中去，从传统的被动接受转向积极地学习。近年来，农村教育的方式虽然也在不断地推陈出新，但在投入和理念上仍然无法与城市相提并论，更多的仍然是充分利用农村现有的实地条件。

在创新性方面，城市比较注重，而农村基本无此概念。城市教育及时地将电子科技化的相关产品引入教育中来，通过比较形象的、动态的，以及较为引人注意的方式，使得学生能够充分发挥自己的积极性，能够在学习主动性上及培养自身素质方面会有明显的提升。同时，城市家庭在儿童教育中基本上不存在经济压力，这也为孩子的创新性学习或活动奠定了基础。而且，在城市基础教育中，时不时组织或举办各种形式的创新活动，以一种社会认可的方式引导着儿童对创新的追求与萌动。相比而言，农村教育在儿童创新方面至今尚未有多少涉及到的内容，或者仅仅依赖于已有的自然条件。

不仅有"三岁看老"，更因儿童是祖国的未来和希望，不能让孩子输在起跑线上。口号喊了很多年，但仍然无法也不可能在短时期内填平城乡教育之间的差距。且由于差距的累积性扩张，农村与城市基础教育之间的差距导致农民和市民在教育理念上的巨大反差，这对农村教育和农村孩子的影响甚大。在农村家长们看来，他们对孩子的规划是，如果仅仅让孩子进入农村学校，或者是仅仅带在身边就近入学，其基本目的是一样的，都是为了完成国家九年义务教育任务，完成之后就马上进入到社会化的生产之中；而如要孩子获得学业上的成功，就不会滞留在农村学校，而是择校于城镇，或是在大中城市作以努力。甚为遗憾的是，目前城市的优质教学资源不允许他们这样做,且从实际情况看,择校理念及其行为发生在农民身上的概率相对较小。

因此,就农村家庭教育功能的社会化而言,要走的路还很长。这既需要农民家长的自觉,更重要的应该是国家在此方面的投入和理念上的更新,以及社会结构性制度的改革。这既是教育功能社会化的不足,同时也是教育功能社会化后应该努力的重点和扩张的内容。

四 赡养功能社会化的模式与融合

从目前农村情况来看,家庭赡养功能的实现一般以自养和供养为主,社会养老保险只发挥补充作用,社区性的养老正在一些农村地区开始运作,而社会性、商业性的养老仍然处于待开发状态。从这个角度看,农村赡养功能的社会化仍然有相当大的运作空间,可以从以上几个方面同时着手。不过,从各自的优势和劣势来看,应该有所侧重。其中:

自养与社会养老保险的结合可能是最佳的模式,但不是最终有效的模式。因为它建立在老人能够自食其力的基础上。这种情况在农村长期存在,且有相当的合理性。因为它与农业生产的经验性有关,不需要很强的技术和知识;而且目前,由于机械的替代,对劳动能力的需求也不是那么迫切,只要按时节办事就可以。但是同时,它仍然需要最基本的劳动能力和管理时间。这对人的活动能力提出了要求。一旦老人的基本劳动能力丧失以后,他就只能从这种形式转向其他形式了。而且,这种形式也有缺陷,它的生命力抵不过家庭的生命力,在目前农村衰败和家庭分化的情况下,很难得以保全其身,常常受到子辈或其他因素的影响。在农村调研时,我们常常遇到空巢家庭夫妻两地分居的情况。一位老人在家,另一位老人在子辈处协助管带孩子,问到原因时,回答最多的经常是"孩子要他们去","想孙子啊?有什么办法呢?"问及"为什么不一起去呢?"回答最多的经常是"家里还是走不开"或"儿子那里住不下"等。究其原因,仍然是市场经济下的二元体制对农村家庭功能的分割。

供养模式主要发生在子辈与老人分离或分家的情况下,子辈自愿或契议承担起供养老人的义务。这种形式在目前农村中比较普遍。随着计划生育政策的实施,家庭的规模越来越小,以往的扩大家庭纷纷分解为空巢家庭和核心家庭,分灶吃饭就成为经常性的情况。在这些家庭中,父辈与子辈自愿约定,由子辈按期提供给父辈一定数量的粮食或货币,在重大节日另外提供特别的货币或粮食。此外也有一些家庭,老年人留守农村,年轻夫妻携带子女外出务工,虽然没有正式的分家行为,但事实上已经是分灶吃饭,由子女出钱提供老人日常消费之需,时间长了就形成了一种事实上的供养行为。供养模式也可以与社会养老保险有机结合,更有利于老人赡养经费的充裕。由于外出家庭越来越多,这种模式发生的可能性也在不断地增大。这种模式有它的长处,表现在老人可以根据自己的需要来安排养老经费,在那些老人与孩子矛盾较多的家庭也有市场;但它的劣势也是显而易见的,如有子无养,父欲亲而子不待,在供养方较多的家庭经常发生互相推诿的情况,且从现实情况来看,子辈不遵守约定的行为经常发生。此种赡养模式依赖于子辈对约定的遵守,子辈一旦受到影响而不遵守供养约定,此种赡养模式就会发生危机。

以财政为支持的新型农村养老保险目前正在农村地区推广,在有些农村地区,60岁以上老人的参保率达到了100%。这是我国农村社会保障制度的新举措。它的积极作用是非常明显的。不过,虽然它是一项普惠性的制度安排,但它仍然有不足的地方。主要表现在:它不是一项纯粹的福利补贴,还是要广大农民来参保,来交费,来实现自己的老年保障。这对那些贫困地区的农民来说仍然是一项不得已的支出。另外,每月最低55元的保费相对于家庭经济消费而言仍然是杯水车薪。从长远来看,此种制度的推行仍然有相当大的空间,至少可以在保费上有一个较大的提升,并可以与当前的物价水平和农民的最低消费水平保持同步增长的态势。

以社区为基础的社区养老模式正在一些发达地区、一些有财政支持或集体经济较好的农村兴起。不过,社区养老并不脱离家庭养老,它仍然要以家庭养老为主,只不过由社区机构为家庭养老提供社会化的服务,如为居家老人提供上门照料服务。这种模式的特点在于:让老人住在自己家里,在继续得到家人照顾的同时,由社区的有关服务机构和人士为老人提供上门服务或托老服务。从本质上来看,社区养老实际上是实现老人社区服务的机构化,或者说是将机构养老中的服务引入社区,实行社区的在家养老。① 很明显，它吸收了家庭养老和社会养老方式的优点和可操作性，把家庭养老和机构养老的最佳结合点集中在社区，既弥补了家庭养老的不足，又能将社会化的服务直接提供给需要的老人，是一种非常符合中国实际的养老模式。这种模式自有它的生命力，特别针对目前我国面临的老龄化问题。但也有不足，主要表现在：它对社区的组织和管理能力要求非常高，目前仅有少数经济实力比较好的农村地区可以达到；它对财政经费的要求也很高，所在社区必须具备很强的经济实力，而这在诸多农村特别是中西部地区都不具备；它对社区人才的需要及素质要求也很高，从目前情况来看，社区性的服务人才主要集中于城市而非农村。因此，还有很长的路要走。另外，如何实现家庭养老需求与社区养老服务之间的有机衔接，也是实际工作中需要进一步解决的问题。

以地方性财政为支持的社会性养老在农村地区已经开办了很多年。这种以乡镇为单位的集中供养形式在解决诸多老人特别是一些孤独老人的生活方面得到了社会的肯定，也是今后农村基层社区养老模式的一种主要形式。不过，从目前情况来看，也存在着诸多不如人意的地方。如：布点少，一般以乡镇为单位，或者几个乡镇共同建设一个养老院，只有极少数地区以村为单位，因此，容纳的老人数量也就相对较少；覆盖面太窄，对入住老人有一定的要求，即没有后代供养甚至是直接规定为五保户，或者鳏寡孤独老人，相当于为这些没有后代的老人提供一个安息的去所；财政支持严重不足，只能提供最基本的生活消费品，并且后续投入严重缺乏；养老内容以物质供养为主，缺少精神文化生活内容；基础设施简陋，缺少一些提升生活质量的物质条件。从功能和实际情况来看，这种养老模式能够有效解决农村中部分老人的赡养问题，但在目前情况下并未受到政策的重视，在目前的社会化养老格局中仍然不是主要发展的模式。

商业化的养老目前在城市也是一个新生事物。由于它对资金的需求比较大，与农村的经济水平与人们的养老观念之间也存在着很大的差距，因此，只能作为一种模式或趋势来探讨。与政府支持性的养老模式不同的是，它完全依赖于市场化的运作，经营者以获得货币收入为其最终目的，在某种意义上，养老成本与服务之间存在着一定的关系。这种模式目前难

---

① http://baike.baidu.com/view/1616265.htm。

在农村推广开来，除了经济上的要求外，更重要的是人们的养老观念难以扭转。另外，由于它是一个新生事物，目前没有相对规范的管理制度及监管政策，仍然处于政策的真空状态。不过，随着人们生活水平的提高以及生活质量观念的改变，相信这种模式将越来越有市场。

当然，各种养老模式既有它的优势，也有它的不足，但均是现实条件下被动应对的结果，在理念上以解决养老问题为前提。所以诸多养老模式的内容仅以维持基本的生活为主，还没有上升到提升老年人生活质量、保障老人权利的角度，导致了它们都处于低管理水平、低生活水平层面上。这既是这些模式的不足之处，也是这些模式今后要发展的空间。另外一个情况是，目前各种养老模式各自为政，相互之间没有衔接贯通，各方均以一己之力来解决这个相对较大且迫切的问题。未来可能的发展方向是，根据社会成本最小化、福利最大化原则，在规避这些模式不足和发挥优势的基础上进行沟通整合，建立一个立体化的、综合性的、融汇贯通的网络式养老体系，根据老人和地区情况分别选择不同的养老模式，不仅追求赡养社会化的最大效益和最优成本，也使同一位老人可以根据其实际情况在不同时间或不同层次分享不同养老模式的优势。

五　娱乐和情感交流社会化的张力与限度

经济发展带来的是精神文化生活的扩张，这一规律也反映在小农社会化的过程中。从前文的分析我们知道，当今农民在文化娱乐方面不仅出现多样化的态势，而且随着技术的升级和农民闲暇时间的增多，农民的娱乐活动也越来越丰富多彩，农民在充分享受物质财富的同时享受到了更好的娱乐生活。

在这个过程中，不同农民群体从娱乐活动中获得的享受是不一样的。其中，青年农民由于大多数进过城、学习能力强、学习机会多等原因，居于优先的地位，关于城市文化和一些新型娱乐活动的印象一般都来自于他们，他们也能够引领农民娱乐消费的方向和潮流。在农村妇女的娱乐活动中，看电视、聊天、打麻将占去了她们绝大部分的闲暇时间，成为她们主要的消遣方式；不过，也有一部分留守妇女的大部分时间、精力限制在家务劳作，她们的生活内容相对单一，文化生活相对平淡。老年人的精神文化生活十分单调，娱乐活动也以看电视、打麻将（棋、牌）为主，而且，他们的娱乐活动多为个人单独进行，缺少互动和参与性，容易产生孤独感。另外，追求时尚而非品质、追求享乐而非享受、追求外在而非内在，或者，追求本身成为追求的内容，这是目前农民工在娱乐消费过程中普遍存在的心态。从这些方面来看，虽然近年来农民的娱乐活动有了很大的进步，空间也很大，可选择的东西很多，但纯粹的娱乐性、低水平特征也是显而易见的。因此，农民娱乐方面还有很大的空间，农民的娱乐消费选择也还有发展的余地。

而且当前，农民在娱乐生活方面的一些现象也需要引起我们的关注。其中，最明显的两个问题是：一是传统民间文化濒临失传；二是不健康的娱乐活动侵蚀农村。前者在一些城市化进程快、农民工外出数量多的地区非常明显，以致于在一些地区，一些传统的重大节日活动只能成为老一辈人心目中的记忆。其原因是多方面的，如人手不足，兴不在此，后继无人，还有诸如一些公共文化缺失、缺乏资金来源等问题。而后者，不仅出现于发达地区的农村，在一些边远山区农村也出现了，如遍布乡村的麻将，以及由此而起的赌博行为；黄色文化消费也在一些农村公然上演。这些现象和问题的出现给农村的文化娱乐带来了极其不好的影响，并影响到了农民的精神文化生活。从这些方面来看，虽然农民娱乐活动有选择的空间，但他们选择的对象受外界的影响很大，或者说只能在外界的影响中选择，而忽视了传统的民间娱乐活动；而且，这些活动中积极因素所占比例不大，因此，需要避免和注意的东西也更多。同时，经历了市场洗礼的农民在面对丰富多彩的现代文明时往往无所适从，遗失本性，而做出一些偏离农民理性的事情，也是当前农民精神文明建设中急需解决的问题。

与娱乐活动社会化一样，农民在情感交流社会化方面也有很大的发展空间。虽然现代社会的发展为农民的情感交流提供了更多的信息和载体，电子技术的发展为之提供了更为迅捷的手段，但农民、农村社会化的程度还不高，城市生活和现代文明还只是初入农村，通信和技术手段也只是在青年农民中的普及率较高，只能为一部分农民的情感交流带来较大的影响。与此同时，农民的情感交流还受到对象及内容的限制。一个农民不可能与一个城市人真正平等地交流思想和感情，就是一个农民工也难以与一个城市人实现真正意义上的情感交流。在现代婚姻案例中，我们经常见到一些城市人与农村人的联姻现象，婚后更多的是磕磕绊绊，也有的家庭最终不欢而散。与农民工相关的情感案例更多的,是因业缘关系结识异地的异性并最终走进婚姻的殿堂。也就是说,虽然农民工自身迈入了社会化进程的轨道,但受到社会结构和文化的制约,他们的社会化程度要受到一些既定规则和因素的约束,他们情感交流的社会化过程也要受到这些因素与规则的约束。

另外,传统整体式的家庭情感交流方式被层级性的情感交流方式替代了。传统社会中,父慈子孝,其乐融融;不足之处,家族弥补之。而在现在农村社会中,虽然现实社会给农民的情感交流提供了诸多的机会和媒介,但实际情况是,幼儿缺乏父辈的亲情关爱,更没有一见而亲的那种感受。对一些外出农民而言,孩子不是生命的延续,而是拖累或负担,对自己和经济的考虑甚于亲情。青年农民的择偶范围虽然扩大了,可交流的对象也有可能来自五湖四海,但一般仍然只限于同侪之中,即仍然在同一个圈层中交流。留守妇女有的忙于家事,以行动来弥补丈夫外出留出来的精神空间,或者是相约同命人,共同交流一些共同的话题和内容。而对于农村老年人来说,情况可能差异比较大,好一点的能够相约说说话、打打牌或侃侃大山,差的就只能独守孤房了。传统社会一体式的情感交流方式被破坏了,而新的层级间的情感交流方式尚未建立,遗留给农村的就是时代的"断裂"了。它带来的结果是,每一种群体或每一个年龄层次的农民都因此受约束于既定的交流范围之中,并因此而成为相互交流的对象,农民的情感交流生活也就因此固定化了。这种状况给农村的影响是毁灭性的,因为它破坏了传统农村有机结合的内在机制,甚至让亲情和温情不再,并置曾经的熟人社会于一个相对陌生的社会中。

整体来看,市场经济对农村家庭功能的影响是双方面的,既有积极的影响,也有消极的影响。积极的影响如实现了家庭功能实现方式的多样化,也实现了家庭功能的社会化整合,降低了社会成本并带来了更多的社会收益,给农民的行为和心理提供了更多的空间和范围,给农民的社会化也提供了更多的选择,使农民的行为更加符合社会理性,并引导着小农家庭与外部社会日益融为一体。消极影响也是显而易见的,主要表现在,它分割了传统时代以家庭为基础的功能结构,从而使得家庭的各项功能在扩展的同时更是遭遇到了外部影响,同时因功能分割带来的社会化不足以及消极的社会化问题。这些都是应对当前农村家庭功能变化必须思考的问题。

第三节 农村社会化的张力与限度

社会化过程对农村的影响是双重的。究其原因，一方面，受到外部和市场的冲击和影响，农村迈入了社会化进程的轨道；另一方面，可能也是根本性的原因是，农村社会自有它存在的前提和基础，由此制约了农村的社会化进程和范围或者速度。

一 农村资源社会化的领域与制约

从实际情况来看，农村资源的社会化过程是不平衡的，有的速度快，如劳动力，有的相对慢一些，如森林资源；有的程度高，如劳动力，有的程度低，如田园生活；有的可能已经接近可被社会化的最大程度，而有的则刚刚迈入社会化的门槛。

土地资源的社会化可以分为两个方面：一方面是集体土地的城市化使用；另一方面是耕地的市场化使用。

2011年，根据中国社会科学研究院蓝皮书，我国的城镇人口占总人口的比重将超过50%。这个数据仍然有相当大的改进空间，不仅与统计口径有关，更与农民工这一群体有极大关系。而且，城市化率并不真正等于城市的发展水平。从发达国家的经验来看，城市化水平最高的为英国，达90%，但与中国的可比性不大。日本在人地资源关系上与我国有可比性，它的城市化水平达60%以上。以此推之，中国的城市化水平还有待进一步提高。随着城市群发展战略和中小城镇发展规划的推进，农村将还有大量的集体土地将被征用。从这个角度来看，集体土地被城市化使用的空间还很大。但是同时，土地资源的城市化进程也有约束，如政策法律，主要是指《土地征用条例》《民法通则》《土地管理法》和《耕地保护法》等；还有限制，即"耕地红线"，现行我国"耕地红线"是18亿亩。为了保护"耕地红线"，政府自2009年以来开始实施"保经济增长、保耕地红线"行动，坚持实行最严格的耕地保护制度，确保"耕地红线"不能碰。这是土地资源城市化进程的硬约束。

而于耕地的市场化使用，目前以农村土地流转为主。从我国实际情况来看，它在东部沿海地区如广东、山东，西部一些省份如四川、重庆，中部地区如湖北、河南，东北地区等省份的规模相对较大。但总体来看，相对于这些地区的耕地总量而言，流转耕地所占比例仍然偏小。而且，绝大部分并没有用于粮食作物生产，这在经济发达地区表现得特别明显。并且，就是那些土地流转规模较大并仍然用于粮食作物生产的地区，土地流转带来的结果也并不是农业产量的大幅度提升，而只是个体意义上的劳动力市场化配置行为的后续反应，外在表现的仍然只是耕地的集中，在目前技术和制度条件下，只能暂时解决目前农村中遇到的现实问题。

另外，西方发达国家的经验告诉我们，如要真正实现土地资源的有效性使用，必有一个国土资源的整理过程。只有在国土资源整理的基础上，才能够真正实现土地资源的最大化利用。而我国目前在土地资源利用和耕地保护的过程中仍然没有这么一个过程。这说明，相对于西方发达国家来看，我国的耕地保护和土地资源的社会化使用仍然有相当大的改进空间。

而林权改革，则被称为是农村生产责任制的丰富和完善，是农村经济社会发展的第二次革命。经过试点，目前林权改革已经在全国范围内推开，并已初步完成，取得了很大的成效，在促进社会主义新农村建设和增加农民收入的同时，为林业可持续发展和环境生态保护找到了一条可行的途径。但是，目前的林权改革仍然无法解决以下两个问题：

一是经济效益与环境效益之间的矛盾。在农村社会化过程中，森林实现了从木材到资源的形态转变，其追求的价值目标也发生了根本性的改变，经济收益成为林改及大多数人追求的目标。在政策支持、制度设置和个人内在动机的合力作用下，经济效益无疑居于主导性的地位，生态效益只能兼而有之或起附属效应而已。且在目前状况下，人类无法解决森林资源的外溢效应问题，也就无法解决经济效益与生态效益之间的矛盾。这也是森林资源保护与利用中最主要的矛盾，只能依赖于多方的共识和进一步的制度设置。

二是林农个体利益与社会整体利益之间的矛盾。这是由目前的经营体制决定的。根据林权改革的制度设置，它是以家庭联产承包责任制为制度基础的，强调森林承包权益的家庭化，即是说，相对于具有整体效益的森林资源而言，以家庭为单位的承包经营制度仍然是基于个人主义的。虽然在全国出现了多种经营方式，如均山到户、集体经营、租赁经营等，但这些经营方式只是管理手段意义上的，基本的制度设置仍然是家庭的经营权益。且这些经营方式仍然要以家庭的承包权益为前提,这就不可避免地要考虑到个体的利益,以致在不自觉的过程中牺牲社会整体的利益。因此,目前以家庭为单位的经营体制仍然无法解决个体林农与社会集体利益之间的矛盾。若要改变这种状况,唯一可行的途径是改变森林资源经营和管理的制度设置,不以家庭联产承包责任制为基础,而应着眼于生态效益和社会公益。

从这两个角度来看,我国的林权改革虽然已经取得了一定的成效,但也留下了在现阶段无法解决的问题。而这些问题又是我们必须面对的问题,它们的存在将直接影响到森林资源社会化的进程、程度和限度,而且还将影响到人类社会的未来。

与农村自然因素紧密相关的田园生活虽然也进入到了社会化过程之中,目前已经形成了较大规模,但仍然处于刚刚起步的阶段。具有以下明显特征,如:分布区域上的非均衡性,目前主要集中在大城市的周围近郊,且主要集中于中部和东部地区,在西部地区和一些中小城市则刚刚起步;经营方式以家庭为主,主要依据一些近郊有实力的农村家庭,前提是当地的经济因素和现有条件,虽然有些农村地区已经形成了规模效应,但实质是"集体搭台、家庭唱戏",仍然很难突破一家一户的经营方式;服务上的随意性,这是家庭式经营方式难以解决的问题;缺乏行业标准,管理无法规范化,这不仅有家庭经营方式的问题,也是服务性行业的通病;经营内容上的单一性,均以农村种植和农家乐活动为主,到了那里只能干些摘摘菜、捞捞鱼、走走跷、搬搬瓜等的体力活,他们挥汗如雨享受的主要是劳动带来的快感和对记忆的回味,而非一种纯粹性的精神上的享受;功能定位上的补充性,主要是弥补城市人日常工作劳累之苦,以作放松心情之用。这给它的社会化进程和程度留下了相当大的空间。

然而,也正是这些特征使得我们不能过高估计它在农村社会化进程中的作用与功能。这是因为,目前田园生活进入大众视野基于两个基本的功能补充:一是空闲之需,二是记忆之需。这一功能定位可能直接决定了它的规模及发展前景,它以城市的业余时间和文化消费为前提,而且还与刚刚迈入城市的这一代人的历史有关。随着时代特征的消逝,以及城市精神文明建设的进一步发展,它的长远发展前景可能需要重新定位和调整。

因此,从土地资源、森林资源和田园生活文化来看,虽然它们在社会化的过程中都会有一个相对较大的发展空间,但均受到了内在和外在的约束,特别是土地资源和森林资源的社会化过程,不仅受到市场、法律、权力等的直接规范,更是受到了人类社会生物属性的制约,对它们的过度开发和非农业化使用,不仅会导致人类自身的毁灭,还将使得地球有可能成为悬浮在空中的岩石。缺乏生命的特征与活力,地球将不再存在,人类社会也就不再存在。而田园生活的重拾,将是这一制约因素中的一抹红云,时刻警醒着工业文明和城市文明下的人们,我们并非无所不能。如果我们不认识到这一点,我们终将会一无所有。

二 劳动力社会化的规律与约束

从当代我国历史来看,两个阶段的劳动力社会化过程在性质上有很大的不同。第一个阶段强调的是农村社会的集体化,劳动力因归属于集体而实现了它的国家化使用。第二个阶段就是我们这里所说的社会化,它主要是受到内外双重因素的影响而实现的过程。从今后的发展趋势来看,劳动力的社会化主要也是指第二个阶段,它不仅表现出很强劲的张力,同时也呈现出相对趋缓的态势。

从 30 年来的历史来看,农村劳动力社会化的张力主要表现在三个方面:一是速度上,改革开放以来,我国在 30 多年的时间内完成了西方发达国家在近 200 年时间内完成的城市化进程,这个速度在世界上是独一无二的。二是在规模上,近 30 年来有 2 亿多农民实现了劳动力的社会化使用,这在世界上也是独一无二的。三是在可持续性上,近 10 多年来农村新增的劳动力基本上都转移到了城市里,在第一代农民工尚未正式退出城市阵线的同时,第二代农民工已源源不断地加入进来,使得农村劳动力社会化的程度不断加深。这些特征使得 20 世纪末以来农民工不仅成为我国社会关注的热点,也引起了世界各国的高度关注,并引发了世界经济格局的改变。

不过,情况正在发生着变化。

首先,在速度和规模上,农村劳动力的社会化程度将逐渐减缓,并逐渐趋于一个相对稳定的水平。决定这个水平的因素主要是退出城市领域的"一代"农民工与后续增加的"二代"或"三代"农民工的数量之比。根据我国农民工的年龄规律及近年来的变化,可以预测,在近 10 年内将有一个农民工数量急剧下降的时期。原因在于，在一个时期内，新增农民工之数远远低于退出城市领域的农民工数量。它带来的结果是，农民工在数量上将有一个整体性的下降。这意味着，社会化使用的农村劳动力数量将有所减少。这种情况主要发生在大中城市和沿海地区。而在中西部和城镇，随着农村家庭的不断迁入，农村家庭的社会化过程将后续跟进，不过，这主要表现为家庭的社会化，而非农村劳动力的社会化过程。

其次，城市发展战略规划的调整和建设进程的减缓，也将延缓农村劳动力社会化使用的进一步扩大。在城市发展和建设初期，对农村劳动力的需求量大，水平要求也相对较低。但是，随着经济结构和城市发展战略的调整，对农民工的要求越来越高，以体力劳动为主的农民工将逐渐退出市场。虽然有一些农民工开始由一些技术含量低、体力劳动为主的行业向技术含量高的行业或管理型的岗位升迁，但就整体而言，他们仍然主要集中在建筑、运输和服务性行业，他们仍然限制在经济结构的底层，绝大多数很难完成自身能力的提升和职业的升级。从这个角度看，目前农村劳动力社会化的水平和范围仍然有限，仍将限制在一些结构化的层级和领域中。不过这同时也说明，农民的社会化过程在水平上将会有一个较大的空间，特别是随着二代农民工数量在城市日趋增长及他们的自我觉醒，这种状况将会发生改变。

最后，农村劳动力社会化对农村的负面影响已经引起了党和政府的高度重视，也将影响农村劳动力的社会化进程。随着农村劳动力的大量外出，留在农村仍然从事农业生产的劳动力在数量上剧减，在劳动能力上剧降。虽然近年来国家不断出台惠农政策，但农民的生产积极性仍然不高，它将直接危及到我国的农业生产和粮食安全。这是事关人民生活和国家安全的大事。所以，在如何确保农民生产积极性和农业产量方面，党和政府还会一如既往地坚持惠农政策方向，并不断加大强农和支农的力度；在农村基础设施建设和经济发展条件方面，国家已经投入了相当多的资金，相信今后还会有更多的资金投入；在农村社会建设方面，国家将会借助社会主义精神文明建设规划，将农村建设成为一个生产发展、生活宽裕、乡风文明、村容整洁、管理民主的社会主义新农村，使农村不仅成为农民生产和活动的主要场所，更是农民情感寄托的精神家园。农村建设的进程将会吸引越来越多的农民仍然从事农业生产，将会促使农民的心留在农村，而这将直接影响到农民工的外出动机,从而影响农村劳动力社会化进程的进一步扩大化。

当然,事情并不是绝对的,尤其是农村劳动力的社会化过程发端于农民自身的理性选择。从目前实际情况来看,经济收益仍然是当前农民主要考虑的内容,因此,只有农民在农村的收益特别是经济收益相对稳定,并且不远低于城市收入时,农民外出的机会成本将逐渐降低。长久来看,应该从社会效益的角度来看待农村劳动力的社会化,即当农民不再有他们是"二等公民"、"务农低人一等"等观念,他们也不再仅仅追求经济利益时,情况才会发生根本性的改变。当然,这建立在农民生活无忧、老有所养、病有所医的基础上。而当前,我国正在进行农村社会保障制度、新型农村医疗保险制度建设等,这些都将阻止农村劳动力无条件地向城市转移。

三 信息社会化的特征及影响

当今小农接触的信息越来越多,交流方式也越来越多样化,交流的内容也相对丰富起来。这些信息在改变小农动机、行为及观念等方面,发挥着决定性的作用,并直接决定了小农社会化的进程。可以说,没有信息的社会化,就不会有小农的社会化过程。

不过,从现实情况来看,小农交流的信息尚有三个不如人意的特征:

一是从信息内容来看,主要以娱乐信息为主。从我们了解的情况来看,目前农村获得信息的主要来源是电视,而在电视节目中,以电影、电视剧为主体的娱乐信息是农民最为喜爱的内容。由于农村缺乏必要的娱乐设施,他们由此形成了相对固定的生活模式:白天干些农活,一到晚上就守在电视前面,不看完心仪的节目决不休息;甚至在农忙时节,他们在田间地里忙活时想得最多的也是剧中结局怎么样;而对那些有利于生产、教育和心理健康的信息等,要么由于经验原因导致他们并没有很强的需求愿望,要么由于需要一个长期的过程而缺乏必要的耐心,从而失去长久关注的兴趣。虽然农村基层普遍要求订阅报纸,但仅仅限于基层管理人员手中,并且常常因报送时间关系导致"日报"成为"星期报"。农村中一些宣传计划生育、民主管理、健康生活等方面的宣传栏,虽然一直是建设和检查的重点,但它一般矗立在固定的地方,内容更新速度慢,或者农民更为关注的信息难以公开等原因，只能吸引与之有关的人的高度关注，而绝大多数农民对之只是余光一瞥。正在普遍使用的手机，除了接打电话这一主要功能外，沦落为农民工特别是青年农民业余游戏的重要载体。计算机的普及面仍然很小，在一些农业专业户那里和发达地区尚能够提供有效的信息并发挥销售的功能，但在绝大多数农民家庭里只是摆设，要么没有接上互联网，要么因人而异而成为CD机或网络有线电视。它意味着，在农民对外界最为关注的信息中，娱乐信息居于主导性的地位。这说明，一方面，农民精神生活的相对缺乏，同时也说明，小农在满足温饱问题解决之后在面对外部信息时无所适从。这也是农村文化体制改革和精神文明建设的重点所在。

二是获得信息的方式仍然有限。上面的分析也告诉我们，目前农民获取外界的信息主要以电视为主，而其中又主要以娱乐信息为主；宣传栏和报纸等信息传媒对农民而言不具有实质性的意义，因为它们是党和政府及基层的喉舌，难得引起农民的兴趣；而与之相应的广播，正在逐渐地退出农村社会；通过手机虽然可以获取诸多有用的信息，但农民因其生活生产并不急需而仍然处于待开发状态；通过计算机虽然也可以获取海量的信息，但因为普及面小及网络等原因，仍然只对极少数的农民有用。当然，事情仍然是两面性的，一方面这说明，农民获取信息的方式仍然有限；但另一方面也说明，农村的信息市场有相当大的发展空间。

三是对信息的利用率较低，信息在他们那里尚未成为一种有价值的商品。一般说来，信息主要有四个功能：生产功能，信息在有效利用条件下可以直接转化为社会生产力；文化传承功能，通过知识、科技等传播，不仅传承了文化，而且还教育了大众，促进了社会化过程；监督功能，通过信息传播，及时报道和评论社会生活中发生的重大事件，引导舆论导向，揭露社会上的一些假、恶、丑现象，在对其形成强大的舆论压力的同时，维护社会公正，促进社会健康发展；娱乐功能，信息包含的文学、艺术、休闲方面的内容，不仅能够给受众提供直接的视觉、感觉、听觉等冲击，还将大大丰富民众的日常生活，陶冶性情。从目前实际情况来看，信息的生产功能只限制在非常有限的范围内，特别是外出务工领域；政治社会化功能没有明确的影响，以娱乐信息为主要获取内容难以承担起文化传承功能；由于农村与政治的距离相对较远，且缺乏直接的联结点，因而信息的监督功能也难以发挥出来；倒是娱乐功能，在当前农村社会中被放大到最重要的位置。因此目前，信息对农民而言主要是消费意义上的，而非生产意义上的。

对农民而言，外部的爆炸式信息有两个方面的影响：一方面是积极的，表现在，如果他们能够充分利用信息的话，就会产生相应的生产力和社会行为能力，以此改变他们的命运；另一方面，一些不健康、负面的信息也会伴随而来，如果他们选择不当或根本没有分辨能力而无意识选择的话，他们就会被信息所左右，成为信息的奴隶。因此一方面，随着农民生活水平的提高和行为范围的扩大，信息还将进一步深入到农民的生产、生活及社会交往的各个方面；另一方面，他们也有可能受制于社会各种信息的影响，以致于迷失在信息的汪洋大海中。随着电子信息技术的进一步发展，信息社会也在越来越向农村社会临近，越来越多的信息正在影响和改变着小农。从这个角度来看，农民交流信息的社会化过程才刚刚开始。

四 交往社会化的特征与障碍

随着农民的大量外出，他们交往的对象和范围从农村扩大到城市区域；当他们学会了信息和网络技术之后，他们交往的对象和空间又从实际生活领域扩展到虚拟空间。不仅如此，他们交往的对象和范围还在不断地扩大过程中，也就是说，他们交往社会化的程度还将不断地扩展和延伸。不过总体而言，他们交往的对象和范围仍然限定在一定的范围和结构内，呈现出地缘化、业缘化、圈层化的特征。

地缘化和业缘化主要表现在农民工的交往对象方面。虽然有二亿多的农民进城了，但就活动场域而言，他们主要活动在工作场所，或者租住在他们相对熟悉的环境中。在工作场所，他们面对的仍然是与自己在同一作业阵线上的人物。是哪些人呢？同样是农民工，他们在工作中相互认识，并成为工作场所中交往的主要对象。而在一天工作之后，他们回到了他们赖以为居的生活场所。又主要是哪些地方呢？从现实来看，城中村和城郊地区是他们集中的地方。怎么集中的呢？这与他们进入城市社会的方式有关。我们知道，农民外出主要依赖于两种方式，一种是同乡；另外一种朋友。在两种方式中，以第一种方式为主。同乡，是指与他们同在一个家乡的人。那么，农民工的朋友又主要是些什么人呢？大体看来，主要还是同一县城范围内的人，因为有共同的语言、共同的环境或共同的经历，使他们在工作中成为了朋友，在更大范围的外人眼中就也成了同乡的代名词。也就是说，农民工外出到城市租住时，一般仍然会选择农民工比较集中、同乡相对较多的地方集中居住。这也就是在全国范围内经常出现"浙江村"、"温州城"、"湖北村"等的原因所在。其中，地缘和业缘起直接的决定作用，直接确定了农民工交往的对象和范围。

圈层化是当今农民交往社会化的又一特征，它不仅表现在农民工身上，也表现在农村社会内部，不过两者之间略有差别。

在农民工身上主要表现为，经过一段时期的务工和相处，不仅他们交往的对象相对固定，他们交往的范围也相对固定，在共同经历与经验的基础上形成了固定的交往圈子；而且，这个圈子并不随着他们的返乡而解体，相反还会进一步地强化，"在外是朋友，回家更是朋友"。这是对内意义上的。对外意义上，一旦农民工交往的圈子形成，就对其他农民工形成了一种排斥力量，而且，与其他社会阶层之间也形成了一定的阻隔。

农村内部圈层化的形成原因有多种多样，如前文所言的共同的生活、工作经历，或者共同的家庭背景（"男工女农"分工模式），或者共同的兴趣爱好（喜欢麻将或喜欢赌博者），甚至共同的职业（如乡村干部等自动形成一定的圈子）。这些因素导致农村社会分化格局出现，并由此形成了不同类别的交往圈子。这些圈子的出现一定程度上强化了农民之间的交往关系，但是这只是局部范围的或少数人之间的，不是同一圈子中的人自然而然地被排除在外。另外，农村社会内部的圈层化交往还出现了娱乐化、功利性的特征，人们之间的互动往往带有一定的目的性，为了达到某种目的而有意地进入或退出某一个圈子。很明显，这是一种不健康的交往行为，在市场和金钱冲击面前，农民缺乏自我约束和修养的道德机制，因而也就很容易地受到现实目的的影响而做出与道德原则相悖的一些行为。

因此，虽然改革开放以来，农民交往范围不断扩大，交往对象不断增多，交往内容也在不断丰富和升级，但内在的经验与知识结构、外在的社会结构与环境，决定了他们的交往范围不可能不受限制，也不是任何人他们都可以相约共处，或者，他们可以自由如意地面对任何一个陌生人。所以，相对于他们已有的交往行为而言，他们仍然有相当大的发展空间，仍然有相当多的更高层次的人物和事件可能会引起他们的注意。但同样明显的是，他们交往的进一步扩大可能会受到更大的阻力，如二元体制堡垒、心理上的障碍等，或者也会受到一些先天性的、无法克服因素的影响，如相对固化的社会阶层、文化的锤炼、内涵气质等，而这些，只能依赖于改革开放的进一步深化或时代的进步了。

由是观之，小农社会化过程对农村的影响是多方面、多角度的。其中，促进农村社会的"再认识"是最主要的，它不是从农村来看待农村，而是把农村置入一个社会化的大环境中，使得农村成为社会化生产和流通过程的一部分，使得农村的资源、劳动力、信息和社会关系等，与小农个体的社会化过程融为一体，在小农的社会化过程中，实现了农村的社会化。很明显，农村的社会化程度依赖于小农个体的社会化程度。而从目前情况来看，小农的社会化过程仍然具有相当大的发展空间，因此，农村的社会化也是一个未竟的过程。不过，与小农个体社会化主要表现为社会行动能力不同的是，农村的社会化主要表现为资源和关系、媒介的社会化，因为它们自身不具有社会行动能力，因此，农村的社会化程度仍然会落后于小农个体的社会化进程。另外，作为个体，小农和其他个体一样可以是无差异的；但是，作为地域实体和经济载体，农村有着城市无法取代的属性和领域，因此，农村的社会化过程不仅受制于小农社会化程度、市场化进程的约束，更是受到了农村特有的自然属性和社会属性的约束。而这些将形成农村社会化最终的制约因素。

第五章 结论部分

在研究当代中国农村和农民变化的过程中，社会化小农已经成为一种研究框架。它基于这样一种判断，即传统中国小农已经出现了已有小农理论无法预设的变化，从现实状态描述来看，它事实上已经进入到一个社会化的发展过程之中，因此也就有了社会化小农的概念，也就有了社会化小农的分析框架。这是一种实然性的描述，缺乏过程分析和理论上的建构；而且，至于究竟是如何社会化的？此社会化与市场化和理性化有何不同？在学界仍然没有人对它进行过具体研究。而本项研究则是基于社会化过程中小农变化的认识，从行动能力、家庭功能及农村要件的角度，对小农的社会化变迁进行了一个历史性的分析，从而获得了当代中国小农变化的实际过程。不过，这仍然不是本项研究的最终目的，也正如理论阐释必须建立在经验的基础上一样，本项研究最终要对社会化小农进行一个理论上的概括。

所以，本部分要解决两个问题：一是当代中国小农的变化过程与已有的经验之间有什么不同？二是正如本项研究课题名称所示，社会化小农究竟是什么？也正是从这两点出发，本部分先从比较的角度揭示当代中国小农变化的独特特征，接着在经验总结和逻辑分析的基础上，对社会化小农的理论作进一步地探讨。

第一节 比较视野中的经验总结

比较的一方是当代中国小农变化的历程及经验，主要包括本书前文研究的内容，以及沈红、米有录等的描述和分析；比较的另外一方是已有小农经验的总结与理论，主要包括：以马克思为代表的传统小农理论及法德经验,舒尔茨从发展经济学角度对小农的分析,恰亚诺夫对苏联集体农庄的分析,包括两位美国学者的相关研究,黄宗智对中国近现代小农经济的研究及对农民学三大传统的总结。

比较的内容主要依据本项研究的内容确定,分别为:小农社会化的背景与条件,小农社会化的演进逻辑比较,以及家庭功能和农村的社会化四个方面。

一 小农社会化的背景比较

从理论和经验的双重角度来看,在近代化革命之前,无论东方社会还是以欧洲为代表的西方社会,在社会制度上虽然存在着差异,但对小农而言则没有很大的差别。其中,马克思的经典小农理论不仅成为研究小农的理论基础,也是我们研究传统中国农村的理论参考,同时也是本项研究中小农变化之前状态的事实依据和理论来源。事实上,传统中国的小农也如欧洲中世纪的小农一样,在生存状态、生产行为、家庭计算、社会关系网络等方面,无不与之有着相似之处。

这些特征不仅为马克思笔下的法德农民状况所证实,也为传统中国农村的历史所证实。黄宗智对20世纪30年代华北农村和新中国成立前长江三角洲农村的研究也证实了这一点,施坚雅对传统中国时期农村集市的分析也从侧面反映了这一特征,费孝通在《江村经济》和《乡土中国》中的描述也与之相似[①]。但是,也有所不同。出于研究者本身及研究目标的差异,黄宗智、施坚雅两位都把对传统中国农村的描述作为自己研究的背景,研究目的则是基于传统中国农村在近代以来的变化,特别是把受到市场影响之后发生的变化作为自己的研究重点(黄宗智注重农业生产行为和市场行为,施坚雅关注交易行为和基层社会关系网络);费孝通虽然也以传统江南农村为蓝本,但他的着眼点在于农村内部的工业化,以及由此带来的农村变化。也就是说,基于不同研究目标的考虑,传统中国农村就成为他们研究的背景或基点。在这个过程中,虽然他们关注的内容各有侧重,但对传统中国农村的描述都基于历史这一事实是清楚的。

[①] 费孝通:《江村经济》,商务印书馆2001年版;《乡土中国生育制度》,北京大学出版社2006年版。

对传统农村社会的描述在20世纪80年代中国实施家庭联产承包责任制后又获得了生机。这主要体现在沉石、米有录等著的《中国农村家庭的变迁》和沈红等著的《边缘地带的小农》，以及陈吉元等编著的《中国农村经济社会变迁》[①]中。在这些著作中，中国农村又回到了传统的小农时代，具有传统时代小农的一些基本特征，如：以家庭为基本单位，一家一户拥有相对独立的土地；重新以家庭为单位进行生产安排和经济核算，并相应地承担起各项社会功能；农村社会又具有了传统时期的乡村社会特性。[②] 因此，在生产方式和生存状态上，农村又恢复到了过去的传统时期。

不过这一时期，农民的生存状态与传统时期有着非常明显的区别，表现在两个方面：

一是以集体所有制为前提。虽然农民以家庭为单位拥有和经营土地，但土地是从集体那里承包而来的；而集体则是国家的基层社会治理单位，它以地域为基础，由是限制了农民劳动对象的范围与承包的面积。这一点与传统时代的中国小农有所不同。在传统时代，小农家庭虽然是基本的生产单位，并固定在一定的地域上，但小农劳动对象的范围和经营的面积有可能随着家庭经济实力的提升而扩张，并经常性地延伸到自然村庄所在范围的地域之外。也就是说，虽然传统社会小农的生产场所固定，但他们的劳动对象不固定，劳动范围也无法根据已有知识和经验来确定。这意味着，若传统时期的小农发生变化，最有可能首先发生在劳动对象那里。而中国农村在实行家庭联产承包责任制后，不论农民能力多大，都只有在其所在自然村庄的范围内进行劳动生产；并且，经营面积上不可能有扩展的自由度，由是决定，如果他们想获得更多收入的话，只能在有限的活动范围之外谋求机会。这说明，人——更准确的说法是——劳动力，不仅是决定性的因素，更在其中起着决定性的作用。若这个时期的农村发生变化的话，则最有可能发端于农民身上。

二是土地均分导致了家庭相互之间的平等化。虽然农民家庭拥有自主

[①] 陈吉元、陈家骥、杨勋等：《中国农村经济社会变迁（1949—1989）》，山西经济出版社1993年版。

[②] 刘金海：《社会化小农的历史进程：中国的经验》，《华中师范大学学报》2007年第4期。

经营的小块土地，虽然这块土地是从集体那里承包过来的，但是，土地是以人或劳或人劳结合的基础上均分的，它使得农村人口或劳动力或两者结合的基础上与土地面积形成一定的匹配关系，使得土地更加碎片化，使得农户之间更加相似和同构化。由于农户之间境况相似，在外部因素影响和市场化冲击之下，家庭及其内部结构的变化就主要受制于主体性因素了。也就是说，农民个体将是家庭联产承包责任制实施后家庭变化中的最主要因素。这也是当今中国小农区别于其他小农形态的最主要方面，也是它的最主要特征。

二 小农社会化的逻辑比较

在沃尔伏·拉德钦斯基、瑙姆·贾斯尼这两位美国学者那里，农业集体化的过程也是社会化的过程，主要原因在于农业生产过程不再由家庭来组织和主导，而是通过集体组织来实现，在此基础上，通过技术、组织和计划三种因素对农业进行社会化生产。如果以此作为研究的基础的话，中国农村的集体化实践同时也是农业社会化的过程。然而，研究结果表明，国家化在农业集体化过程中起到主导性的作用，社会化是其表现形式的一个侧面而已。基于此等考虑，这里主要讨论改革开放以来小农的变化。

那么，改革开放以来中国的小农究竟发生了什么样的变化？是怎样发生变化的呢？为什么会如此呢？从经验来看，20世纪80年代以来，中国小农变化的进程与舒尔茨对传统小农的改造路径（含波普金的理性小农分析）、恰亚诺夫的集体农庄、施坚雅的基层市场体系、黄宗智对中国20世纪30代华北农村和新中国建立前长江三角洲农村的研究有着明显的不同。见下表：

研究者	行动单位	行为范围	影响因素	行为属性	关注内容	研究领域	研究结论
马克思	家庭	村社	自然约束	生存理性	生存状态	农村	长期停滞
舒尔茨 波普金	家庭		外部市场	理性	生产过程	农业	长期停滞， 要素社会化
恰亚诺夫	家庭	集体农庄	组织分工	家庭理性	集体 生产过程	农业	家庭均衡 达到劳动 分工均衡
施坚雅	家庭	基层市场	梯级市场	市场理性	交易行为	基层市场	基层市场 影响并决定 小农行为

续表

研究者	行动单位	行为范围	影响因素	行为属性	关注内容	研究领域	研究结论
黄宗智	农场①	农村社会	市场、劳动力	市场理性	农业生产，农村状态及与国家关系	农业、农村	农业内卷化，农民分化及村庄分裂
本项研究	个体与家庭	社会与农村	制度、社会结构与自身能力	市场理性家庭理性发展理性②	农民行为、家庭功能及农村状态	农民、农业农村和社会	小农社会化

1. 行动单位不同

已往的研究者（除黄宗智外③）均把家庭作为小农的行为单位，这不仅基于他们的研究领域和他们关注内容的需要，更主要在于他们关注的对象——小农，在理论的经验上是以家庭为单位的，不仅是基本的经济单位，且是基本的生产和消费单位，更是社会的基本单位，以家庭为基础完成一切社会活动（如马克思和施坚雅的研究）。形成这种事实及结论的原因在于，"小农"的经济和社会活动建立在家庭内部分工的基础上。

而随着改革开放和社会主义市场经济对农村的影响，传统的农村家庭内部分工体系逐渐被社会化分工体系替代，由是导致了小农行动单位的双重性特征。这是因为，"小农"是一个实体主义的概念，它有实体的指向，不仅包括"个体"意义上的农民，而且包括"组织"意义上的农村家庭。在传统时代，农民个体与家庭融为一体，这才有了家庭内部的分工体系。而现时代，由于外部社会和城市对劳动力的巨大需要，使得农民个体首先进入到社会化分工体系中，农民个体开始成为一个独立的行为单位，一个独立的社会化生产者，一个独立的"市场人"或"经济人"。而

---

① 这里的农场包括经营式农场和家庭式农场，其中，经营式农场主要是指"富户"，指占地在100亩以上的家庭。见《华北的小农经济与社会变迁》第四章内容。

② 华中师范大学中国农村研究院徐勇教授将农民的理性分为两个阶段：传统时期的生存理性和改革开放后的发展理性。其分类标准依据为农民的行为是否扩张。参见徐勇：《农民理性的扩张："中国奇迹"的创造主体分析》，《中国社会科学》2010年第1期。

③ 黄宗智的不同之外在于，他以生产性的家庭作为分析单位，所以有了经营式农场与家庭式农场的区分。这一点与他的研究重点之间有着密切的联系，他想通过对农业生产行为的分析从而获得经济差异与社会分化之间的内在关系。很显然，他通过研究达到了这一目的。参见黄宗智：《华北的小农经济与社会变迁》。

与此同时，家庭仍然是基本的社会单位，仍然是整体意义上的行动单位。这就出现了小农行为单位的双重性特征。

在两个层次的行动单位中，农民个体的行动能力具有决定性的优势。这是因为，集体所有制前提和土地均分制度为小农社会化提供了内在动力，而社会化分工体系对传统家庭内部分工体系的替代，使得小农的变化就主要取决于其行动能力了。从经验来看，个体性的农民遵循自主的行为逻辑，而小农家庭则注重作为一个社会组织应该承担的功能及相应的社会约束，因此，小农个体具有家庭无法比拟的社会行动能力，农民个体就成为了农村社会中最活跃的行动单位。正是基于这一点，小农的社会化进程就首先表现为农民个体的社会化进程，并带来了近三十年来中国农村和农民的巨大变化；而且也正是这一点，使得当代中国小农的发展进程与世界上其他国家的小农发展进程之间呈现出完全不同的特征。

2. 行为活动的领域及对象不同

这表现在两个不同类型的活动范畴上：一是生产活动领域；二是交换活动领域。

传统小农经济时代，小农生产行为的对象主要是土地，他们的生产活动主要是从事农业生产，并且以种植粮食作物为主，间以零星的家庭副业及纺织业等。这在马克思、舒尔茨及黄宗智那里都得到了体现；另外，恰亚诺夫对苏联集体化时期家庭经济行为的分析也主要集中于生产过程。即是说，传统时期小农生产活动的领域主要是农业生产。这不仅受到他们关注内容的影响，更是历史的事实；并且，传统时期的小农主要依赖于土地的产出，自给自足的农副产品成为他们经济收入和家庭消费的最主要来源。

自给自足的小农经济限定了农民社会活动的对象。这正如费孝通先生所谓的"熟人社会"，小农生活在一个相对稳定且熟悉的环境，与他们熟悉的人交往，与他们有着血缘亲缘或地缘关系的人交往；虽偶尔也与"半熟悉"或不熟悉的人交往，但都是建立在已有交往基础或熟人关系的基础上，是"朋友的朋友"或"熟人的熟人"。只有在两种情况下小农的交往对象超越"熟人"范围：一种情况是小农的基本需求在农村无法得到满足，于是，农民的交往对象就扩张到相对高级的基层市场，这是施坚雅的分析结论,但它在农民的交往对象中仍然占极少部分;另一种情况是由于国家权力下沉,乡村中的一些农民开始直接面对国家,这是黄宗智的研究内容,但是很显然,与代表国家的人打交道的农民在农村中只是极少数。

而现时代,农民成为了社会化的生产要素,他们的生产活动领域相应地就发生了变化。虽然农业仍然是基础性产业,农民仍然在从事生产活动,但这绝不是农民生产活动对象的全部。当代中国农村的经验也告诉我们,以农业生产活动为主的农民也仍然没有把农产品最大化作为自己的目标,而可能是货币收入的最大化;在农村的农民也不再仅仅从事农业生产活动,而是因地制宜的兼顾副业、运输业或服务业等,更可能的情况是,以副业、运输业和服务业为主,"顺带着把田种了";从事农业生产不再是农民的首要选择,在某种程度上恰恰是农民生产行为的最后选择,这在各种形式的农民工身上表现得特别明显,如农忙与农闲时节分别从事不同的生产活动,甚至全年在外务工,脱离农业生产领域,进入到第二、第三产业,并以此为其终身职业。

农民在成为社会化生产要素的同时,也完成了他们自身的社会化过程,他们的交往对象也发生了根本性的变化。现在,不仅农民自己不再专门从事农业生产,交往的对象也不一定非得对农业非常熟悉;而农民工的交往对象要么是与他们有着同样经历和身份的人,要么是以"白领"为代表的管理阶层;还有一些广泛涉猎于各个行业的农民,他们得学会与形形色色的人等打交道。另外,互联网技术的发展,使得农民的交往对象也开始虚化起来。而且,随着农民交往范围的扩大,交往的方式也多样化起来,农民不用再担心物质基础和外在的约束,交通工具的发展解决了距离问题,电话等通信工具的普及为农民的自由交往提供了条件,因此,现时代的农民交往活动基本上不再受到时间、空间、物力和外部的严格约束,于是,农民的交往对象不仅延伸到农村之外,延伸到熟人和朋友之外,延伸到熟悉的领域和行业之外,还有可能延伸到现实的世界之外。

3. 行为范围及影响因素不同

正是由于农民的生产领域和交往活动发生了根本性的变化,他们的行为范围也与传统时期明显不同。

在马克思那里，村庄就是农民活动的全部；而在恰亚诺夫所言的苏联时期，集体农场成为了农民家庭生产和计划活动的活动范围；施坚雅对中国农村基层市场的分析表明，小农的行为范围是有层次的，其行为层次与基层市场层次之间有着内在的统一性；黄宗智对中国小农的研究主要也是以村庄为行动范围，但由于时代发生了变化，并基于农业生产行为差异带来的社会分化和农村分裂等因素，导致农村中的部分农民与外部世界发生了直接的联系，因而部分小农在行动范围上开始向村庄外部延伸。

观之当今中国的小农，他们不仅在行动范围上向外延伸，不仅出村、出乡，还出县、出省，甚至有的出国；而且，主要以外部世界为他们的行动范围，这也主要表现在农民工身上。另外，虽然仍然有相当大部分小农的主要活动发生在村庄范围内，但他们的行为边界已经不再受到地域因素的制约。

这就不得不考虑到制约他们行为范围的因素了。从经验来看，传统小农之所以处于传统状态，主要原因在于自然条件约束，以及技术简单、工具简陋等。而这些因素的作用同样适用于施坚雅和黄宗智对中国小农的分析。不过，又有着明显的不同。在施坚雅和黄宗智看来，中国小农不仅受到自然性因素的束缚，更重要的是要受到外部因素特别是正在发展的市场因素的影响。施坚雅认为，中国农村基层市场的梯级特征直接决定了小农的行为范围。黄宗智认为，不论是经营式农场还是家庭式农场，都受到了商品经济的影响，从而使农业生产具有了外部性特征，致使农村社会的生产关系商品化；不过，商品化特征仍然是要通过农业生产过程以及农村内部的结构和社会关系表现出来；伴随经济差异而来的农村内部的分化，导致了农村少数一部分人的行动范围突破了村庄界限（但毕竟是少数人）。因此，从已有经验来看，传统时期中国小农的行为范围基本上固定，近代以来受外部市场和商品经济的影响，小农的活动范围虽然有所扩展，但主要仍然限制在农村社会。

与之相比，当今中国农民的行动范围则完全突破了村庄界限，突破了地域约束，扩大到了整个社会之中。其中，经济发展和技术进步是一方面的原因，更重要的是制度方面的原因，特别是农村的经济体制改革完全解开了束缚在农民身上的枷锁，把农民置于一个社会化的过程之中。一旦具备相应的条件，农民也就可以自由地出入于农村与外部社会之间。在外力作用减除的条件下,当今农民的行动范围的外部约束基本上没有;如果有的话,则可能是既有的社会结构及农民自身的原因了。这说明,制约当今农民行动能力的因素不再是自然性的,而是社会性的;不再主要是物质和技术方面的,而主要是制度和社会结构性质的。

4. 行为属性不同

以上分析说明,在条件具备的前提下,农民的行为选择是有他自己的合理性的。在传统小农时期,囿于物质、技术和体力方面的原因,农民只能在他自己能够触及和感知的范围内行动,且必须通过努力的劳动才能够解决基本的生存问题,而无暇他顾于农业生产和村庄范围之外的事物,由此而来,生存理性成为他们行为的出发点。而黄宗智和施坚雅对中国小农的研究则证明,市场理性或经济理性是小农行为的出发点,而它仍然源于农民对外部世界的有限感知和依赖,且正是在小农对经济理性或市场理性的基础上,才有了小农的市场交易行为,才有了经营式农场和家庭式农场的区别及发展上的差异。也是以小农的市场理性为基础,才有了舒尔茨的对传统农业的改造,改造的目标不仅是实现农业生产要素的现代化,更重要的是农民自身的现代化;而农民能否实现现代化转型,主要在于他们是否具有理性思维,因为这是他们转型和学习的基本前提。对此,舒尔茨深信不疑,这才有了他从发展经济学的角度来看待传统农业问题,这才有了对传统农业的现代性改造;对此,波普金看得更为清楚,在借用迈克尔·利普顿的以生存为首要条件的"理性"经济行为分析基础上,虽然他仍然从"公司"的角度来看待小农的经济行为,但他仍然把自己的著作定名为《理性的小农》[①]。

从历史来看,中国农民也一直都是理性的。在徐勇先生看来[②],"从人的主体性、历史性看,农民也是具有理性的"。不过,"改革开放前,中国主要是农业社会。农民理性与农业社会是相匹配的,其作用也是有限的,主要适应于生存的需要,或者说是生存理性"。这是传统小农的典型特征。

[①] 黄宗智:《华北的小农经济与社会变迁》,中华书局2009年版,第2页。
[②] 徐勇:《农民理性的扩张:"中国奇迹"的创造主体分析》,《中国社会科学》2010年第1期。

随着时代的发展，特别是农民行为的对象和范围都发生了变化，但作为行为主体，农民本身并没有发生根本性的变化，仍然在其固有的理性支配下[①]活动在农业和农村领域之外。不过，由于农民是以其自身实体进入到社会结构和市场过程之中的，而市场和社会本身也形成了一定的规则，农民的理性就表现在自觉地适应这些规则。而在市场的规则之中，经济理性或市场理性是首要的。于是，在市场经济的影响及熏陶中，农民不再以获得生存和生活资料为最高准则，而是以获得最大化的货币为最高准则，农民的生存理性向市场理性转变。

由于二元制社会的存在造成农民生活成本和隐性成本不断上升，一些农民努力所为的不仅仅是个人经济效益的最大化，还有家庭整体效益的最大化，于是，就将家庭自身融入到城镇社会之中，实现了家庭自身的社会化，实现了农民从个体理性向家庭理性的转变。不过，当今中国农民的家庭理性与恰亚诺夫所认为的承载于集体农场中的家庭理性不同。在恰巴诺夫看来，家庭是集体农场进行生产和计划的最有效组织，它以家庭的组织理性为内核。而当今中国农村家庭自身的变化是以家庭自身的整体利益为前提，是基于个体理性的基础上延伸出来的结果，他们如此行为的原因在于追求的目标发生了根本性的变化，由过去的生存目标向个体和家庭双重发展的目标迈进。正是在此意义上，徐勇先生认为："改革开放后，中国走向工商业社会……农民理性正是在这一起承转合的历史节点上得以扩张，由生存理性扩展为发展理性。"[②]

随着时代的变化，农民理性实施的对象或范围发生了变化。在马克思那里，传统时期，小农的生存理性适用于他所能触及到的一切，但囿于技术和生存条件，最终结果是农村社会长期停滞不前。这其中，包括农业生产行为和产出。也正是基于此，舒尔茨认为传统农业的改造不是农村的城

[①] 徐勇教授认为：理性除了是客观环境的反映以外，它一旦形成还会形成自主性，即思维惯性。虽然环境发生了变化，但深深植根于社会心理结构中的意识，作为一种文化基因，会继续支配人的行为。……即所谓的过去告诉未来，经验支配选择。对于中国来说，数千年的农业文明传统的积淀，深深影响着农民，直至每个中国人的行为。同时，理性受制于环境，有时环境改变了，人们仍然会按自己惯有的理性行动。

[②] 徐勇：《农民理性的扩张："中国奇迹"的创造主体分析》，《中国社会科学》2010年第1期。

市化，而是农业生产要素的现代化，其中特别是农民的现代化。在施坚雅看来，农民的行为本身就是理性的，不过，受到外部因素特别是基层市场的决定性作用，并且特别表现在交易行为和社会关系上。而在黄宗智看来，农民的理性首先表现在农业生产领域，并由此延伸到农村社会领域。他们研究和事实发展的逻辑是，从农业生产领域向农村社会领域延伸（如果研究涉及到的话），虽然在某些方面有所突破，但仍然主要活动在农村和农业范畴。而随着农民理性的扩张，当今中国农民的行为对象和范围则发生了根本性的变化，不仅仅表现在农业生产领域，更首要表现在非农领域和城市社会；并且，与以往不同的是，当今农民和农村最大的变化来自于农民自身的社会化，并活跃在社会化生产过程的各个领域和环节。正是在此意义上，我们用"社会化"来描述和概括当今农民变化的整体性特征，用"社会化小农"作为研究和分析当今农民变化的理论框架。

因此，小农社会化过程的行为序列也不一样。舒尔茨是以同等程度来看待农民自身和其他农业生产要素的，并没有一个行为序列上的先后；波普金在舒尔茨的基础上，把小农的行为由农业生产领域向社会行为领域特别是政治领域推进。施坚雅虽然有农业—农民—家庭的分析进路，但它基于基层市场对它的影响及程度而言，所以是一种反方向的研究过程，而不是一种事实上的描述。黄宗智坚持了"农业—农户—家庭"的分析过程，并且这一分析过程与时代和小农发展的进程相一致，但同样受制于时代和研究视角，没有关注到社会中最活跃的因素，而这一因素在当代中国农村变化中表现得最为明显。沈红等运用的是"物质再生产—人口再生产—小农再生产"的研究进路，很明显，它着眼于社会化的再生产过程，并且主要是对仍然处于传统时代的中国小农的分析。本项研究在借鉴黄宗智和沈红等研究的基础上，运用了"农民—农户（含农业）—农村"的研究进路，这一研究进路不仅仅是本项研究的分析框架，同时也是当代中国农村变化的实际过程的展现。

三 家庭功能的社会化比较

在已有的研究中，对家庭功能的关注主要集中于经济方面。这不仅与研究者本身有关，也与他们的研究内容有关，如舒尔茨、波普金等对农业生产过程的关注，施坚雅对小农交易过程的分析，以及黄宗智对中国小农商品生产过程的精致分析。与传统自给自足的小农经济不同，这些小农在生产与消费上的不统一，是他们研究要达到的目标，即他们的研究对象都具有商品化或部分商品化的特征。而于家庭，舒尔茨和波普金把它定位于合理有效的生产组织，类似于"企业"之类的经济组织，具有经济组织一般意义上的经济功能，这是从经济组织的角度来考察家庭经济功能的；施坚雅也考察到了家庭的经济功能，但他关注的重点是农产品的交易过程，而非农业生产过程；恰亚诺夫是个例外，虽然他也关注农业生产过程，但他关注的重点是家庭是如何有效地组织起集体农场的，即如果通过集体农场来有效实现家庭内部分工的工作效率，其中包含有家庭分工社会化的特征；黄宗智等虽然考虑到了家庭的经济功能，但他的立足点不是家庭，而是从农业生产效率的角度来考虑农业生产过程的。因此，在舒尔茨和波普金那里，家庭是一个独立的经济单位；在施坚雅那里，家庭是一个独立的交易单元；在黄宗智那里，家庭也是一个追求效率的经济单位；恰亚诺夫虽然把家庭作为一个独立的社会单位，但这是分析意义上的，在实际过程中受制于集体所有制和计划体制。从社会化过程来看，仍然沿用阿瑟·奥肯的结论，他们仅仅关注到了家庭的经济功能，或者有意识地关注到了家庭的经济功能，而没有把家庭的经济功能作为其功能结构的一个方面。在本项研究中，我们虽然也考察到了家庭的经济功能，但从它与其他功能关系的角度来看，虽然它是基础性意义上的，但它仍然要受到其他功能的影响或制约，如教育功能、人口再生产功能与家庭经济功能的实现之间有着直接的关系；不仅如此，家庭经济功能的实现还与家庭所处的社会结构和时代背景之间有着直接的关系。

关于家庭的人口再生产功能，与此相关的研究在国外以恰亚诺夫为代表，国内以沈红等的研究为代表。在恰亚诺夫看来，劳动力的内部分工直接影响到家庭的组织和经济效率，而劳动力在家庭内部的分工及其机制受制于家庭的周期，因此，家庭的分化直接影响到家庭的经济活动规律。很明显，他是从经济和组织效率的角度来考察家庭的人口再生产功能的，着眼于一个动态变化中的人口结构。而对沈红等人来说，人口再生产功能是边缘地区农村贫困的内在机制，它以物质的再生产为前提，以小农家庭的再生产为其目标，自身不具有独立性，而被赋予了宿命论的意识，所以，他是从农村社会的生存与发展机制的角度来看待家庭的人口再生产功能的。不过，在他们那里，家庭的人口再生产是一个自然而然的过程，除了来自于生命和自然界的影响因素外，不受到外部其他因素的影响。很明显，这仍然立足于一个不受外界约束的再生产过程；也就是说，他们并没有从社会化的角度来研究和探讨家庭的人口再生产功能。而在当今中国社会，家庭的人口再生产先是受到国家权力的强制性约束，后又受到市场因素及社会成本等因素的影响，本项研究的重点也在于家庭的人口再生产功能是如何受到外部因素的影响并最终受制于外部力量的，并因此影响了家庭及其他功能的发挥。

关于家庭的教育功能，不论国外和国内的研究都关注甚多，但他们都不是从小农社会化的角度来看待的，虽然其中不乏与此相关的内容，如教育现代化或市场化的角度。而在小农研究者那里，舒尔茨对此有着清醒的认识，不过，他不是为了研究家庭的教育功能而关注于此的，而是为了改造传统的小农。他认识到，传统小农家庭具有内在精致性，在现有条件下难以改造为现代农业生产要素，这才有了他对家庭内部因素的细致分析；分析的结果是，虽然家庭难以改变，但家庭内在因素的改变可以为提高农业生产服务，这就是传统农业生产要素的改造，其中包括人力资本的投资和改造，因此，他仍然是从生产和效率的角度来看待家庭的教育功能的。本项研究对此的关注集中于两个方面：一是教化功能，二是知识传授功能。这两者的目标都是为了将农民塑造成为一个一般意义上的社会人，为他们的社会化和现代化作准备，而不是如舒尔茨设想的那样仅仅为了改造传统农业。

关于家庭的赡养功能、情感交流与娱乐功能，与家庭的教育功能一样，学者们关注甚多，甚至也包含小农及国家化、社会化的视角。前者正如近年来我国正在进行的农村社会保障制度和新型农村养老保险改革一样，它正在成为新时期小农社会化的重要补充机制，并将成为农村社会建设的重要方面。后者缺乏一个历史性的变迁，或是缺乏一个整体性的功能视角，随着社会主义新农村建设的推进、国家文化体制改革的兴起，以及传统文化的复兴等，它将成为农村文化建设的重要方面。

因此，在家庭的五项功能中，已有的小农研究者主要关注经济功能，以及影响经济功能因素中的人口再生产功能和教育功能，没有研究或关注赡养功能和情感交流及娱乐功能。所以，对家庭功能的整体性、历史性分析，是本项研究的重点，也是本项研究的特别之处，更是小农社会化研究区别于其他小农研究的重要方面。

四 农村的社会化比较

在对中国小农变化的分析中，有关农村方面的研究是非常多的。如土地资源方面，主要是土地流转和土地资源的城市化利用；如森林资源方面，主要是林权改革及权益维护等；如田园生活方面，主要是介绍和旅游意义上的。而这些构成农村的要件在小农社会化的视野下都具有了新的内容或含义。其中，土地完成了从农业生产要素到社会化生产和城市发展要素的转变，森林实现了从物质能源和物理属性的利用到社会财富属性的转变，而田园生活则从传统的消极悲观氛围中转变成为一种新的娱乐活动甚至生活方式。一切都在社会化的过程中发生了根本属性的转变，逐渐脱离了构成农村要件的物质属性，从而具有了社会属性。很明显，已有的小农研究者们关注的主要是自然属性，而这些农村要件所具有的社会属性并没有获得他们足够的关注。这不仅是已有研究之不足，更是时代的原因，同时也是本项研究的突破点。本项研究认为，正是由于时代变迁和小农变化，导致农村的资源获得了社会价值属性。

而于农村劳动力的社会化使用问题，是舒尔茨、恰亚诺夫、施坚雅和黄宗智等人关注的重点。其中，基于市场理性基础上的舒尔茨、施坚雅、黄宗智等都认为，商品化带来了劳动力在农村社会内部特别是农业生产过程中的配置问题，并且成为他们研究的重要内容；恰亚诺夫则基于组织理性的角度探讨了以家庭为单位的劳动力分工问题，其间自然包含了劳动力的社会化使用，不过，它仍然是建立在集体农场的基础之上，仍然限制于农业生产过程。这与当今小农的社会化过程不一样。从前面的分析可知，当今中国小农不仅实现了劳动力资源在农村内部及农业生产过程中的市场化配置、社会化使用及其效益，而且，他们还实现了自身的市场化配置和社会化使用，作为城市建设和工业生产的要素直接进入到社会化生产过程之中。这也是当今中国小农变化与已有小农理论研究中明显不同的地方。

在已有的小农研究者中，信息一般不被视作农业生产和农民生活的要素。可能是他们关注内容的原因，但更可能是社会现实的原因。因为在马克思和舒尔茨看来，传统农村社会是长期停滞不前的，因而也就没有改变信息的需要；在恰亚诺夫那里，信息被组织和计划所替代；施坚雅在农民交易和社会交往的过程中关注到了信息，但对他而言，信息相对于农民来说是外在的，主要产生于基层市场，它一般只能影响农民，而非决定性或者生产性的作用。而对当今中国农民来说，信息不仅是他们与外部世界交流的媒介，也是他们一种生存状态的要件，更是他们改变自身和影响外部的前提；不仅改变他们的命运，而且还在改变着他们自身；信息不仅具有决定他们命运的作用，而且在他们那里还可以直接转化为效益或者生产力。

而于农民的交往行为，费孝通认为它限制于熟人社会之中；施坚雅认为其无法突破以市场为基础的基层共同体，都无法脱离传统村庄的地理限制。黄宗智认为，在农民分化和农村分裂的基础上，伴随着时代变迁和国家政权下移，农村中的上层少数人会进入到国家权力体系之中，其交往对象和范围会随之扩大，不过，这是一种外力下沉、农民被动服从的结果。而于当今中国农民的交往行为，虽然外部社会提供了相应的条件，但积极主动是他们最明显的心理动机。在改革开放进程中，他们从一个被动消极的角色逐渐转变一个积极主动的社会行动者，完成了从农民向经济人的转变；与之相对应，他们的交往对象和范围不再受到明显外力的约束，而仅仅受制于伴随着他们自身的隐性约束。

从以上分析可以看出，小农的社会化变迁正在进行之中，诸多研究者也发现了这一变化，并在自己的知识和领域范围对它进行研究和总结。而于小农研究者们而言，他们主要关注于经济方面或者农业生产过程，缺乏对小农变化的长时段、历史性、整体性的分析，以及发生序列意义上的过程分析。而这些研究之不足在本项研究中得到了初步的探讨。

第二节 "社会化小农"的理论阐释

一 何谓"社会化小农"

从以上分析可以看出，当今的中国小农既不同于以商品经济为目标的商品小农，显然它已经跨越了商品小农阶段；也不同于市场小农，虽然它也受到市场经济的直接影响；更不同于理性的小农，虽然理性仍然是它行为的出发点；而是一种被外部社会全方位、整体性影响并塑造的小农形态。而且，当今中国小农是在传统小农的基础上发展过来的，但又不是直接发展演进的结果，而是受到集体化后财产均分制度和二元社会结构的双重制约，以自身作为生产要素的社会化为前提，以家庭功能的分割及部分替代为结果的一种变化过程。以此为基础，我们可以把"社会化小农"理解为：传统小农在后集体化时代自觉融入社会化分工体系之中，并受外部因素、社会条件影响并塑造而成的一种小农形态。它不仅表现为农民个体自觉融入社会化分工体系之中，还表现为家庭功能的市场化分割和外部性替代，以及农村资源或要件的社会化"发现"及多样化发展。

从比较研究的角度看，以下三点是理解"社会化小农"的关键：

一是集体化背景。与之对应的是二元社会和计划管理体制，基于此才有了20世纪80年代的改革开放，为小农全方位、多途径地融入外部社会提供了前提；与之后历史相应的是土地的平均分配制度，造成了小农相互之间的均等状态，而这与小农个体成为社会生产过程中最活跃的因素之间有着直接的关系。

二是小农自觉地融入社会的过程特征。小农在衡量自身与外部条件的基础上，通过自身的努力，并与外部社会的互动，达成了目前小农的社会特征。在这个过程中，虽然小农对社会影响甚大，但决定性的因素仍然表现在社会方面，小农只是自觉地融入到既定的社会结构和分工、分层体系之中。因此，小农的社会特征或属性不能依据它本身的属性来确定，而只能用外属性来概括，即"社会化"；正是在此意义上我们说，社会化小农是被社会"塑造"而成的一种形态，虽然其中小农的主动性不可或缺，但"社会"才是起决定性的因素。

三是小农社会化过程的序列性。当今中国小农的变化首先发端于农民个体身上，但是，这一变化只是当今农村变化的一个新基点，伴随而来的是小农家庭特别是家庭功能的社会化，并因此导致了农村社会的变化。变化过程是沿着"农民—农户—农村"的脉络依次展开的，蕴含着"个体—组织—社会背景"的演进脉络，并与"行为—功能—资源"相适应，由此形成了一个完整的农村社会系统，并与更大范围内的社会系统互动，从而实现完整意义上的小农社会化。从这个角度看，小农社会化的过程仍然刚刚开始。

二 社会化小农的特征

与其他类型的小农及小农理论相比，社会化小农具有以下特征：

行为的外部性是其主要表现。在传统小农理论中，小农的行为与身份是内在统一的，并与农业、农户相统一，呈现出相对静止的状态，这就有了传统农村社会的长期停滞不前。在商品小农、市场小农那里，小农的身份与行为仍然统一在农业生产过程之中，只不过消费与生产没统一，表现为"静中有动"；只不过，小农仍然以"静"为主，"动"与"静"相结合，以"动"为"静"，表现就是虽然传统社会长期停滞不前，但是农村社会内部发生着"内卷化"倾向。而在社会化小农身上，他们的身份与行为无法统一，表现为经常性身份与行为的分离，即是说，小农经常脱离农业生产过程和农村社会场域，并经常游离于家庭之外，他们的行为不仅受社会影响，并因社会而行动，受社会调控和决定；因此，不仅小农的行为具有明显的外部性特征，而且，农村也具有了强烈的外部化倾向。

个体的社会化是其突出特征。这主要有两个方面的原因。一是在小农社会化的三个层次中，从时间上看，农民个体的社会化过程首先开始，伴随而来的是家庭功能的社会化和农村的社会化；从规模上看，个体社会化的数量最大，已经存在和持续的时间最长，家庭功能的社会化虽然相伴而来，但仍然是部分或局部的社会化，农村的社会化虽然也相伴而随，但构成农村要件的社会过程才刚刚开始；从能力来看，在马克思看来，社会生产要素中劳动力是最具有活力（和革命性）的因素，而这突出地表现在农民个体的社会化过程中，家庭作为社会基本单位，虽然其结构和功能受到影响但相对缓慢，而农村只是生产要素的承载体，其活力依赖于个体和家庭的发挥。二是与已有小农理论相比，商品小农、市场小农等理论关注的社会化过程主要发生在农业生产领域，并兼顾到农村社会，但从来没有将农民自身的社会化过程作为分析对象，而这恰恰是社会化小农区别与商品小农和市场小农的根本所在。从理论比较的角度看，农民自身的社会化是社会化小农中最突出的特征。

动机的多样性使其经常面临选择困境。在已有的小农理论中，传统小农以获得生存为其最高目标；商品小农和市场小农以市场为目标，追求利润最大化；黄宗智主张从家庭生产功能和消费功能的角度考察小农的行为及目标，认为，作为生产者的小农追求利润最大化，作为消费者的小农追求效用最大化[①]。而社会化小农呢？很明显，他们已经超越了生存小农阶段，不再为基本的生存问题而行动。那么，他们考虑的重点是什么呢？这与小农所处的时代及面临的困境有关。当温饱问题解决之后，小农行为最主要的动机可能就是获得尽可能多的货币，即利润的最大化。这也是20世纪八九十年代农民行为的出发点，并集中地表现在"一代农民工"身上。而如今，情况发生了很大变化。如："一代农民工"在获利颇丰之后仍然坚持固有的行为动机吗？在开阔了视野和提升了个人素质和能力之后，他们不可能仍然局限于原来的既定目标；"二代农民工"也是这样考虑的吗？答案显然不是，他们可能更主要是为了积累经验、提升能力，以期获得个人的长期发展；社会也在不断地创造条件和机会，小农也就面临着更加多种可能的选择；另外，困扰着小农选择最大的问题是，经过初级的发展阶段之后，他们也发现，个体的效用最大化并不意味着家庭效用的最大化，并且这也不是他们所要追求的最终目标，在个体和家庭效用最大化之间，他们往往面临着选择的困境，这与短期行为和长期规划的矛盾叠加在一起，更增加了他们选择的难度。究竟什么选择？究竟何去何从？迫使他们不得不中断一些已经计划好了的行为，或者不得不临时做出一些在他人看来不明智的选择。实际上，正如对小农行为属性的分析一样，中国农民一直以来是理性的，但这个理性是有限理性，不仅受到理性者自身的影响，也受到外部条件和信息的约束，因此，社会化小农的行为属性既表现为市场理性，也表现为组织理性，还表现为发展理性；其中，市场理性主要针对的是个体的行为，组织理性针对的是家庭计划，发展理性针对的是他们的战略规划，这三个理性交织在一起，迫使他们不得不面临着多种困境，并在困境中作出艰难选择。究其原因在于，社会化分工未彻底有直接的影响，而体制改革未到位则仍然具有决定性的作用。

综合效益最大化是其发展的必然结果。效益是指行为与结果之间的比较。在社会化小农那里，既有经济效益也有社会效益，既有个体效益也有家庭效益，既有短期效益也有长远效益。这些单方面的效益在一定时期内

---

① 邓大才：《社会化小农：动机与行为》，《华中师范大学学报（人文社科版）》2006年第3期。

或一定阶段都会成为小农追求的目标。但正如历史发展的阶段性一样，小农的社会化发展也有一定的阶段性，我们可以尝试将小农的社会化发展依次分为初级阶段、中级阶段、高级阶段等。依据历史发展及小农的社会化进程，我们认为，初级阶段以货币最大化为最终目标；目前则处于初级阶段向中级阶段转变过程之中，有的以货币最大化为追求目标，有的以个体发展为最终目标，有的以家庭效益最大化为最终目标；接下来的中级阶段将以在家庭发展中实现个体利益最大化为目标；而高级阶段则以个体和家庭的协调发展为最终目标，那个时候，小农追求的就不仅仅是单方面的效益了，而是整体的综合效益了。

三 社会化小农的发展趋势

在小农理论的研究中，一般采用二分法作为分析框架，其中一方是传统小农，另外一方是现代农业。它们之间存在着内涵上的不对等，前者是对农业生产者一种整体性状态的描述，是对农业社会时期小农的描述和总结，正如马克思笔下的法德农民；而后者仅仅是从经济角度定义农民的，从事现代农业者在现实社会中以发达国家的农民为实体代表，实际上是农业产业工人的代名词，可以定义为社会化分工体系中的农业生产者。小农的发展历史就在这两者之间展开，前者是小农的起点，后者是小农的终点，小农的发展历史就是由前者经过变化和转型进化为后者的过程。初期的小农理论研究路径基本上也是沿着此路线展开，而代表性的研究则是舒尔茨的《改造传统农业》，不过，他的重点是研究"如何把弱小的传统农业改造成为一个高生产率的经济部门"[①]，实际上也暗含了小农理论研究中的二分法。

很明显，这是社会类型的二分法在小农研究中的应用。我们知道，在尚未找到有效分析视角的时候，社会类型的二分法对研究社会变迁有很强的解释力。但是，随着研究的深入和理论上的探讨，研究者很快发现，社会类型二分法的解释力越来越弱，以致后来仅仅作为一种分析视角而被小心谨慎地使用。根据历史变迁的真实形态，在传统社会与现代社会之间，不仅事实上存在着多种形式的社会形态，而且，研究者也是据此提出了诸

---

① 舒尔茨：《改造传统农业》，商务印书馆1999年版，第4页。

多社会类型理论,其中最突出的即转型社会理论或过渡社会理论。

这一研究历程也同样发生在小农理论的研究中。在发现传统二分法小农理论研究的缺陷后,在保留它作为观察视角的情况下,研究者没有从规范的角度去思考如何在两者之间构造一个有机的理论中介,而是深入到社会实践过程中,在实地分析小农行为和变化过程的基础上,纷纷提出了自己的小农理论。正是基于这些前提和基础,才有了我们现在熟悉的商品小农、市场小农、理性小农、道义小农等,也才有了本项研究的社会化小农。

那么,它们之间的相互关系是如何的呢?这就涉及到小农的历史命运。对此,马克思主义研究者给予了高度关注。恩格斯认为:"随着资本主义生产形式的发展,割断了农业小生产的命脉;这种小生产正在无法挽救地走向灭亡和衰落。"[①] 小农面临着被历史淘汰的命运,淘汰的方法就是资本主义生产方式,灭亡是其发展的必然结果,因此,小农理论终止于资本主义生产方式之前的小农阶段。不过,这种观点受到了两个方面的挑战:一是所谓的资产阶级和小资产阶级理论家,代表性的如考茨基,他认为,"用不着有丝毫怀疑,农业的每一部门在中小生产内就如同在大生产内一样可以同样合理地经营,而且甚至和工业的发展相反,农业中集约耕作就使小经营较大经营有极大的优越性。在农业的发展中并没有走向大生产的倾向,恰恰相反,在农业发展的范围以内,大生产并不常是较高的生产形式"[②]。二是"在战后世界现代化的新浪潮中,小农制再现出强大的生命力,并且引发了关于小农制历史地位的新的论争。马克思和恩格斯的有关论述以及后来发生的争论则又有了新的反响"[③]。这就出现了本项分析赖以为前提和借鉴的小农理论。其中,舒尔茨关注的重点是如何对传统农业的生产要素进行现代性的改造,黄宗智考察的主要对象是兼有商品小农和市场小农特性的中国农民,恰亚诺夫探讨的是家庭组织在集体农场生产中的合理性,施坚雅考察的是小农与外部社会特别是基层市场的关系。他们的共同点就是,分析单位是农户或农村家庭,且偏重于分析"家庭

---

① 恩格斯:《法德农民问题》,《马克思恩格斯选集》(第4卷),人民出版社1995版。
② 卡尔·考茨基:《土地问题》,三联书店1955年版,第14—15页。
③ 俞可平、李慎明、王伟光:《农业农民问题与新农村建设》,中央编译局出版社2006年,第45页。

劳动农场"的性质,过分地强调农户经济行为所遵循的个人主义行为逻辑[1];而且,他们在对农户经济进行理论解释时,始终抱持孤立的、静止的观点,单纯从社会结构对农户的制约作用出发。[2] 也就是说,在他们那里,小农经济是一种合理的社会存在或社会现象,包含于其中的农户自身的合理性是他们的理论假设与前提。而经典的经济学者也没有关注到这个问题,或者说,他们无暇顾及这个问题。[3] 所以,他们也就没有对小农发展的阶段性问题给出合理的分析。

而在当下的中国,理论界和政界则达成了这样的一个共识,认为"农村实行以家庭承包经营为基础、统分结合的双层经营体制,不仅适应以手工劳动为主的传统农业,也能适应采用先进科学技术和生产手段的现代农业,具有广泛的适应性和旺盛的生命力"。[4] 正是基于这种认识,以及小农社会化的张力,徐勇教授认为:"新的生产、生活和交往要素进入到农户的活动之中,改变着他们的生产、生活和交往方式,并由此汲取了'力量',改造着中国传统家庭的'惰性',使农户的行为能力得以提升。"[5] 因此,社会化小农不仅是当前农户实然状态的描述,而且还具有相当的生命力,并将在一定时期内长期存在。在此基础上,对它的发展阶段进行了思考。

> 社会化小农发展阶段处于传统小农和社会化大生产之间,具有独立性和特质性。这个阶段与商品小农有重叠,但外延比商品化小农更大。如果将商品小农作为一个独立阶段,小农可以分为四个阶段,即传统小农、商品小农、社会化小农、理性小农。如果将商品小农并入社会化小农,小农发展只有三个阶段:传统小农、社会化小农、理性

---

[1] 郑杭生、江雁:《农户经济理论再议》,《学海》2005 年第 3 期。
[2] 张新光:《小农理论范畴的动态历史考察》,《贵州社会科学》2008 年第 1 期。
[3] 张新光认为,"无论是在斯密的自由经济论中,还是在李嘉图的国民分配论中,都是没有自耕小农和小农制的历史地位的,他们所描述的未来图景是农民小生产者必将被资本主义大生产所吞没"。参见张新光:《小农理论范畴的动态历史考察》,《贵州社会科学》2008 年第 1 期。
[4] L. 道欧:《荷兰农业的勃兴》,中国农业科学技术出版社 2003 年版。转引自张新光《小农理论范畴的动态历史考察》(与《贵州社会科学》刊发文章不同),载于中国选举与治理网。
[5] 徐勇:《"再识农户"与社会化小农的建构》,《华中师范大学学报(人文社科版)》2006 年第 3 期。

小农。①

也就是说，社会化小农承继传统小农，发展的最终状态是理性小农。本项研究在社会化小农承继传统小农这一观点上完全一致，但在社会化小农的发展趋势有所不同，主要原因在于，不仅传统时期的中国农民是理性的，社会化小农时期的农民也是理性的，只不过，他们的理性都是有限度的。因此，理性小农从字面含义上理解并不能够成为社会化小农的发展归宿。

在社会化小农研究中，我们也不能忽视两个硬性约束条件：一是人地矛盾始终是制约我国经济社会发展的最大问题，我们研究和思考任何中国式的问题都必须以它为出发点；二是集体所有制前提下的双重经营体制，对目前农村的发展趋势和制度设计起决定性的作用。依据这些条件及当代中国农村发展实际，农业生产的发展趋势可能有三种：一是"重拾"农业生产合作社。很明显，这是在双层经营体制下，通过集体契约的方式，由农村经济组织直接统管家庭承包经营权，在此基础上发展而成的经营方式。其中，经营管理者应该是"集体"意义上的农村组织，也可以通过市场方式转变给"法人"，如农业企业、经济组织，还可以是从事农业生产的个人。在这种情况下，小农只具财产意义上的小农，失去了生产意义和社会单位意义，成为土地承包经营权的所有者。二是以家庭为单位的农场式经营。这是在市场机制基础上及有限范围内，通过承包经营权的有序流转并达到集中规模经营的方式。它不触动当前的农村政策，只是通过市场机制和技术应用来改变农业的生产经营方式。在这种情况下，绝对多数农民如同前者一样，失去了小农的生产意义，只成为土地承包权益的所有者，而一小部分的家庭则由此可能向发达国家看齐，成为"家庭农场"的后继实践者。三是仍然保持目前的家庭经营体制，但通过市场化、社会化和农业生产技术的应用改变目前的经营状况，以实现传统农业的现代化改造。当前，前两种方式也是传统农业改造的实践者，除了生产要素的现代性改造外，更重要的是经营规模的扩大和经营组织的改变，以达到现代

---

① 徐勇、邓大才：《社会化小农：解释当今农户的一种视角》，《学术月刊》2006年第7期。

农业技术基础上的农业生产规模效应。

在三种发展趋势中,小农有可能与社会化生产要素高度融合,在实现农业现代化改造的同时实现自身的社会化改造,从而向社会化小农的高级阶段发展;也有可能在放弃生产经营权的前提下实现自己的城市化改造,蜕变为市民;还有可能成为家庭式农场的经营者,成为与发达国家相似的现代农民。当然,这些都是积极意义上的。也有消极意义上的,即什么也不做。那么,等待他们的只有历史的宿命。正如日本学者速水佑次郎、神门善久在《农业经济论》中的总结:"现在摆在日本面前的农业发展道路有两条,一条是把农业资源尽量集中到具有经营积极性和经营能力的少数农民手中,发展自立型专业农业;另一条是农地继续留在仅仅为了保全财产的虚假农民的手中,放任农业的自然衰退。何去何从,将取决于今后的政策选择。但必须明确的是,今天的维持现状将不可避免地带来明天的衰退。"[1] 所以,正视当前小农社会化的现状,也就是正视中国农民的命运和中国农村的前途。

---

[1] [日] 速水佑次郎、神门善久:《农业经济论》,中国农业出版社2003年版,第310页。